sapientia
サピエンティア 13

現代リベラリズム批判

寛容の帝国

Regulating Aversion

ウェンディ・ブラウン［著］
向山恭一［訳］

法政大学出版局

Wendy Brown
Regulating Aversion
Tolerance in the Age of Identity and Empire

Japanese translation published by
arrangement with Princeton University Press
through The English Agency（Japan）Ltd.

ライラとゲイルへ

目次

謝　辞

本書に断続的に取り組んできた六年以上のあいだ、私は多くの方々からご恩をいただいた。この企画のきっかけとなったのは、ライナー・フォルストから、寛容に関する編著書のために、マルクーゼの論文「抑圧的寛容」を再考してもらえないかというお誘いをいただいたことである。ヴァル・ハルトゥーニには、サイモン・ヴィーゼンタール寛容博物館への最初の訪問に付き添ってもらい、寛容という不案内な領域を概念化しようとしていた、私の初期の試みを切れ味よく批評していただいた。ニーヴ・ゴードンには、ヘブライ語やイスラエルにおける寛容の言説（の全般的な不在）についての質問に、わざわざ時間をとってお答えいただいた。ライラ・アブ゠ルゴドには、なにを読むべきか、私の議論のどこに間違いがあるのかを教えていただき、私のヨーロッパ大西洋的なものの見方や考え方をやんわりと突いてもらった。ジョーン・W・スコット、エリザベス・ウィード、バリー・ヒンデス、ミシェル・フェエール、カロリン・エムッケ、そしてウィリアム・コノリーには、それぞれ、ひとつないしそれ以上の章をていねいに吟味していただいた。ジュディス・バトラー、メリッサ・ウィリアムズ、そして匿名の論評者には、草案段階のすべての原稿に目を通していただいた。原稿を書きなおすとき、彼女らの批評はとても役に立った。

スチュアート・ホールは、明敏かつ愛嬌のある態度で、私が最後の二章で準備していたリベラリズムをめぐる分析について、その手綱は締めるよりも、緩めたほうがよいと示唆してくれた。彼は、植民地主義の言説が完全にはリベラリズムに解消されえないことに気づかせ、私を愚かさから救ってくれたのだ。同じころ、マフムード・マムダーニも、入植者＝先住者の遭遇から生じる言説実践が、内なる他者を管理するリベラルな民主主義体制の実践とは異なっていることに気づかせてくれた。寛容の言説は新しい歴史的な転機、新しい対象との遭遇によって、たえずつくりなおされ、その向きを変えられているという本書の主張は、これらの相似する見解によって強められた。

原稿を書きなおすのも終わりに近づくと、ゲイル・ハーシャターは、私に仕事場を提供し、すばらしい料理でもてなし、ある早朝の森でのランニングの最中には、本書を一からやりなおしたりしないよう説得してくれた。ジュディス・バトラー自身の研究、彼女の私の研究についての見解、そして私たちの変わらぬ意見の相違は、過去一五年以上にわたって、ほかのなによりも、私の思考を豊かにしてくれた。また彼女の愛に恵まれたことは、はかりしれない幸運である。

本書ができあがるまでの研究発表では、多くの聴衆から有益な応答をいただいた。とくに、カナダとイングランドでの豊かな交流には感謝している。この二つの国は、私にとって第二の知的ふるさととなった。また、すばらしい研究助手にも出会えた。キャサリン・ニューマンは、寛容博物館の背景情報を探し出してくれた。ロビン・マラスコは、引用文を完全なものにし、私がラジオのニュース番組で覚えていた文言から演説を突き止め、思いがけない事実や資料を掘り出し、さらにそれ以上のことをしてくれた。コリーン・パールは、私を恐れさせていた原稿の最終的な手入れをし、また索引も準備してくれた。アイヴァン・アシャーは、フーコーの未訳の講義を研究するのに、その流暢なフランス語の能力を惜しみなく提供してくれた。

業界では最良の編集者のひとりである、プリンストン大学出版局のイアン・マルコムは、本書の刊行をたくみに指揮してくださった。編集担当のアリス・フォークには、一生かかっても返しきれないほどの大きな恩義を感じている。

この企画は、まず、カリフォルニア大学サンタクルス校の人文学部と同学術評議会の研究委員会から制度的な支援を受けた。その後、私はカリフォルニア大学バークレー校の人文学研究フェローシップ、アメリカ学術団体評議会フェローシップ、プリンストン高等研究所の客員フェローシップの支援を受けた。この高等研究所に一年でも過ごした者は、そこがものを考えたり書いたりするのに、どれほどすばらしい環境なのかを知っている。これについては、マイケル・ウォルツァーとジョーン・A・スコットに、とくに感謝している。

本書の一部は、それぞれ別のかたちで、以下の刊行物に発表されている。第1章と第2章の部分は、ライナー・フォルスト編『寛容——論争的美徳をめぐる哲学的原理と社会的実践』(フランクフルト/マイン、カンプス・フェアラーク、二〇〇〇年)に収められた「アイデンティティの時代における寛容の考察」に依拠している。これはアライヤ・ボトウィニック、ウィリアム・E・コノリー編『民主主義とヴィジョン——シェルドン・ウォーリンと政治的なものの推移』（プリンストン大学出版局、二〇〇一年）のなかの同名論文としても刊行されている。第3章の初期ヴァージョンは『差異——フェミニズム文化研究ジャーナル』一五巻二号（二〇〇四年夏号）で公刊され、ジョーン・W・スコット、デブラ・キーツ編『ゴーイング・パブリック——フェミニズムと私的領域の移動する境界線』（イリノイ大学出版局、二〇〇四年）で再公刊されている。そして、第7章は『フィンランド政治学年報』（二〇〇四年）の「文明化の言説としての／における寛容」から採られたものである。

寛容の帝国

——現代リベラリズム批判

凡　例

一、本書は、Wendy Brown, *Regulating Aversion: Tolerance in the Age of Identity and Empire* (Princeton, NJ: Princeton University Press, 2006）の全訳である。
一、文中の（　）、［　］は原著者によるものである。
一、原文中の（　）、――については、一部取り外して訳出した。
一、原文中の引用符は「　」で括った。
一、原文中に大文字で記された語句については、一部「　」ないし〈　〉で括った箇所がある。
一、原文中にイタリック体で記された箇所は傍点を付した。
一、引用文献中で邦訳のあるものは適宜参照したが、訳文はかならずしもそれに拠らない。
一、原注は（1）というかたちで記し、巻末に掲載した。
一、邦訳の書誌情報はできる限り示した。そのさい複数の版が存在する場合には、原則として最新のものを優先した。
一、原著の明らかな間違いや体裁の不統一について、訳者の判断で整理した箇所がある。
一、索引は原著をもとに作成したが、一部訳者のほうで整理した部分がある。

第1章　脱政治化の言説としての寛容

われわれはもう仲間ではないのか。

——ロドニー・キング

敵とは、聞いたことのない人のことである。

——「中東のリヴィングルーム・ダイアローグ」のエピグラフ

寛容は政治、宗教、文化の産物ではない。リベラルも保守派も、福音派も無神論者も、白人もラティーノも、アジア系も黒人も……等しく寛容にも、不寛容にもなりうる。……寛容はわれわれの意見というよりも、われわれがなにを感じ、いかに生きているかに大きく関係しているのだ。

——サラ・バラード『寛容教育』

この二一世紀の転換期に、いかにして寛容は多文化的正義や市民的平和の標識となったのか。ほんの一世代前、アメリカ合衆国では、寛容は気どった人種差別の婉曲的な言い回しとして広く認められていた。公民権時代の初期、北部の多くの白人住民はその南部の同胞にたいして、北部の寛容と南部の頑迷という対比のもとで自らの優位性を主張していた。しかし、人種的寛容はまもなく巧妙な形式の黒人差別《ジム・クロウ》であることが、つまり日常茶飯の暴力、公式の隔離、その他のあからさまな支配戦術には訴えないが、あいかわらず白人の優位性を再生産するものだったことが明らかにされた。こうした暴露はやがて社会的に知られるところとなり、一九七〇年代には、人種的寛容は左派やリベラルの嘲笑の用語となったのである。その一方で、宗教的寛容はリベラルな秩序にとって非常に基本的なものと思われており、それゆえ検証されることも、議論されることもなかった。寛容ではなく自由と平等が、排除され、従属させられ、周辺化された人々のための正義のプロジェクトの標語であった。

しかし、一九八〇年代のなかば以後になると、寛容論争にはグローバルな復興のようなものが起こった。多文化主義がリベラルな民主主義体制のシティズンシップをめぐる中心的な課題となり、第三世界の移民がヨーロッパ、北アメリカ、オーストラリアの民族化されたアイデンティティを脅かし、先住民が補償、帰属、集団保護の要求を唱え、国内の民族対立が国際的な混乱につながりかねない問題となり、イスラームの宗教的アイデンティティが強まって超国家的な政治勢力へと拡大するにつれて、寛容は二〇世紀の終わりにいっせいに使われだすようになった。また、左派の側では、統合や同化をめぐる国内規範よりもアイデンティティや差異に関心がもたれ、右派の側では、さまざまなマイノリティの権利要求が普遍的というよりも「特別なもの」として却下されるにつれて、寛容論争もますます激しくなっていった。

今日、寛容は広範囲の立場にまたがり、広範囲の目的のために無批判に普及されている。それは国際連合の会議、国際的な人権運動では、良心や言論の自由とならぶ普遍的な人間の尊厳の基本要素として数えられている。ヨーロッパでは、最近の第三世界からの移民、ロマ、そして（いまだに）ユダヤ人にたいする適切な態度として、またバルカン諸国の内戦の解決策として示されている。アメリカでは、人種的に分断された近隣社会での平和的な共存の鍵、多様な住民をかかえる公立学校で実行しうるコミュニティのつくり方、軍隊その他のところで乱用される同性愛嫌悪の矯正策、増加する憎悪犯罪《ヘイト・クライム》の解毒剤として差し出されている。二〇〇〇年の大統領選挙では、民主党は副大統領候補に正統派ユダヤ教徒を選出し、それを寛容というリボンで飾り立てた。ジョージ・W・ブッシュもまた一期目の公職に就いたとき、それと同じ題目のもと、彼の政権に任命された者は自らの性的指向を調べられたり……あばかれたりしないと宣言した。学校は寛容を教え、国家は寛容を説き、宗教的および世俗的な市民団体は寛容を広める。現在のアメリカの「テロとの戦い」も、部分的には、その名のもとで戦われている。さらには、現代の保守派の一部でさえ寛容を同性愛是認の婉曲的な言い回しとして認めているように、それには政治的党派というものがない。リベラルや左派の人々は、宗教的で、外国人嫌悪的で、同性愛嫌悪的な右派は寛容に欠けると非難するが、福音派のキリスト教徒も、世俗的なリベラルは自分たちにはそれを認めようとしないと主張している。また、保守派の外交政策のイデオローグは、アメリカは寛容を大切にするが、「過激なイスラーム主義者」はそれを忌み嫌っていると主張している。[1] このように、寛容はあきれるほど多くの立場から唱えられており、したがって寛容の対象となりうるものも驚くほど広がっている。文化、人種、エスニシティ、セクシュアリティ、イデオロギー、生活様式や服装の選択、政治的立場、宗教、そして体制さえも、そこには含まれているのだ。

そのうえ、寛容は統一された意味をもったことがなく、国家や文化によって別々に評価され、実行され、議論されてきた。それは異なる歴史的文脈に拘束され、さまざまな対立との関係のなかで召喚もしくは撤回され、独自の政治的な伝統や原理によって変形されてきた。今日、しだいに政治的、経済的に統合されているヨーロッパ大西洋世界の内部でさえ、寛容は意味をたがえ、それぞれの国家的文脈のなかで、異なる対象に結びつけられている。たとえば、最近のフランスのスカーフ論争で明らかになったように、寛容はフランスの政教分離《ライシテ》と関連づけられるが、それに相当しているわけではない。また、オランダ、イングランド、カナダ、オーストラリア、ドイツでの寛容の実践は、独自の知的、政治的な系譜に依拠しているだけでなく、セクシュアリティ、移民、先住民といった、それぞれ異なる寛容の様態をもとめる、現代のさまざまな対象にも向けられている。すなわち、入植地での先住民とのポスト植民地的な遭遇から生じた寛容論争の様態は、ヨーロッパの旧植民地からの移民との遭遇から生じたものや、反抗的なジェンダー的、性的な実践をめぐる家父長制的な宗教の不安に集中したものとは、同じ論理には従っていないのである。同じように、寛容の規則をつくろうと試みているイスラーム国家も、西洋の国民国家がつねにすでに寛容だとみなされる、ヨーロッパ大西洋の政治的想像力とは別のかたちに、それをつくりかえている。

こうした寛容の行為主体、対象、政治的系譜の増殖および変化を考えると、それは政治的あるいは道徳的な言説として分析するには、あまりにも多形的で不安定であると結論づけたくなるかもしれない。

ここでは、もうひとつの仮説を展開することにしよう。現代のアメリカの生活にみられる記号的に多義的で、政治的に無差別で、ときに首尾一貫しない寛容の使用も、それをくわしく考察し、批判的に理論化していけば、われわれの政治的な時代状況の重要な特徴を明らかにするのに役立つだろう。本書の研究の中心問題は、「寛容とはなにか」でも「寛容の観念がどう変わったのか」でもない。むしろ、現代のアメリカの寛容論争がいかなる種類の政治的言説であり、いかなる社会的、政治的な効果をともなっているのか、ということである。この論争の分析的な検証は、西洋の民主主義体制のなかで流通しているリベラリズム、植民地主義、帝国主義をめぐる言説について、どのような解釈を提示しうるのだろうか。以下の章は、いかにして寛容の言説がリベラルおよび非リベラルな主体、文化、体制を構築し、位置づけているのか、いかにしてそれが対立、階層、差異をかたちづくっているのか、いかにしてそれが規範的に作動しているのか、いかにしてその規範性が、ほとんど気づかれないほど遠回しに表現されているのかを把握することで、その言説の社会的、政治的な作用をたどることを目的としている。

このような目的に従えば、寛容はその意味において変幻自在であるだけでなく、その性質において歴史的、政治的に言説的なものでもあると認識されなければならない。寛容をその目的、内容、行為主体、対象が歴史的、地理的に変わりうる政治的な統治性の言説および実践として考察するためには、それを超越的もしくは普遍的な概念、原理、教義、美徳として理解することは断念されなければならないのである。寛容は近代の立憲的リベラリズムでは法と国家に準じる実践、つまりリベラルな国家やリベラルな法体系に関連づけられるが、それによって正確に成文化されているわけではない実践の複合体である。したがって、寛容はフーコーが説明している統治性、つまりさまざまな場所で、公式に政治的と認定されたものに限定されない合理性をつうじて「行為の導き」を組織するものの一例である。法の力に結びついた正確な命令、表明、禁止を欠いているが、それでも寛容は主体を生産し、位置づけ、アイデンティティの意味と実践を編成し、身体を印づけ、政治的主体性を条件づけている。そして、こうした生産、位置づけ、編成、条件づけは、権力の支配もしくは集中をつうじてではなく、むしろ、学校、教会、町内会のような市民の集まる場所、にわか仕立ての社会集団や政治的イヴェント、それに国際的な機関やフォーラムといった、国家の諸制度を越えた寛容の言説の拡散をつうじて実行されているのである(2)。

一九九〇年代の後半に本書の研究にとりかかったとき、私の関心にあったのは、もっぱら国内の寛容論争であった。そのような主題に興味をそそられたのは、現代のアメリカの市民文化、とくに教育文化における寛容の言説が、これまでのとは異なっていたからである。権利付与、援助、紛争解決をめぐる多文化的なプロジェクトが、寛容という言語を受け入れるにつれて、その範囲と目的はともに、宗教改革の時代のマイノリティの信仰とつつましい良心の自由という関心から、はっきりと変わっていった。現在の用法では、寛容は保護の戦略というよりも多文化的なシティズンシップの目的のように思われており、信仰というよりも広義のアイデンティティに焦点をあてている。また、寛容は学校、宗教結社、いくつかの市民団体の刊行物、モットー、綱領のなかで礼賛されている。それらによれば、かつては市民的平和の道具、宗教上の対立者の暴力的な排除や口封じの代わりだったものが、反偏見という一般的な言語に変わり、いまや未来の善き社会のヴィジョンを告知するものとなっている。そして、こうしたヴィジョンがさまざまな政治的行為者によって広められ、国際連合の事務総長や左派のコミュニティ・オーガナイザーだけでなく、新保守派のアメリカの大統領や司法長官によっても賞賛されそうだとすれば、寛容はこの世紀の転換期に、明らかに不思議な新しい生命を宿したのであろう。

このように、寛容の主体と客体は氾濫し、寛容はさまざまなイデオロギー的領域を横断して無批判に受け入れられ、暴力的な迫害にたいする特殊な形式の保護から、二〇世紀末の善き社会のヴィジョンへと変わりつつあった。こうした文脈のもと、私はつぎのように問うてみたい。現代のリベラルな民主主義体制の国民国家において、寛容の言説はいかなる種類の統治的、規制的な機能を遂行しうるのか。寛容はいかなる種類の市民的秩序を設計し構想するのか。それはいかなる種類の社会的主体を生産するのか。それはいかなる種類の市民に呼びかけ、政治、国家、同胞市民をどのように方向づけるのか。それはいかなる種類の国家の正統化を行ない、いかなる正統性の欠損に対応しうるのか。それはいかなる種類の正義を約束し、いかなるものを妥協し断念しうるのか。寛容を道徳的＝政治的な善のヴィジョンの最高位に据えることで、それよりも強い正義の理想はどのように後退させられるのか。その普及は、国家の身体にとどまりつづける敵対的で和解しがたい差異について、いかなる種類の運命論をもたらしうるのか。

つまり、当初のプロジェクトは、アメリカに焦点をあてながら、後期近代の多文化的なリベラルな民主主義体制における正義、シティズンシップ、コミュニティの言説としての寛容の、構築的かつ規制的な効果を考察することであった。しかし、九月一一日後、イスラーム、ナショナリズム、原理主義、文化、文明をめぐる政治的レトリックが、国内の寛容の言説さえも組み立てなおしている。寛容の敵はもはや近所の頑固者ではなく、過激なイスラーム国家か、武装したテロ細胞だというわけである。そして、そのようなレトリックは、国際的な領域での寛容の文化的角度を確実に変えてしまった。それはリベラルな寛容の言説に古くからある、目に見えない規範をたんに浮かび上がらせただけではない。この変化には、まったく新しい目的のために寛容を表明したものもあった。その目的のひとつが、二一世紀の新しい形式の帝国的な国家行動の正統化である。それはコスモポリタン的な西洋と原理主義的とみなされる〈他者〉とのあいだで構築された対立に依拠しており、それゆえ、寛容は文明化の言説の一部として現われる。この言説では、西洋は寛容および許容しうるものと同一化され、非リベラルな社会と実践は許容しがたい野蛮の候補として印づけられる。このような社会は不寛容によって支配されていると推定され、そのことが野蛮の兆候とみなされるのである。西洋は、一九世紀のなかばから二〇世紀のなかばまでは未開にたいする文明を、冷戦期には暴政にたいする自由を表わすものとして想像されてきた。今日では、この二つの現代史が合流して、自由で、寛容で、文明的な人々と、原理主義的で、不寛容で、野蛮な人々との抗争というイメージが生まれているのだ。

九月一一日後の時代は、リベラルな言説それ自体のいくつかの重点を変えたように、本書の研究で当初予定されていた方針も変えることになった。この新しい時代には、国内の統治性としての寛容の問題は、西洋と東洋、リベラルな体制と非リベラルな体制、「自由な」国民と「不自由な」国民を区別する、文明化の言説における／としての寛容の操作の問題によって補完されなければならない。こうした問題には、以下のようなものがある。寛容がリベラルな秩序と原理主義的な秩序との対立を印づけるのに使用される政治的原理だとすれば、リベラルな寛容の言説は、西洋の優位性を聖なるものとして区別するだけでなく、西洋の文化的、政治的な帝国主義を正統化するために、どのように機能しうるのか。すなわち、寛容という穏やかな装いのもとで、この言説は西洋の覇権と侵略を実際どのように助長しうるのか。サミュエル・ハンチントンは世界規模の文明の衝突を予防するために寛容を提唱しているが、この美徳は西洋の優位性を成文化し、その支配を正統化する文明化の言説の重要な要素として、どのように作用しうるのか。現代の帝国的リベラリズムの統治性において、寛容の言説はどのように働いているのか。いかなる種類の主体が、寛容にふさわしいとみなされるのか。どのような合理性と社会性が寛容には必要とされ、また、どのようなものがそれを妨げているとみなされるのか。いいかえれば、リベラルな寛容は、いかなる人間学的な前提を内包し、それを流通させているのか。

　要するに、寛容は民族的、人種的、性的な規制をめぐる国内の言説であると同時に、西洋の優位性と帝国主義をめぐる国際的な言説でもある。したがって、それらはつねに分けて理解されなければならないわけではなかった。現代の国内およびグローバルな寛容の言説は、一見したところ、それぞれ別の対象や目的をもっているように思われる。しかし、第5章で論じるサイモン・ヴィーゼンタール寛容博物館の展示物のように、それらはしだいに寛容の礼賛へと溶け合わされ、また分析的にも結び合わされているのだ。多文化的なリベラルな民主主義体制のなかで寛容の普及を支えているのは、この体制が世俗主義的だという思い込みである。そうした思い込みは、非リベラルな国家ないしは超国家組織にたいする不寛容や攻撃を正統化するだけではない。それはいくつかの文化や宗教をあらかじめ寛容に値しないものとして印づける一方で、そのほかのものが支配的であるがゆえに文化や宗教として登録されもしないことをとりつくろってもいる。後者はむしろ「主流の」とか、たんに「アメリカ的」と形容されるだけである。このように、アメリカにおける寛容の言説は、普遍的な価値や公平な実践を装いながら、国内でも国外でも、いくつかの信条や実践を文明的なもの、そのほかのものを野蛮なものとして指定している。この言説は、実際にはブルジョワのプロテスタント的な規範で充満しているのに、自らが中立的だという思い込みにもとづいて作動しているのである。リベラルな寛容の言説の中心にある個人の道徳的自律性もまた、国内的にもグローバルにも、許容しうるものと許容しえないものとの境界線を引くうえで重要である。文明化の言説はあらゆる文化と宗教を尊重するといいながら、現実には、それらの多くを「解放する《リベラライズ》」ことで破壊してきた。その意味で、これはリベラリズムを文明化の言説に、また文明化の言説をリベラリズムにこっそり持ち込むのに役立っている。とはいえ、文明化の言説における寛容がリベラリズムに還元されうるというわけではない。実際のところ、それは入植者＝先住者の植民地的な遭遇だけでなく、白人と先住民族、植民地化され、収奪された民族とのポスト植民地的な遭遇の遺産によっても大きく規定されている。したがって、こうした系統から生まれた寛容の語彙やエートスは、リベラルな文法や精神分析には還元されえない。だが、それにもかかわらず、前者は過去三世紀以上にわたって後者によって媒介され、リベラリズムの構成的外部の要素にもなってきた(3)。つまり、寛容は卑賤な国内の主体と野蛮なグローバルな主体の、またリベラリズムとその帝国的で植民地的な野心の正当化の、重要な分析上の蝶番となっているのだ。

少しいいかえれば、後期近代の統治性の様式としての寛容は、権力ある人々の正常性と周辺的な人々の逸脱性を反復することで、リベラルな教えの普遍的な地位に明示的あるいは暗示的に異議を申し立てる、制御しがたい国内の同族もしくは類縁集団と非リベラルな超国家的勢力の両方に対応し、それらを関連づけ、飼いならしている。寛容はリベラルな民主主義体制の国民国家の内と外に現われる〈他者〉を規制する。そして、まるでリベラリズムを連想させる用語によって、もっとも非リベラルな国家行動を正統化する回路を、しばしばそれらのあいだで形成するのである。

権力の言説と統治性の実践としての寛容

すでに明らかなように、本書の研究はこうした問題関心から、寛容を困難だが、よい意味で肯定的な個人および集団の実践とみなす、現代の哲学的、歴史的、政治理論的、法的な考察とは一線を画している。哲学や倫理学では、寛容は個人的な美徳として、つまり道徳的自律性から生まれ、それを尊重し、道徳的あるいは宗教的に不快な信条や行動を禁止しようとする衝動をきつく抑えるものとして、一般に理解されている[4]。政治理論家たちは寛容の適切な範囲や限界を議論し、それなりに寛容な個人、文化、体制のあいだで生じる非相互性の問題を探究している[5]。西洋史では、前近代の寛容実践の痕跡も明らかにされてはきたが、政治的原理としての寛容は、たいてい古典的リベラリズムの所産として、より正確には、はじめて政治と宗教の権威を引き離し、そのいずれにも従わない個人的自律性の空間を切り開いた、血塗られた初期近代の宗教戦争の産物として扱われている[6]。比較文化や比較政治の分析では、オスマン帝国との関連で知られている、社会を宗教ごとに分類されたコミュニティに分割した「ミレット制」の寛容（これは古代のギリシアやローマ、中世のイングランドや中国、近代のインドでも、限定的ながら実行されていた）と、西洋に開花した、個人の良心を重視するプロテスタント型の寛容が、きまって対比されている。アメリカの法律では、寛容は憲法修正第一条の範囲か、集団の権利や主権の要求をめぐる比較的新しい法の領域に位置づけられている。[7] 国際法では、寛容は普遍的な人権規約によって公約された、ひとそろいの価値のなかにみいだされる。

本書の研究は、これらの文献にかなりの恩恵を受けてはいるが、それらとは一線を画している。ここでの目的は、独立し首尾一貫した、共存の原理、教義、実践として寛容を論じるというよりも、むしろ、強力なレトリック機能をもった、歴史的、文化的に異なる権力の言説として、その政治的な配置をとらえることである。[8] とりわけ、寛容と権力の複雑な絡み合いが、本書では突き止められるであろう。寛容は統治性の道徳的＝政治的な実践として、対立を除去するとか、弱者やマイノリティを保護するといった表面的な操作を超えた、またその公式の目標や自己表現を超えた、重要な文化的、社会的、政治的な効果をもっている。たとえば、それは政治的、市民的な主体を形成したり、政治的なもの、社会的なもの、シティズンシップ、正義、国民、文明を表現したりするのに役立てられている。寛容は形式的なリベラルな平等や自由に代わるもの、あるいはそれを補うものとして機能しうる。それはまた、実質的な平等や自由の追求をあからさまに妨げることもある。ときには、寛容は混乱した権力の秩序を支え、国家の正統性を立てなおし、混乱した普遍主義をとりつくろい、帝国主義を隠し立てする。寛容はたんに人種差別、同性愛嫌悪、民族的憎悪を和らげるというよりも、むしろ、それらを流通させるためにも動員される。同じように、それは人種差別的な国家暴力を正統化するためにも動員される。もちろん、あらゆる寛容がいつも、このように展開されているわけではない。しかし、本書の関心はこれらの効果を無視したり、寛容の主要なプロジェクトの「外部効果」として扱ったりするのではなく、それらがどのように、いつ、なぜ、寛容の操作の一部として生じるのかを考察することにある。

このように、私の関心はきわめて批判的であるが、その意味で本書は「反寛容」の書なのだろうか。寛容を権力の観点から、主体、市民、国家を形成し、ある種の行動を正統化する生産力として理解することは、かならずしも否定的な判断にいたるわけではない。それぞれの寛容の展開に含まれる、権力、統治、主体生産の操作を明らかにすることは、たしかに、それらの全面的に祝福された地位を奪い、現代によみがえった寛容が帯びている純粋な善性のアウラを引き裂くことになろう。しかし、こうした恩寵の喪失は、暴力を除去し、いくつかの市民的共存の実践を展開している寛容から、そのあらゆる価値を剥奪するということではない。寛容の言説はかならずアイデンティティと差異、帰属と周辺性、文明と野蛮を分節化し、つねに支配的な社会権力あるいは政治権力のためにそうすると認識されたとしても、いくつかの種類の暴力や虐待を和らげている寛容の価値まで自動的に否定されるわけではない。明らかに、寛容はそのような目的のために、しばしば提示されてきた。宗教的異端者の火あぶりや流血の内戦を終わらせようとした初期近代の試みもしかり、自らの見解を他人に押しつけたり、それを法律として制定したりしないと誓うためには、人種混合に反対するのもいとわない今日の人々の思いもしかりである。逆にいえば、一部にはそうしたものもあろうが、すべての寛容の礼賛が暴力や服従を制限することに向けられているわけではない。また、寛容の言説における従属や排斥の度合いや形式も、かなりさまざまである。たとえば、今日の同性愛者の寛容はしばしば完全な法的平等に代わるものとして提唱されているが、こうした立場は寛容を迫害、拘束、収容に代わるものとして普及することとはおおいに異なっている。なぜなら、前者は寛容を平等の反対語とみなし、同性愛者の二級市民的な地位の維持を命じるが、後者は寛容を残酷、暴力、市民的排除の反対語とみなしているからである。

したがって、寛容が権力とは無縁であるという迷いごとから目覚めることは、寛容を無用もしくは有害なものとして退けることではない。むしろ、それは寛容の地位を超越的な美徳から、歴史的に変化するリベラルな統治の要素に変えることであり、そのような転換によって、寛容は主体を生産し、組織する媒体、国家の行為および発話の枠組み、そしてリベラリズムの正統化の一側面とみなされるのである。とはいえ、こうした主張に反する最初の直観、つまり寛容を政治的というよりも道徳的な実践とみなす平凡な傾向は、今日のリベラルな民主主義体制における寛容の奇妙な現われを思い起こさせる。寛容は政治的価値であり、ときには命令でさえあるのだが、それがしばしば関連づけられる礼儀正しさのように、法律のなかに正確に定義あるいは明記されているわけではない(9)。アメリカの憲法修正第一条は寛容の成文化と理解されるかもしれないが、そのことばがこの修正条項のどこにも見当たらないことは意味深長である。さらに、今日のアメリカ国内で復唱されている寛容は、たいてい人種、エスニシティ、セクシュアリティ、文化、「生活様式」に関係しているのだが、それらはどれも、この修正条項によって明示的に保障された自由のなかには含まれていない。もっといえば、リベラルな民主主義体制では、信教、集会、言論の自由がともに寛容な体制、寛容な社会を促進するとみなされているのかもしれないが、いかなる「寛容の権利」も論じられてはいない。また、不寛容がしばしば「憎悪犯罪」に結びつけられ、厳格主義、原理主義ゆえに危険とみなされる体制や社会に中傷を浴びせるために呼び出されるときでも、「不寛容の犯罪」は存在しない。このように、世俗的なリベラルな民主主義体制の国家においては、寛容は法的にではなく、政治的、社会的に機能しながら、人々が国家のなかで、あるいは諸体制が国際システムのなかで、どのように共存しうるのか、またそうすべきなのかについての理解と実践を広めているといってよいだろう。寛容は国家あるいは市民社会の原理であり、憲法の前文や政策文書のなかに突出して現われ、信教、言論、結社の自由にかかわる法律や司法判断を理念的に支えているかもしれないが、寛容それ自体は法的にも、政策的にも成文化されてはいない[10]。また、そのようにされることもありえない。なぜなら、寛容の意味と作用は、そのまさに柔軟性に、つまり、それがいつ、どこで、どのくらい伸縮するかにかかっており、その正統化を行なう善性も命令や義務ではなく、美徳に結びつけられているからである。美徳は内面から行使され、発揮される。それは法や規則として組織されることも、ましてや命令されることもありえないのである。

寛容はたいてい、道徳的、社会的、イデオロギー的には攻撃的かもしれないが、法とは直接対立することのない信条や実践のために提示される。したがって、法は寛容の及ぶひとつの限界となり、その範囲を合法的であるかぎりでの個人的、すなわち私的な問題として指定する。もちろん、法は反人種混交法や反同性愛法の廃止にみられるように、寛容を拡大するかたちで変えられることも、また同性婚を禁止したり、中絶を制限したりする法律にみられるように、寛容を縮小するかたちで変えられることもある。しかし、いずれの場合も、適切にも法の及ばない、それゆえ許容しうる私的な個人の選択とみなされるものと、公共の利益にかかわる、それゆえ寛容とは関係のない問題とみなされるものとのあいだで、駆け引きがなされている[11]。繰り返していえば、寛容とは一般に、法によって是認されるかもしれないが、それによって正確に成文化されることも、規制されることもない、市民的もしくは社会的な美徳である。つまり、われわれは法によって寛容なのではなく、法につけ加えて寛容なのである。たとえば今日、平等、自由、公民権の法があるように、寛容の法があるわけではない。また、何世紀もまえの寛容令をかえりみたとしても、それらは現代の平等主義の基準とは両立しえないように思われる。なぜなら、それらは対象となった集団をたんに保護するだけでなく、それと同時にスティグマ化し、あからさまに統制していたからである。これは形式的平等の範囲が広がるにつれて、寛容が法として成文化される必要がなくなっていったことを示唆している。とはいえ、統治性としての寛容が、それによって衰えたり、消えたりしたわけではない。むしろ、それはすでに述べたように、法や国家に準じる地位に移動しているのである。

それでは、市民的実践としての寛容の文化的＝政治的領域が、おもに合法的なものとして画定された範囲の内部にあるという事実は、いったいなにを含意しているのだろうか。第一に、そうした位置づけは、寛容がリベラルな法体系とリベラルな平等主義を、しばしば補うものとして機能している度合いをとらえにくくしている。この機能については、第3章と第4章で論じる。第二に、寛容の美徳を強制あるいは命令された行動ではなく、自発的な行動と結びつけることは、寛容を権力と規制の実践として、つまり統治性の実践として理解するのを困難にしている。第三に、法的なものと政治的なものがリベラルな民主主義思想のなかで総じて混同されているかぎり、寛容の実践は公式的に政治的なもののレーダー・スクリーンには現われず、リベラルな法体系によって控除された空間のなかで行なわれることになる。これらすべての要因が、寛容の脱政治化の機能と寛容それ自体の脱政治化を引き起こしている。そこで、この問題に移ることにしよう。

寛容と脱政治化、あるいは脱政治化としての寛容

一部の寛容の研究者たちは、態度や美徳としての寛容《トレランス》と、実践としての寛容《トレレーション》を区別しようと試みてきた[12]。ここでの研究にとっては、それとは異なる区別が有益である。これは暫定的で穴の多い区別だが、すでに述べたような、寛容の権力とのかかわりの強調が、寛容の拒否もしくは非難と誤解される傾向を食い止めることができる。それは人格的な寛容の倫理、つまり個人的な関係から生じ、おもに個人化された対象をもつ倫理と、社会的なものを脱政治化して組み立てる特定の様式をもった、寛容の政治的言説、体制、統治性との区別である。無礼で、はた迷惑な他人の嗜好や趣味に耐えようとする意志として理解された、寛容な個人の態度は、多くの場合、たしかに疑う余地のない善きことである。友人の腹の立つ笑い、学生のみっともない服装、同僚の信心深さ、外国人の不快な臭い、隣家の庭木の趣味の悪さ。私はこれらの刺激によって、なにか行動しようとか、なにか一言いおうという気にさえならない。それらに耐えることができれば、世界はまちがいなく、より慈悲深く、平穏な場所となるだろう。あらゆる人間は、たぶんあらゆる感覚のある動物さえも、寛容をこうしたレヴェルで、ごくふつうに実践している。しかし、多様性、アイデンティティ、正義、市民的共存の特定のかたちに関心をもつ、政治的言説としての寛容は、それとは別の問題である。これはたまたま個人が嫌いだったり、好みを害したりするものに反応して、なにか発言するとか行動するといったことを控えるだけでなく、社会的、政治的、宗

教的、文化的な規範を立てることも必要としている。つまり、それはいくつかの許可と規制を行ない、寛容を施す人々と比べて、寛容の対象者を劣ったもの、逸脱したもの、周辺的なものとして印づけ、寛容の限界が破られたとみなされた場合は、ときとして恐ろしい、あるいは破壊的でさえある行動を正当化しているのである。このような寛容はアイデンティティに呼びかけるだけでなく、その生産をあおり立ててもいる。また、それはエスニシティや人種を文化と、信条や意識を表現型と混同するようにもそそのかしている。かくして、アイデンティティそれ自体を寛容の対象とするプロセスは、脱政治化されると同時に自然化される。これは重大な達成である。

寛容をめぐる個人的な態度と政治的な言説を注意深く区別することで、私はこの両者が無関係であると主張しようとか、前者はつねに善きことで、恵み深く、権力から自由だが、後者は悪しきことで、抑圧的で、権力に負荷されていると示唆しようというのではない。寛容は公的価値として存在しており、その政治的言説と個人的エートスはたがいを形成しあっている。しかし、それだけではなく、非政治的な領域での個人的な寛容の態度さえも、言明されない規範をつうじて権威と潜在的な従属化を支えている。ほとんどすべての寛容の対象は、許容されることで、逸脱したもの、周辺的なもの、望ましくないものとして印づけられる。そして寛容の行為は、それが相互的な環境もしくは動態のもとでなされ、その見下ろすような態度を相対的に固定された地位の問題として解釈するのが困難なときでさえ、必然的になんらかの優越性を手に入れることができるのだ。

繰り返していおう。寛容が権力や規範性とけっして無縁ではないとすれば、このことはもっぱら寛容を世俗的なものの領域にしっかりと位置づけ、それゆえ、自らを権力や従属化からは独立していると夢想する、道徳や美徳の概念化にはふさわしくないものとするのに役立つだろう。しかし、こうした再評価だけでは、寛容のとくに政治的な問題がなんであるのかは示されない。このような問題は、寛容の行使のなかで現われる権力によってではなく、寛容の特殊な展開のなかで、また寛容が交わる平等、自由、権利付与、西洋文明といった諸言説のなかで現われる権力の歴史的、社会的、文化的な特異性によって設定されている。寛容そのものが問題なのではない。むしろ、寛容の要求、寛容の喚起、寛容を例示する試みはどれも、階層化や周辺化の命令という文脈のもとで、アイデンティティを生産し、管理することを表わしている。しかも、そうした生産、管理、文脈そのものが、そこにおいて言明されることはない。要するに、それらは政治の隠された命令を表わしているのである。

したがって、本書の企図は、とくに近年よみがえった形式の寛容を、リベラルな民主主義体制における脱政治化の一要素として分析することでもある。脱政治化とは、いずれも政治的に分析され解決されなければならない不平等、従属、周辺化、社会対立といったものを、一方では人格的で個人的なものとして、他方では自然的、宗教的、文化的なものとして説明することである。寛容は脱政治化の二つの方向、つまり政治を個人に還元するか、自然もしくは文化に還元する方向に沿って作用し、ときにそれらを組み合わせる。今日では一般に、寛容は不平等や社会的危害の事例を、個人あるいは集団の偏見の問題とみなす傾向にある。それはまた集団の対立を、本質化された宗教的、民族的、文化的な差異にたいする、存在論的に自然な敵意に根ざしたものとみなす傾向にもある。すなわち、寛容の言説は対立をアイデンティティ間の生来的な摩擦に還元し、宗教的、民族的、文化的な差異それ自体を生来的な対立の拠点とみなしている。そして、そのような拠点は寛容の実践を要求しており、それによって緩和されるというわけである。まもなく論じるように、寛容はリベラルな民主主義体制における政治対立の自然化や、政治的に生産されたアイデンティティの存在論化の原因ではけっしてないが、これらのプロセスによって助長され、またそれらをあおり立てているものなのである。

脱政治化は対立を、あるときは個人、あるときは文化、またあるときは自然へと還元するが、これらの戦術上の多様性は共通の力学で結ばれており、それゆえ整合的な現象として論じることができる(13)。脱政治化とは、政治現象をその歴史的な出現の理解から、またそれを生み出し、かたちづくっている諸権力の認識から引き離すことである。その個別の形式や力学がいかなるものであれ、脱政治化はその主体の表象において、つねに権力と歴史を回避する。社会関係や政治対立を構成している、これらの二つの起源が取り除かれるとき、われわれの理解や説明のなかには、存在論的な本来性か本質主義が、ほとんど不可避的に居すわることになる。簡単にいえば、分析上その構成から歴史と権力をはぎ取られた寛容の対象は、その主体とは本来的に、本質的に異なるものとみなされる。そして、そうした差異のなかで、それは自らを許容するものへの自然な挑発となって現われるのである。さらに、寛容の当事者たちだけでなく、寛容の場面そのものの構成も、差異それ自体の問題によって生み出されたものとして自然化され、存在論化されている。たとえば、中学校や高校の生徒たちが、たがいの人種、エスニシティ、文化、宗教、性的指向を許容しあうよう教えられるとき、問題となっている差異や、それが扱われているアイデンティティが社会的、歴史的に構成されたものであり、それ自体、権力や支配的な規範の、さらには人種、エスニシティ、セクシュアリティ、文化をめぐる言説の効果であることはまったく示されない(14)。むしろ、生徒たちが許容しなければならないと学ぶのは、差異それ自体なのである。

現代の諸問題や政治的主体から、それらをつくりだしている構成的な歴史や権力を奪い去ることは、まさに政治問題の原因を脱政治化することにほかならない。こうした脱政治化の様式に加えて、本書では、その第二の関連する意味にも注目することにしたい。それは政治問題の解決策を公式化するとき、政治的な語彙の代わりに、情緒的で人格的な語彙を用いることである。正義や平等の代わりに寛容の理念や実践が、他者のための正義の代わりに他者への感受性とか、他者への尊重といったものが用いられるとき、また、歴史的にもたらされた受難が「差異」つまり「侮辱」の媒体に、受難そのものが個人的感情の問題に還元されるとき、政治的な闘争および変革の領域は、品行、態度、感情をめぐる実践のアジェンダに取って代わられる。こうした実践はときに価値のあるものだが、不平等や暴力的排除の政治的是正の代わりに、寛容な態度やエートスを持ち出すことは、政治的につくられた差異を実体化するだけでなく、政治的行動や正義のプロジェクトを感性の訓練、あるいはリチャード・ローティが「マナーの改善」と呼んだものに還元することにもなる。[15] 正義のプロジェクトは、心理療法か品行にかかわるものに取って代わられるというわけである。

　寛容という名称をつけた政治的プロジェクトが、たやすく、党派を超えて受け入れられているのは、その脱政治化する言辞や言説のひとつのたしかな表われである。これまでみてきたように、寛容は、多様性、民主主義、家族と同じく、リベラルな社会では政治的に横断して支持されている。こうした現象は、寛容が西洋人に選択的というよりも集合的にあてはめられ、不寛容がたんに白人性をめぐる頑固さや思い入れだけでなく、非西洋、野蛮、反西洋的な暴力を婉曲的に表わすようになるにつれて、近年、その度合いを強めている。なんらかの寛容には反対している西洋人であっても、たとえば、性の解放論、

「人間中心主義」、無神論に反論している保守的なキリスト教徒であれ、政治的な異議申し立てを制限したいと考えている自称愛国者であれ、女性や子どもへの虐待と判断される文化的、宗教的な実践を許容することに反論している進歩派であれ、彼らの立場は寛容それ自体にこぞって反対しているわけではない。彼らはただ、寛容を猥雑なもの、野蛮なものにまで広げるのに反対しているだけなのである。今日の寛容が西洋、リベラルな民主主義、啓蒙、近代と同義であると思われているとすれば、それは「われわれ」と「彼ら」を分かつものとなるだろう。チャンドラン・クカサスは、寛容がリベラルな政治的生活の第一の美徳として例示されるかぎり、つまり、平等、自由、その他の正義の原理よりも、寛容によって保護された良心や結社の自由のほうが優先されるかぎり、そうなるとみなしている[16]。

とはいえ、現代のリベラルな民主主義体制では、寛容だけが脱政治化のもっとも重要な言説だというわけではない。実際、今日の、とくにアメリカにおける寛容の幅広い受け入れは、そのほかの言説の脱政治化の要因と重なり合って助長されている。そうした要因には、リベラリズムそれ自体の、また特殊アメリカ的な個人主義のエートスの長年にわたる性向がある。さらには、ネオリベラリズムの優勢によって加速され、政治的、社会的な領域のいたるところに拡散された市場合理性もある。また、マフムード・マムダーニが「政治の文化還元」と名づけた、より新しい現象もそこには含まれるだろう[17]。つぎに、これらについて検討することにしよう。

リベラリズム。法的および政治的なリベラリズムの形式主義は、かなりの脱政治化を遂行している。というのも、そこでは、文化的、社会的、経済的、私的なものとして指定された空間で発生するほとんどすべてのものが、自然もしくは個人的なもの、つねに権力や政治的生活から独立したものとみなされるからである。また、リベラリズムが個人としての主体に、自主性、行為主体性、厳しい自己責任を過剰なまでに課していることも、政治的に表わされる対立や不平等を人格の問題にすりかえるのに寄与している。これらの傾向は、リベラルな民主主義体制において主体を構築し、位置づけている、さまざまな規範や社会関係、とくに資本、人種、ジェンダー、セクシュアリティにかかわるものをみえなくしている。さらには、自由を権利に、平等を法のもとの対等な地位に切り詰めることも、リベラルな民主主義社会を組織し、その主体を形成している多くの従属、周辺化、不平等の源泉をみえなくしている。それゆえ、もっとも包括的なかたちのリベラル・イデオロギーは、社会的なものと主体的なものの表明と理解において、つねにすでに権力や歴史を回避している。

　個人主義。アメリカ文化では、個人の信念と行動、個人の栄光と挫折の重要性が強調されるが、このことも容赦ない脱政治化の要因となっている。アメリカの通俗文化では、信念、態度、道徳的資質、個人の意志が、世界の歴史をつくる能力とみなされており、それゆえ伝記的な生い立ちや逸話をたどることが、たいてい権力の政治的な分析や考察の代わりとなっている。[18] ホレイショ・アルジャー〔立身出世のモデルとなった一九世紀アメリカの小説家〕から魔女扱いされる福祉依存の母にいたるまで、ジェシカ・リンチ二等兵〔イラク戦争で捕虜となるも救出され一躍ヒロインとなった女性兵士〕からリンディ・イングランド二等兵〔占領下イラクのアブグレイブ収容所で捕虜虐待にかかわった女性兵士〕にいたるまで、神話的な歴史から神話的な伝記にいたるまで、われわれは正しい態度が正義をもたらす、意志の力と不屈の精神が成功をもたらす、そのほかはどれもせいぜい背景、状況、運、歴史の偶然でしかないという思い込みにひたっている。[19] これは歴史と政治についての子どもの見方である。というのも、それは理想主義的で、人格的なものであり、英雄と悪人、善き価値と悪しき価値だけで成り立っているからである。

市場合理性。社会的、政治的な生活のあらゆる局面を企業家と消費者の言説で充満させることで、現代のアメリカの状況には、脱政治化の第三の層がつけ加えられている。こうした充満は資本主義の初期段階から始まっていたが、ネオリベラルな政治的合理性によって新しいレヴェルに引き上げられた。人間的な関係、営為、必要のあらゆる側面が、合理的な企業家や消費者の観点から組み立てられるとき、それらを構成している権力はみえなくなる。ネオリベラリズムの政治的合理性がしだいに支配的になるにつれて、その脱政治化の効果は、古典的な政治的リベラリズムや個人をめぐるアメリカの文化的な物語の脱政治化の効果と組み合わされ、ほとんどすべてのことが個人の主体性や意志の問題か、あるいは運や偶然の問題とみなされるようになっている。[20]

脱政治化の言説としての寛容は、これらの脱政治化の言説と入れ子状に重ねられながら、受容され、正統化されている。また、それは対立や主体の政治的、歴史的な構成を分解して消し去る、これらの手法にも依拠している。さらには、リベラリズム、アメリカの個人主義の文化、ネオリベラルな市場合理性の場合と同じように、寛容も、それが権力の言説もしくは統治性の技術として作用しているのを隠蔽する。一般に、寛容は人間の差異の尊重、つまり「自分のとは異なる意見や習慣」の尊重と定義されるが、その言説において争われるべき規範、主体の構築、主体の位置づけ、文明的なアイデンティティについては、なにも認識されていない。[21] 同様に、いくつかの民族、国家、習慣、発言が寛容の埒外にあるものとして印づけられる手段や、許容しうるものと許容しえないもの、寛容なものと不寛容なものを線引きする政治についても、なにも表明されていないのである。

政治の文化還元。すでに論じたように、寛容の意味と範囲はあいまいである。それは尊重なのか、受容なのか、暴力の抑制なのか。それは心構えなのか、政策なのか、道徳原理なのか、エートスなのか。それが促進するのは道徳的自律性なのか、平等なのか、差異の保護なのか、自由なのか。しかし、たんにあいまいである以上に、今日の寛容は宗教、文化、エスニシティ、人種、性的規範といった、それぞれ共約不可能な主体や実践を同一視または混同するかたちで、しばしば喚起されている。寛容論争において、エスニシティ、人種、宗教、文化は、とくに互換可能なものとされている。たとえば、いかにして、なぜ「文化」は女性を抑圧しており、それゆえ、つねに許容されるのではなく、リベラルな法体系によって制約され、規制されなければならないのかという議論のなかで、スーザン・オーキンは（家父長制的）文化と（家父長制的）宗教を区別することなくいいかえ、事実上それらを混同している(22)。また、サイモン・ヴィーゼンタール寛容博物館のテロに関する映画では、物語は「イスラーム過激派」によって示された脅威についての議論から、この脅威を管理する「人種的＝民族的プロファイリング」の適切さをめぐる質問にただちに移り、そうすることで宗教、エスニシティ、人種を混同している。同じように、アメリカの政治的言説では「アラブ系アメリカ人」と「ムスリム」が互換可能なものとされているが、それは多くのパレスチナ人がキリスト教徒で、またイスラエル人のなかにはアラブ系もいるという事実が削除されているのと同じくらい、きまりきったことである。そして、冷戦後の「自由な世界」の敵の名前である原理主義は、文化、宗教、国家、地域、体制のどこにでも、その発生の原因をみいだされている。

これらの混同や互換は、たんに歴史的、政治的な無知の効果でもなければ、すべての印づけられたアイデンティティを分析上等価とみなす、ずさんな多文化主義の言説の効果でもない。むしろ、それらは政治の文化還元、つまり「あらゆる文化はそれを定義する実体的な本質をもっており、政治はそうした本質の帰結として説明される」[23]という想定の症候である。このように政治的な動機や原因を本質化された文化に還元すること（それによって、文化は民族的に印づけられた宗教的、非宗教的な信条や慣習のかたちのない聖典とみなされる）は、パレスチナ人の自爆テロから、オサマ・ビンラディンの世界計画、ルワンダやスーダンの大量虐殺、サダム・フセイン後のイラクの民主化の失敗にいたる、あらゆることを説明するのに活用されている。ジョージ・W・ブッシュが、中東での恐ろしい出来事が「われわれに敵の本質を思い出させる」[24]と主張しているのは、まさにこうした想定に依拠してのことである。政治の文化還元は、政治経済、国家、歴史、国際的および超国家的関係を分析から締め出している。それは政治対立や政情不安の説明から、植民地主義、資本、身分あるいは階級の序列化、外部の政治支配といったものを抜き去ってしまうのだ。それらの代わりに、「文化」がなんらかの紛争を引き起こした動機や野心（剣によって生きること、宗教的原理主義、暴力の文化）を説明するために、また、そこで使われている技術や武器（自爆テロ、斬首）を説明するために呼び出される。サミュエル・ハンチントンは、こうした政治の文化還元のもっとも古い碑銘を提示している。彼は冷戦の終結後、「イデオロギーの鉄のカーテン」が「文化のビロードのカーテン」に取って代わられたと論じていた[25]。批評的にいいかえれば、西洋の冷戦時代の政治対立はイデオロギーに還元されていたが、冷戦後の政治対立は文化に還元されているのである。

　しかし、重要なことに、このような還元は著しい非対称性を帯びている。政治の文化還元は、地球上で、均等になされているわけではない。それどころか、文化は〈彼ら〉を政治的に動かし、われわれの文化を攻撃するよう仕向けるが、〈われわれ〉はそれによって動かされず、むしろそれを大切に守っている、と理解されている。マムダーニがいうように、「近代人は文化をつくり、その支配者となるが、前近代人は文化の導管でしかないといわれているのだ[26]」。このように、文化によって支配されるといわれる人々と、自らを支配し、文化を享受するといわれる人々が分けられることで、文化はさまざまな民族、体制、文明を分かつ線分とされたり、政治対立の説明に使われたりするだけでなく、リベラリズムによって解決されなければならない問題とみなされることにもなる。このことはどのように作用しているのだろうか。

文化はそれがなにを意味しようとも政治的であるという観念は、古くからいわれていることである。しかし、政治としてのリベラリズムが文化的であるという観念は、ことばの誤用とされる。こうした非対称性には、いくつかの理由がある。第一に、リベラリズムはその基本原理、たとえば、世俗主義、法の支配、平等な権利、道徳的自律性、個人的自由を普遍的なものと思い込んでいる。これらの原理は今日、特殊で、ローカルで、地域的なものとみなされているが、かりに普遍的であるとすれば、それらは文化の問題ではないだろう[27]。第二に、リベラリズムの分析上の単位は個人であり、その主要なプロジェクトは個人の自由を最大化することである。このことは集団の一体性や連続性という文化の規定とは正反対であり、それゆえ、文化とリベラルな原理はたがいに敵対する。ここから、リベラリズムを文化に拘束されないものとして表現する第三の基礎が導き出される。すなわち、リベラリズムは宗教が私的なもの、個人的なものとされたように、文化もそのようなものにすることで支配されると思っている。文化や宗教が公的に統治するのを認めないというのが、リベラルな世俗主義とリベラルな普遍主義の前提である。つまり、個人的に享受するという条件のもとでしか、文化も宗教も許容されないのだ。

かくして、現代のリベラルな政治的および法的教義では、文化は〈他者〉として位置づけられる。また、文化は従属化されないかぎり、すなわち、私的なもの、個人的なものとなることで文字どおり「解放」されないかぎり、そうした教義の諸原理に必然的に敵対するものとして位置づけられる。さらに、このような解放は、さもなければ権威的で、意味、慣習、ふるまい、信条を自動的に伝達していたものを、個人の愛着にかかわる問題に変えることで、文化の要求を緩和するともみなされている。リベラリズムは、文化の集合的な拘束力、その共有された公的性質が、個人の私的に生きられる選択に転換されなければならないと思っている。いいかえれば、リベラリズムは自らの普遍的な、したがって文化にとらわれない原理によって、文化が征服され、政治的に去勢されないかぎり、文化と政治は融合されると思っているのである。リベラリズムがなければ、文化はリベラルから抑圧的で、危険なものとみなされる。なぜなら、文化は個人の権利や自由、それに法の支配を無視するだけでなく、その原理が普遍的な性質のものではないのに加えて、自らを権力から切り離すこともできない以上、いかなる法的、政治的な説明責任も果たしえないからである。それゆえ、文化はリベラリズムによって封じ込まれ、いかなる政治的主張も行なわない、個人の選択肢として定められた立場に押し込められなければならない。文化は理念、価値、共存の様式を組織する世界というよりも、個人が自由に出入りする家のようなものに縮小されなければならない。リベラリズムは、これをなしうる唯一の統治様式として自らを表象するのである。

つまり、今日では、リベラルな民主主義体制では政治的なもの、経済的なもの、文化的なものは相対的に自律しているという思い込みが、国家は市民社会から自律しているという一九世紀の思い込みに取って代わったのだ。これはハーバーマスからハンチントンにいたるリベラルによって共有されている。そこでは、リベラルな民主的統治は、資本と文化的価値の両方から相対的に独立して作動すると想像されている。こうしたリベラルな価値や制度の推定上の自律性は、人権は普遍的であり、それゆえ拡張しうるというリベラルな主張のなかで、ジミー・カーターから、マイケル・イグナティエフ、ジョージ・W・ブッシュにまで及ぶ主張のなかで例証されている。このような公式は、人権を文化帝国主義というスティグマから解き放つだけでなく、人権が文化を防衛する手段としてたえず呼び出されるのを許してもいるのである。(28)

しかし、リベラリズムは文化的である。これはたんに、リベラリズムがなんらかの文化、たとえば、個人主義や企業家精神の文化を促進するということではない。それはたしかに自明のことである。あるいはたんに、リベラリズムが国民文化と呼ばれるものとつねに重なり合っているということでもない。それはそのとおりである。現代のリベラルな理論はそうした重なり合いが含意するものをほとんど考察していないが、政治思想史では、ヨーロッパやアメリカ大陸のさまざまな場所で生まれたリベラリズムが、きまって比較されているのである。また、これはたんに、純粋なリベラリズムというものが存在せず、共和主義的なもの、リバタリアン的なもの、コミュニタリアン的なもの、社会民主主義的なものといった、その変種があるということでも、すべてのリベラルな秩序が、非リベラルな価値や実践を法のなかに隠匿し、肯定し、例証しているということでもない。これもまたそのとおりである。むしろ、ここでの理論的な主張はこうである。われわれが文化のものとみなす構成的かつ抑圧的な権力、つまり、諸主体の関係や実践、信条や合理性を生産、再生産し、彼らの明白な選択や同意なしにそうする権力は、リベラリズムによって征服されるわけでも、リベラリズムのなかに存在しないわけでもない。リベラリズムはそれ自体文化的な形式であるだけでなく、それが制度化され、実践されるところでは、かならず非リベラルな文化の線条痕が刻まれている。もっとも抽象的な分析理論家たちの文献のなかでさえ、リベラリズムは不純で、混交されており、それ自体では説明のつかない価値、前提、実践に結びつけられている。リベラリズムは人間的であることとやともに存在すること、自己、他者、世界とかかわること、なすことなさぬこと、特別なものを評価するしないについての一連の偶発的で、柔軟で、変わりやすい信条や慣習を含んでいる。また、リベラリズムはつねにそのほかの文化的規範、たとえば、親族、人種、ジェンダー、セクシュアリティ、労働、政治、余暇などをめぐる規範と結びついて制度化され、体制化され、統治化されている。これはリベラリズムが民主主義と分析上、同義ではないひとつの理由である。リベラリズムが変わりやすい文化的形式であるように、民主主義もまた権力と統治の分有をめぐる変わりやすい政治的実践なのである。リベラリズムが自らを文化と区別するために依拠している二重の策略、つまり、一方で自らの原理を普遍的なものとみなし、他方で文化を法律上私的なものとすることは、リベラリズムを文化に影響されないものとして、したがって文化帝国主義にはなりえないものとしてイデオロギー的に描き出している。リベラリズムは自らを文化や宗教に支配されることなく、それらを匿いうる唯一の政治的教義として表現する。そして、そのような表現をつうじて、自らを文化の上に立ち、文化を許容しうる唯一のものとみなしている。しかし、そのほかの政治的形式と同じように、リベラリズムは文化の上にも外にも存在しないし、文化もまたリベラリズムとは別のところに存在しているのではない。リベラリズムの原理のなかでも、自律性と普遍性はともに神話である。それらはリベラリズムが自らの帝国的な野望や実践をめぐる問題を、他者に自由であるよう強制することがリベラルな原理と一致するのかという問題に切り詰めるのに欠かすことのできないものなのである。

要するに、今日の「政治の文化還元」は、リベラルな体制内部での人種的アイデンティティの主張を含む、非リベラルな政治的生活をなにかしら文化と呼ばれるものに還元しながら、リベラルな民主的制度から文化を連想させるものを除去している。こうした論理のなかで、寛容はリベラルな民主主義体制の原理として、また文化的領域と名づけられたもののために呼び出される。それは現代のリベラリズムの内部で差異の問題を生み出している、セクシュアリティからエスニシティにいたる、あらゆる本質化されたアイデンティティからなる領域である。したがって寛容は、「差異」ゆえに非リベラルで「本質的」ゆえに非政治的な文化的アイデンティティの要求か、それらの衝突と解釈されたものを管理する道具として呼び出される。そのようなものとして、寛容はそれらの要求や衝突の脱政治化を反復しながら、自らをリベラルな統治の超規範的な道具として、良心の自由あるいはアイデンティティの自由（今日では、こちらのほうが適切だろう）を保障するたんなる手段として描き出しているのである。

本書では、このような政治的景観を明らかにしようと思う。ここで異議を申し立てられるのは、寛容の言説が依拠し、普及している政治の文化還元であり、またリベラリズムの超文化的とみなされる性質である。こうした異議申し立ては、つぎのような規範的前提によって活気づけられている。つまり、より民主的なグローバルな未来は、リベラリズムの文化的な断面や、その特定の文化による刷り込みを否定したり、否認したりするのではなく、むしろ、それらを肯定することにかかっている。そのように肯定することで、リベラリズムの普遍主義の要求や、その文化的に中立的な、したがって許容しうるものを仲介するとみなされた地位は、しだいに崩れ去るであろう。そして、それらが衰退していくなかで、絶対かつ唯一寛容だとみなされたリベラルな民主主義体制の名声は、異議を申し立てられ、ほかの多くの体制と同じくらい、自己主張的で、〈他者〉を却下していることが明らかにされるだろう。また、リベラリズムは原理主義と近接しており、何度もじかに交わっていることも明らかにされるだろう。

リベラリズムを文化的なものとして認識することの目的は、たんに、その傲慢さをあばいたり、その尊大さをあざけったりすることではない。むしろ、このような認識をつうじて、あらゆる事例のリベラリズムの生来的な混交性や不純性が明らかにされることで、いかなるものも「唯一のリベラリズム」にはなりえず、それぞれの形式と内容はなにほどか鉢植えされた、歴史的で、ローカルで、生活感のあるものだということがはっきりと示される。また、そのような認識によって、リベラリズムはつねにすでに原理主義的な〈他者〉との雑婚をめぐる問題であり、その内部にこうした〈他者〉を抱えており、それゆえ、この内なる〈他者〉を承認し、それと関係をもつなんらかの潜在力をもっているということも明らかにされる。リベラリズムの再生、さらには救済、あるいは少なくとも、より穏やかで平和的な実践への展望は、そうした可能性のなかにあるのかもしれない。

第2章　権力の言説としての寛容

その穏便な態度にもかかわらず、寛容は優しさ、包容力、和解と、不快、裁き、嫌悪を混ぜ合わせた、内的に不調和な用語である。それは忍耐のように、なにかしら存在しなければよかったものによって余儀なくされる。それは望ましくないもの、趣味の悪いもの、誤ったもの、あるいは反抗的で、敵対的で、不愉快でさえあるものの存在を管理しなければならない。こうした管理の活動において、寛容は解決とか超越ではなく、対処の戦略だけを提示する。寛容の作用には止揚も、純粋さも、救済も存在しない。埋め合わせとして、寛容はその担い手に美徳を、つまり自分の原則が傷つけられるのを許すという高潔な行為に見合った地位を授ける。それは自分の趣味が汚されるのを許す優雅な作法となる。それは譲歩と引き換えに、つつましい優越性というローブを与える。

『オックスフォード英語辞典』〔OED〕によれば、寛容《トレランス》の語源は、耐える、辛抱する、我慢することを意味し、なんらかの道徳上の不同意も含意する、ラテン語の *tolerare* にみいだされる。倫理的、政治的な用語としての寛容に関しては、ＯＥＤは三つの切り口を示している。それは（一）「苦痛や困難に耐える行為もしくは実践」、（二）「許す行為、権威によって付与される許可、認可」、そして（三）「他人の意見やふるまいを甘受し、大目にみる気質、他人の行為を判断するにあたって……偏見にとらわれないこと、つつしみ、心のおおらかさ[1]」である。これら三つの定義、すなわち「耐えること」、「許可すること」、「大目にみること」から明らかなように、寛容は忍びがたいものを忍ぶことを内包している。しかし、それは社会的に位置づけられているので、人はそのようなものを受け入れるかどうか、どのように受け入れるのか、どのくらい許すつもりなのかを決めることができる。そうだとすれば、権力だけでなく権威も、道徳的、政治的な価値としての寛容の前提条件となる[2]。右に述べた寛容の第三の次元、つまり自らが認め、許したものを大目にみる態度を可能にしているのは、こうした位置づけ、権力、権威なのである。そして、そのような態度は、自らの権力、権威、規範を和らげ、それらを寛容の行為のなかにおおい隠している。したがって、寛容はこのように偽装された柔らかさ、「心のおおらかさ」を本来的に内包した権力の行為である。度量の広さは、つねに権力の見栄である。寛容の場合、それは権力の偽装でもある[3]。

ＯＥＤの定義がともに明らかにしているように、寛容は許容されたものにたいする中立性も、それらの尊重も含んではいない。むしろ、寛容は不同意、侮蔑、反感の態度を特定の種類の克服によって、つまり危険を振り払う反発力か、危険を編入し、その存在を許可する包容力のどちらかによって可能とされる克服によって抑制する。それゆえ、寛容は正常化の能力だけでなく、他者への敵対性もまた内包している。寛容は近代の市民的エートスや社会的慣習に成長し、最近では、あらゆる種類の文化的アイデンティティに関係しているが、フーコーが生権力と名づけた編成の一要素として現われている。すなわち、それは死の脅迫というよりも、むしろ生の規制をつうじて身体を従属化し、住民を統制する、きわだって近代的な権力の様式の一要素なのである。(4)

こうした「寛容《トレランス》」の次元は、包括的な辞書上の定義を離れて、その用語がさまざまな専門領域でどのように使われているのかを考えてみれば、よりいっそう明らかになる。植物生態学では、植物がぎりぎり生存しうる基本物質（水や日光）の欠乏量を示すために「耐性《トレランス》」という用語が使われている。医学でも、身体が外部のものや未知のものをどのように処理しているのか、身体が明らかに有毒なものにどのくらい耐えられるのかという二重の問いのもと、薬、移植、臓器移植の「耐性《トレランス》」が論じられている。より一般的には、人間生理学では、外部から持ち込まれ、また内部でも生成される脅威の要素を吸収し、代謝し、加工する身体の能力を表わすものとして、アルコール耐性、ヒスタミン耐性、グルコース耐性といった用語がある。(5) 治安および訴追関係でいえば、アメリカ合衆国やカナダでは、「ゼロ・トレランス」という観念が、違法ドラッグから家庭内虐待にいたる、きわめて道徳的に問われる犯罪に適用されている。それらは、保護に値するとみなされた近隣社会やコミュニティへの許容しがたい脅威と同一視されているのである。統計上の「公差《トレランス》」は、無効とも誤謬ともされない、統計学的な主張によって認められうる誤差の範囲を定めたものである。そして、工学、機械工学、貨幣鋳造でいう「公差《トレランス》」も、許容可能な懸隔や誤測定、容認されうる偏差の度合い、構造上の弱点となることも、一部の製品を破棄することもない、耐えられる間隙や欠陥を指している。あらゆる語法において、「寛容《トレランス》」はどのくらい異質な、誤った、不快な、危険な要素であれば、宿主を破壊することなく、それと共存することを許されるのかという限界を表わしている。それは問題となっている宿主の実体が真理であれ、構造の強度であれ、健康であれ、コミュニティであれ、有機体であれ、同じである。それぞれの領域で「寛容《トレランス》」が引き合いに出されること自体、なにかしら汚染する危険なものが近くにあるか、なにかしら異質なものが問題となっていることを示している。そして、どのくらいの毒性であれば、物体、価値、主張、身体を損なうことなく受容されうるのかによって、その限界は決定されるのである。かくして、「寛容《トレランス》」は脅威となる〈他者〉を内部に編入し、その存在を規制する様式として現われる。こうした点で、それはデリダのいう代補の地位を占めている。つまり、それはアイデンティティ／差異、内部／外部という二項対立を概念的には解体するが、その支配的な項の完全性、自己充足、自己完結、連続性という想定には欠かせないものなのである(6)。

寛容が拒絶と同化の中道を装っているとすれば、その道は美徳というよりも必要によって開かれている。これはすでに指摘したことである。ニーチェがいうように、寛容は遡及的、回顧的にしか美徳とされないのだ。寛容は、危険で、異質で、毒性をもち、脅威となるが、なんらかの実体に編入されることも望んでいる差異の管理にかかわる実践であり、それゆえ、その脅かされた実体を維持する特異な方法として理解されうる。このような理解は、市民的あるいは政治的な寛容を弱者やマイノリティ化された人々の保護とみなす、ありきたりの見解とは合致しない。もちろん、それはこうした保護の可能性を寛容のひとつの効果として認めないわけではない(7)。しかし、総論的にいえば、寛容はひそかに侵入する毒性のある差異に手を差し伸べるよりも、その差異によって表現された脅威を管理することのほうが多い。また、寛容は許容された要素の他者性を編入すると同時に維持しており、そのかぎりで並外れた管理の形式となっている。繰り返していえば、これは寛容を一方では消化、同化、溶解から、他方では拒絶、否定、汚染から区別するものである。許容されたものは、たとえ編入されたとしても、区別されたままである。寛容の対象は宿主に溶け込むことも、宿主とひとつになることもないので、その脅威となる異質な側面は許容する身体の内部で生きつづける。これがあてはまらなくなると、寛容はただちに無意味な行為となる。(8) そうだとすれば、寛容が正義の項目であるためには、それが編入しながら管理している人々の、よそ者としての地位を永続的なものにしなければならない。それはこれらの人々を、市民的あるいは政治的な体制にとって、いつまでも潜在的に危険な要素として扱いさえする。かくして、寛容を採用した多文化主義の言説は、たんに幸福な差異のコミュニティを描いたものではないことが明らかにされる。なにが価値あるものとされ、なにがその価値の脅威とみなされるのか、いかなる関係が憎しみや永遠の他者性をめぐって思い描かれるのか、そうした関係はどのように扱われるべきなのか。これらを理解するためには、現代の市民的体制の構想において問題とされる規範だけでなく、その敵対者についても知らなければならない。

寛容は差異にたいする反目や敵意を解消するというよりも、むしろ、それらを管理するものである。そうだとすれば、寛容が遍在的なイデオロギーか統治の要素となるとき、その特殊な管理技術の心理的負担は高まり、明白な社会的効果をもたらすことになる。寛容を示される対象は、かならず、望まれない周辺的なものとして、かろうじて市民か人間とみなされるものとして印づけられる。寛容を行使するよういわれる人々は、礼儀正しさ、平和、進歩の名のもとで、自らの敵意や反感を抑制し、克服することをもとめられる。精神医学的にいえば、前者は卑屈さの事例であり、排除に結びついたルサンチマンとなる。また、後者は抑圧された攻撃性の事例であり、力や支配の否認に結びついたルサンチマンとなる。とりわけ、寛容はこれらのルサンチマンの温床となっている。つまり、それはたんにリベラルな多文化主義の混乱した不安定な精神的景観に対応しているというよりも、むしろ、そのような景観をつくりだしているものなのである。このような寛容の行為の側面は、個人の倫理的美徳、集団の社会的エートス、市民的な平和維持の道具としての寛容という公式によって、うわべを飾られているようである。

寛容は主体を生産し、組織し、印づけるだけでなく、その代わりとなるものの範囲と有用性も示している。われわれは手の届かないもの、自分に関係のないもの、なにもしてあげられないものを許容することはない。そして、寛容もいくつかの行為や反応からとられたひとつの選択肢にすぎない。そのなかには、拒絶、隔離、禁止、抑圧、追放、絶滅といったものも含まれる。これらが実行可能で、適切で、道徳的に受け入れられる対応ではないとしたら、また反目する民族や慣習とともに生きるほか道はないとしたら、われわれを脅かし、われわれに逆らうものを許容するということについて正しく語ることはできない。それどころか、われわれはそれらの存在によって支配され、抑圧され、破壊されてしまうだろう。たしかに、寛容は宿主の安寧を危うくするかもしれない便宜ではある。しかし、核心のところでは、それは基本的になにを選択し、なにを行ないうるかを表明している。なぜなら、寛容は命令だけでなく、服従によっても取り消されるからである。

かくして、寛容は二種類の境界画定となんらかの許可の実践を必要とする。まず、寛容が呼び出されるためには、その対象となるものを定める空間的な境界線と、その範囲のなかで調停されうるものとそうでないものを分かつ道徳的な境界線が引かれていなければならない。また、許容された行ないが許容されつづけるためには、その条件がなんらかの許可の実践によって規定されなければならない。たとえば、一部のアメリカ人は個人的には中絶を道徳的に悪いことだと信じているが、そうした道徳上の問題は個人のものであるとも考えているので、その合法性を条件つきで許容している。つまり、彼らは「妊娠後期の中絶」は許容されないとみなすかもしれないのである。その一方で、中絶は殺人であると信じ、それを予防することは倫理的な行動にほかならないと考えるアメリカ人もいる。彼らはいかなる状況のものであれ、そのような行ないを許容することができない。彼らはたんに中絶に反対するだけでなく、それが行なわれるのを積極的に妨害しようとさえするかもしれない。これらの二つの立場のなかに、われわれは寛容の対象となるものを定める境界線が、まさに個人から社会に移動しているのをみることができる。そして、その許可の実践が、いかなる種類の中絶が、だれのために、妊娠のどの時点で許容されうるとみなされ、またみなされないのかを仕切っているのをみることもできよう(9)。

系譜学

ここまで、辞書上の意味と日常的な用法から導き出された、寛容の一般的な含意について考察してきた。しかし、寛容がつねに特殊な言説実践であることを正しく認識するためには、これらの辞書上の意味は、西洋固有の寛容の統治性をめぐる系譜学上の意味によって補足されなければならない。いずれの意味も、寛容が今日どのように展開され、どのような政治的な効果や含意をもたらしているのかを教えてくれるわけではない。しかし、それらは寛容と権力のさまざまな結びつきの可能性を理解するのに役立つとともに、現行の権力が依拠している正統化の範囲もまた示しているのである。

西洋における統治原理としての寛容は、一五世紀、一六世紀の異端派の寛容をめぐるルネサンス人文主義者の助言からはじまった。このひどく不寛容な時代に寛容を唱えた人文主義者たちは、宗教的異端の容疑者たちが教会のいくつかの原理から逸脱しているのを認めながらも、彼らに教会の正規の成員資格を与えることで、彼らを受け入れようとした。その思想によれば、本質にかかわらない部分については同意しないが、信仰の根本的なところは受け入れている宗教上の反対者は、教会のなかにとどまり、その不同意を許されるべきであるとされていたのだ。一七世紀後半のイングランドでは、この種の寛容は反対者を英国教会に「抱き込もう」とすることから「包容」と名づけられていた。包容は英国教会内部の宗派に適用され、寛容はその外部の宗派に適用されるものである。そのかぎりでは、包容は寛容とは区別されなければならない。しかし、初期の人文主義者は、そのような区別を採用することはなかった。というのも、彼らはキリスト教の永遠の分断を認めてはいなかったからである(10)。

もちろん、リベラリズムの寛容の起源と広くみなされる教義をつくったのは、ルネサンスというよりも宗教改革であった。宗教改革の時代とその後の寛容への関心は、それぞれの時期、それぞれの国家で問題とされた支配的宗教、君主権力、個別の宗教的反対者によって異なっていた。フランスのプロテスタントは、スチュアート朝イングランドのピューリタンやカトリックのどちらとも異なる問題を提起していた。また、一六四〇年代の分派の反乱に直面したイングランドの長老会派は、一六八五年のフランスのナントの勅令撤回後の宗教的迫害とは異なる不寛容の様式をつくりだしていた。

この時期、寛容について論じた思想家は驚くほど多かった。そのなかでも、バールーフ・スピノザ、ジョン・ミルトン、ゴットホルト・エフライム・レッシング、ピエール・ベール、ロジャー・ウィリアムズ、ジョン・グッドウィンなどは、わりと知られたほうであろう[11]。しかし、宗教改革後の寛容の教義を体系化したもので、もっとも有名なのはジョン・ロックの「寛容に関する書簡」である[12]。それは一六七九年の排除危機のときに匿名で出版されたが、寛容をめぐる長年の思索と著述から生まれたものであった。また、ロックがオランダに亡命していたころに、それが書かれたということも重要である。というのも、当時のオランダはスペインによる支配が終わってからも、宗教をめぐる政治的危機を一世紀にわたって経験し、その後は迫害を逃れたフランスのプロテスタントたちの主要な行き先となっていたからである。「書簡」におけるロックの目的は、たんに寛容を擁護するだけでなく、市民的および政治的な社会を宗教的な生活からはっきりと区別することであった。ロックは、「これらの二つの領域を混同する人は、もっとも隔絶し、もっとも正反対のものとされる、天と地をいっしょに扱っている」と反論したあとで、それらの隔たりと対立をくわしく説明している（四〇三頁）。宗教は（天における）来世の栄達のためにあり、魂の救済にかかわるものである。他方、政治社会は（地における）現世の組織化のためにあり、「生命、自由、健康、身体の安全、貨幣、土地、住宅、家具のような外的事物の所有……万人の正義、公平さなど」（三九三頁）世俗的な財にかかわるものである。

かくして、日々の市民的および政治的な生活にかかる宗教の圧力は抑えられる。それと同じように、信仰もまた内面のものとみなされ、共通の問題というよりも個人の問題に変えられる。ロックは、「すべての人の魂の……配慮は、その人自身に属する」（四〇五頁）と言明することで、著しく個人主義的で内向的な信者、つまり近代の肖像画か、少なくともデッサンとなるような人物の出現を告知している[13]。信仰が内面化されることで、その真理要求は明らかに弱められ、今日の宗教的寛容の命令を支えている、主観的な信条の性質をかならず吹き込まれる[14]。その意味で、ロックの定式は近代の寛容の教義とともに現われた逆説を表わしていよう。個人としての人間にもっとも欠かせないもの、つまり自らの信条と良心は、公的生活だけでなく、共有された真理の地位からも切り離されている。コミュニティにおける多様な信条の寛容は、それらが公的には重要ではないものとして、また自らの内面の信条や誓いを政治的、社会的、経済的な生活の構造や目的に関連づけない私的な個人を構成するものとして、そして確たる共通の認識論的な権威を参照しないものとして表明されるかぎりで可能となる。こうした信仰の、より一般的には道徳的、倫理的な価値の内面化、個人化、主観化によって、二つのことが同時に達成される。まず、市民的および政治的な権力は技術的、物質的、法的、慣習的なものとされ、道徳的、宗教的、精神的な意味や土台を奪われる。そのうえで、宗教とあらゆる良心の問題は私的で、個人的なものとされ、政治的あるいは共同的な意義を奪われる。ここでは、政治的道徳性という観念それ自体が、なにかしら撞着語法のようなものとなるのだ。さらにいえば、政治的生活におけるコミュニティも、根底から弱体化するにちがいない。それはなんらかの信条構造を喚起しなければ、厚みのある組織としては成り立たない。しかし、そのような構造はもはや権威によって命じられたものではなく、それゆえ限定的で、私的なものとなっているのである。そして、宗教的および倫理的な生活は、はっきりと境界づけられ、公的なものとなっているのである。そして、宗教的および倫理的な生活は、はっきりと境界づけられ、公的な生活様式や公的な問題に関する自らの主張を最小限にとどめなければならない。ロックによれば、「諸教会はたがいに、私人相互と同じ関係にあり、それゆえ、たがいに支配権をもつことはない」(四〇〇頁)。つまり、個人的な信条だけでなく組織的な宗教もまた、公的というよりも私的な問題として、それぞれの権限のうちに正確に、厳密に封じ込められたものとして規定されているのである。

ロックは宗教的および倫理的な真理の主張、良心や信条の主張をめぐって根本的な妥協を提案したが、それは当時の支配的な宗派にも、マイノリティの宗派にも受け入れられることはなかった。これらの宗派の正統かつ絶対的な教義への思い入れや、宗教の際限のない広がりについての深い信念を考えれば、ロックの提示した平和のための戦略は、当時のほとんどだれも満足させられなかった。それゆえ、寛容は当初、道徳的あるいは原理化された信念というよりも、乗り越えがたい難局の実際的な解決策として採用されていたのである。これは近代的な寛容の系譜のもうひとつの重要な契機、つまりアメリカ建国の場合であれば、ほとんど想起されることのない事実である。アメリカ合衆国の建国は、たいてい、寛容の信奉と重ね合わせて語られている。旧世界の不寛容な宗教的および政治的な文化から逃れてきたピューリタンは、寛容にもとづいた新しい秩序を確立したと信じられている。しかし、ニューイングランドの入植者たちは、ひどく厳格な宗教的コミュニティをつくりあげていた。たとえ個人的な良心が彼らの多くにとって重要な原理であったとしても、ほとんどは今日のカルトと同じくらい熱狂的に、宗教的で道徳的な真理を追いもとめ、その秩序を保つことに専念していたのである[15]。したがって、アメリカの政治的伝統の核心には、対立する宗教的慣習からはじまり、そのほかの意見の異なる思想や言論にまで及ぶ寛容がたしかにあるが、その核心にも逆説がないわけではない。寛容は必要から、つまり絶対論的な諸原理の衝突によって生じた必要からつくられた原理であり、その意味では、なにかしら反原理のようなものである。おのれの狂信が許容されるためには、ほかの狂信者もまた許容しなければならない。

もちろん、建国期の寛容は、あらゆる面で制限されていた。しかも、寛容は当初、国家その他のコミュニティにたいする宗教的コミュニティの自律性を認めた共同体間の原理にすぎなかった。[16]ヘスター・プリン〔ナサニエル・ホーソンの小説『緋文字』の主人公〕の痛ましい姿が断言しているように、それはけっして共同体内の原理ではなかったのである。

うわべは寛容な新世界でのこれらの絶対論的で権威主義的な重圧は、アメリカの寛容の伝統の核心にある、さらにもうひとつの緊張を示唆している。それはウィル・キムリッカによって立てられた、個人の自由にもとづいたリベラル型の寛容と、集団の権利にもとづいたハイパーコミュタリアン型の寛容との区別によってとらえられる。[17]キムリッカは後者のモデルを、おもにオスマン帝国の「ミレット制」に結びつけている。そこでは、ユダヤ教徒やキリスト教徒のコミュニティが、ムスリムのトルコ人によって、宗教的自由だけでなく一定の政治的自治も認められていた。しかし、このモデルはまったく非西洋のものというわけではない。それは一七世紀の終わりから一九世紀にかけて、ヨーロッパのさまざまな国家でときおり公布された、さまざまな寛容令（それらはマイノリティの宗教的コミュニティ、おもにプロテスタントとユダヤ教徒に適用された）もまた説明している。明らかに、これらの勅令はマイノリティの宗教的コミュニティの存在を容認した寛容の法律であったが、そのコミュニティは不平等で従属的な地位にとどめられ、そうした地位を表わす標識によって行動を制限されていた。このような寛容は、個人の信教の自由や良心の自由にはもとづいていなかった。むしろ、それは血みどろの宗教戦争によって深く傷つけられた、近代国家の統一プロセスのただなかで編み出された方便だったのである。

支配的コミュニティによる従属的コミュニティの寛容は、西洋における寛容の物語の重要な要素である。しかし、それはロック的な寛容観によって、つまり宗教を基本的に個人のもの、内面のものとみなし、それゆえプロテスタンティズムにもっとも適合する寛容観によっておおい隠される傾向にある。これは初期アメリカのさまざまな厳格な宗教的コミュニティ間の寛容の歴史が、個人の良心あるいは道徳的自律性という観念に根ざした、もうひとつの寛容の歴史によっておおい隠されてきたのと同じである。前者の寛容の存在はとくに前世紀には抑え込まれていたが、メノー派、アーミッシュ、先住アメリカ人といった、明らかに周辺的で、しばしば閉じられたコミュニティにかかわる法や政策のなかでおもに表面化した。しかし、多文化主義の言説による寛容の復興とともに、個人というよりも集団を許容するという観念が、より正確にいえば、個人を特定の集団の代表として許容するという観念が、前面に戻ってきた。こうした実践は、リベラリズム内部の不安や潜在的な矛盾といった興味深い局面を示している。道徳的自律性の尊重に根ざした寛容は、そうした自律性の担い手としての個人に呼びかけられる。寛容が人種、エスニシティ、性的指向といった属性にかかわる実践、信条、行動に示されるとき、それは自らが価値あると主張しているものを抹消するものまでも温存しかねない。つまり、帰属や属性が、選択に勝利するのである。リベラルが法的、政治的に文化に配慮した集団の権利その他の措置について考察するとき、個人は「退出」の選択によって表わされた自律性をもつという確信がもてないほど不安を感じてしまうのは、ひとつにはこうした理由からである。

　しかし、このような不安や矛盾のなかでは、個人と集団、道徳的自律性と本質化された文化的あるいは民族的な帰属との概念上の往還よりも、もっと問題とされるべきことがある。以下の章でよりくわしく論じるように、この困難は今日のリベラルな統治における寛容の対象、主体、場所が、その起源となった初期近代のものとは大きく変わってきたことに、むしろ由来している。寛容は初期近代のヨーロッパにおいて、宗教上の意見の対立や、教会と国家の権威にたいして噴き出した個人の良心の主張に対処するためにつくられたのだが、今日では、宗教的な帰属だけでなく、セクシュアリティ、エスニシティ、人種、国民、少数民族といった、広範囲の差異を自らの対象としている。実際、いまのアメリカの公立学校の生徒に、寛容とはなにかと問うてみれば、その生徒はきっと、宗教のことよりも人種差別や同性愛嫌悪のことを語るだろう。そして、そのことばが教会と国家の権威をめぐる危機や内戦の歴史から生まれたことを知ると、たぶん驚くにちがいない。しかし、寛容の対象の変化や多様化よりも、もっと重大なことが明らかになっている。信仰に呼びかけられた寛容は、属性やアイデンティティに呼びかけられた寛容とは異なる力学をもち、異なる効果をもたらしている。なぜなら、信仰はそれ自体、個人の道徳的な理解を表わしたものとみなされ、個人的な啓示だけでなく熟慮にも訴えることができるが、属性やアイデンティティは与件であり、完全であり、変えられないとみなされているからである。意見の異なる信条の寛容は、性的あるいは民族的な「差異」の寛容とは異なる存在論のチェスボードにあり、またそうあるべきである。信条、欲望、帰属的アイデンティティは、個人の自由の観点からみても、統治性の観点からみても、等価的な問題ではない。さらに、西洋における寛容は、政治と宗教の権威の絡み合いのなかから浮上した、主体の個人化と特権性によってもたらされた統治と正統性の危機に対応して生まれたのだが、今日の寛容の対象の広がりは、それが国家と宗教の関係だけでなく、国家とエスニシティ、国家と文化、国家とセクシュアリティの関係にもかかわることを意味している。とはいえ、寛容な体制の管理者であるリベラルな国家は、権力や階層化を指し示したこれらの対象に関しては、いまだに形式的な（しかし不誠実な）世俗主義と中立性の態度をとっている。[18]

寛容の対象にみられるこれらの変化は、寛容とリベラルな平等との関係もまた変えている。寛容がなによりも信仰や良心の問題にかかわり、信条を内面化することで国家権力の統一をめざしている場合、それは良心や信教の自由への対等な権利に根ざした平等の公式化と、なにほどか重なり合うことになる。たとえば、初期近代のヨーロッパの多くの歴史的説明にみられるように、宗教上の自由と寛容は、どちらかというと相対的に互換されうる用語である。寛容は平等と同義ではなく、宗教間あるいは信者間の実質的平等を促進することもないが、初期のリベラルが政治的平等の土台として公式化した道徳的自律性とは、それほど問題なく合致する。ところが、寛容の対象が生来的なものとみなされた属性や、主流派には手に負えないほど異なると広くみなされた社会的アイデンティティをもつ個人である場合、寛容はリベラルな平等の複合的な代補として現われる。それはリベラルな平等の実践の限界を埋め合わせ、おおい隠し、また、完全なものとして表現されるが、そうではないものを完成させる。[19] ある水準では、こうした補完的な関係はかなり直截的である。リベラルな平等は同一性にもとづいている。それはわれわれが国家によって同じものとみなされるか、同一性の観点からとらえられ、したがって法によって同じように扱われることに存在している。しかし、寛容は差異にもとづき、それにかかわっている。寛容は、リベラルな平等では縮小することも、排除することも、呼びかけることもできない差異を扱うために展開される。それは、リベラルな平等のどちらかというと形式的な作用、とくに社会的、文化的、宗教的な生活とのかかわりを否認したリベラルな法体系では処理しきれない、社会的、文化的、神学的な題材に対処するために現われるのである。もうひとつの水準では、平等の代補としての寛容の作用は、複雑で間接的である。ユダヤ人と女性の従属に関する第3章と、許容する主体と許容されない主体に関する第6章で論じるように、たとえ形式的平等があるところでも、寛容はそれぞれの機会、それぞれの対象に合わせて、支配的な規範をわずらわせることなく、そこで周辺化されている集団を内部に組み込みながら、その要求をたくみに管理している。これはリベラルな言説の寛容だけがなしうる、みごとな離れわざである。また、寛容は形式的平等主義がなんらかのかたちで縮小ないしは制限されるとき、九・一一後のアラブ系アメリカ人の一斉検挙のように、特定の集団の自由が制約されるとき、あるいは同性婚の禁止のように、ある集団が完全な平等には不適格なものとして印づけられるときも、しばしば浮上する。ここでは、寛容はリベラルな平等や市民権の公式の動的な代補として現われる。それは新しい主体編成をもたらし、政治的な緊急事態を積極的に呼びかけることで、リベラリズムの正統性の潜在的な危機、つまりリベラルな平等の狭さとリベラルな普遍性の偏りをあばきかねない危機を封じ込めようとするのである。

　三世紀以上ものリベラリズムの歴史のなかで、寛容はその対象だけでなく、その拠点と行為主体もまた大きく変えられてきた。かつて寛容は教会と国家によって執行された勅令や政策に限定されていたが、いまやそれは学校、博物館、近隣の結社、世俗的な市民グループ、宗教団体といった、市民社会の多様な位置を流通している。寛容はリベラルな民主主義国家によって、教条的ではないかたちで広められるのがつねである。また、それは国際的な人権規範のひとつの要素として、どの体制のもとで生きていようとも、地球上のすべての人々に付与されるものとして数えられてもいる。寛容は国家の上方と下方に拡散され、市民社会の不釣合いな要所をつなぐ包括的な原理として流通している。これは寛容が信条の領域からアイデンティティの領域へと移動し、主権的権力の武器庫の一要素から統治性の様式へと移動したことと合致している。

現代の寛容の言説には、そのルネサンスや宗教改革の起源とは明らかに異なる、もうひとつの特徴がある。今日、寛容は一般にコスモポリタニズムと結びつけられているが、かならずしもそうした含意を伝えているわけではない。政治的な方便として採用された寛容は、初期はそのようなものをしばしば必要としていたが、いまはそうではないのだ。寛容が西洋文明の紋章となったのは、つい最近のことである。この紋章は、もっぱら西洋だけを近代、とくにリベラルな民主主義体制と同一視する。その一方で、それは十字軍、異端審問、魔女狩り、何世紀にもわたる反ユダヤ主義、奴隷制、リンチ、帝国主義と植民地主義の大量虐殺その他の暴力行為、ナチズム、植民地解放にたいする野蛮な対応といった、西洋の血も涙もない不寛容な歴史を否認する。しかし、寛容はこうした西洋文明の紋章である以上に、国際問題における西洋の正統性の言説的な印章となっている。第6章と第7章でくわしく論じるように、リベラルな民主主義体制を寛容と同一視し、非リベラルな体制を原理主義と同一視することは、言説的に、西洋のグローバルな道徳的優位性を表明し、西洋の非西洋にたいする暴力を正統化することである。すなわち、西洋を寛容、寛容を文明と排他的に同一視することは、西洋を文明化されたものの仲介者に変え、「許容しえない」ものの境界を定めることで、解放《リベレーション》と偽られた帝国的な征服を正統化することなのである。かくして、寛容は二一世紀の西洋帝国の正統化に欠かせない用語となる。

たとえ現代の寛容の指示物、行為主体、動態、効果、対象、そして関連する言説が、一七世紀のイングランド、一九世紀のオーストリア、さらには一九五〇年代のアメリカのそれらと異なっていたとしても、われわれはそのような差異を自覚しながら、この用語を使い、その効果を導いているわけではない。そして、近代と呼ばれる時代をつうじて大きく変化し、移動していったそのほかの政治的語彙と同じように、寛容という語彙もその分散した遺産をたよりに、いまの自らの権力と正統性の多くを手にしている。それゆえ、今日、異なる目的のために使われるときでさえ、寛容は個人を教会や国家の迫害から解放した歴史的な栄光、穏健な信仰の自由と自由そのものとの同一化を記憶にとどめている。(20) このように政治用語には歴史が染みついていることを考えると、それらの語源学、系譜学、政治史は必要だが、それらが現在の政治的、社会的な生活において、どのように作用しているのかを理解するには不十分だということがわかるだろう。

リベラルな政治用語は、こうした現在に内在する過去という特徴をもっている。それはやさしい親しみのある価値のように現われながら、今日の寛容の言説が遂行している高度な主体の規制を容易には見えないようにし、寛容をそうした現代の生権力の実効的な道具にすりかえている。国家を制限し、自由を最大化する寛容の「人にはそれぞれの生き方がある《リヴ・アンド・レット・リヴ》」という遺産は、その現在の統治性としての能力には不可欠の要素となっている。別の理論的な語彙集に依拠すれば、この遺産は寛容という現代のイデオロギーの一部として機能しているのである。本章の後半では、信条を許容することとアイデンティティを許容することとの差異に立ち戻って、こうした領域について考察することにしよう。アイデンティティの生産と規制は、信条の保護に関連づけられた解放的で進歩的な寛容論争のアウラによって、どのように隠されているのだろうか。

寛容の対象における真理、アイデンティティ、信条

すでに指摘したように、ロック的な宗教的寛容の議論は、道徳的、神学的な真理を個人的で、内面的で、非政治的な水準に位置づけ、リベラリズムの公式の政治的コミュニティである国家から、もっとも抽象的な憲法原理を超えた集合的信条の問題を奪うことを必要としていた。道徳的、宗教的な真理が公式の政治的領域から排除されるにつれて、この動きは必然的にローカルな真理を乱立させ、それらの重要性を強めていった。いくつもの下位国家的な真理のコミュニティが促進されたが、それらは根本的に敵対し合っており、熾烈な衝突を避けるためには、寛容の原理にたよるしかなかった。なぜなら、この原理はこれらの真理をふたたび政治的なものにしたり、それらを公共の政策に導き入れたりするのを公式かつ非公式に禁止しているからである。そして、国家が世俗的で、技術支配的で、官僚制的になればなるほど、ローカルな道徳＝宗教上の真理や信念の乱立もまたいっそう強められる。このような傾向は、世俗的な国家ではいつまでも解決されない政策課題のなかに表わされている。現代のアメリカの生活でいえば、中絶、同性愛、死刑などが、そうしたむずかしさをはっきりと示していよう。また、このような傾向は、印づけられた主体の社会的編成としても表わされている。つまり、ローカルな真理が乱立することで、市民社会はしだいにエスニシティ、宗教、セクシュアリティ、文化にもとづいたローカルなアイデンティティによって組織されるようになり、そして、これらのアイデンティティに対応するとみ

なされた、さまざまな信条構造や価値をつうじて表わされるようになってきたのである。

寛容の言説がローカルで私的な真理を強め、集合的で公的な真理をひどく衰えさせるにつれて、道徳的領域ではますます相対主義があおられていった。[21] 逆説的なことだが、この言説は真理を人間存在のもっとも深遠で、もっとも重要な特性として提示しながら、それと同時に、そうした真理を私的に抑制されたかたちで生きられ、ふるまわれなければならないものとしても提示している。ロックの寛容論の核心にあったのは、こうした議論であった。つまり、ほかならぬ自分の魂を救済することが重要なのだとしたら、それは私的で個人的な問題であって、政治的に、公的に押しつけられるものではないのである。これと同じように、『宗教と信条の自由』と題された、一九九七年の「世界報告書」は「信条をもつ能力を……人間の人格性の決定的な特性」とみなし、「宗教あるいは信条は、そのどちらを告白する人にとっても、自らの生の構想の基本的な要素のひとつである」と宣言している。[22] しかし、寛容はつぎのように要求する。こうした信条がわれわれの人間性にとっていかに基本的で、いかに決定的であったとしても、それを道徳の絶対規範や道徳的優位性の根拠として主張したり、そのようなものにもとづいて行動したりしてはならない。また、寛容はつぎのようにも要求する。われわれは自分のものとは合致しない信条や価値、われわれが倒錯的で、不道徳でさえあるとみなすかもしれない信条や価値であっても公的には受け入れなければならない。すなわち、とりわけ近代において公式化された寛容が必要としているのは、人間性の構成要素である信条が、公的に影響したり、公的に生きられたりすることなく、私的に、個人的に涵養され、実行されることなのである。徹底した市民的な寛容は、私的な個人のあいだで、私的な場所でのみ、道徳の絶対規範を容認する。公的には、宗教的で道徳的な真理は、個人的で非権威的なものとして主張されなければならない。こうした文脈からいえば、道徳心の強い市民は、奇妙なことに許容されないことになるだろう。

市民的寛容が共通の道徳からの撤退を促進し、また公的生活での穏健な認識論的、道徳的な相対主義を要求しているとすれば、これらの必要条件の政治的生活にたいする影響はとくに大きいだろう。政治はマキァヴェッリが夢想しなかったほど没道徳的か反道徳的になり、真理に関しては本来的に相対主義的にならざるをえない。こうした状況の症候は、道徳的価値と宗教的信念の重要性についての、過去数十年やむことのないアメリカの論争に現われている。というのも、そのどちらも寛容の精神を侵害せずには、政治的言説のなかで具体的に扱われることはありえないからである。他方、道徳的絶対主義は、寛容によってもたらされた乱立するローカルな真理の位置にとどまりながら、政治の水面下でわきかえり、公的な寛容を私的な道徳的、宗教的な絶対規範の対立のたんなるデタント戦略のようなものにしている。しかし、寛容は宗教的な信条や倫理的な信念を、修辞的に戦略的な政治的主張にむりやり置き換えてもいる。そして、それは価値を帯びた政策に関する政治論争をひどく不誠実なものとみなし、ウェーバーがそれとは別の原因にもとづいて予見した政治的生活の合理化を強めている。

こうした道徳的、宗教的な基礎を奪われた政治の、そして公的な真理の価値と公的な足がかりを奪われた宗教の物語は、いうまでもなく、この数世紀のあいだに語られてきたリベラリズムの物語である。そこで必要とされる妥協は、神学者、憲法学者、政治理論家、市民、政治家たちによって、さまざまに祝福され、また非難されてもきた。しかし、ここ数十年のアイデンティティと差異の特異な編成は、このようなコミュニティと真理、公的生活と信条、ローカルな反目と普遍的な寛容との厄介な緊張に、意外な展開をつけ加えている。そこで、この編成に目を向けることにしよう。

現代の政治的生活を理解するにあたって、ミシェル・フーコーはひとつの貢献をなしている。彼は、いくつかの信条や慣習が所与の主体の本質的な真理と同じものとみなされることで、近代的主体が編成され、規制されるプロセスを明らかにした。主体の行動や信条は内面の（隠された）真理に遡行され、逆に、この真理は主体の行動や信条についての科学によって規制される。フーコーはこうした主体編成の秩序を、大衆社会の時代の個人を秩序づけ、分類し、規制する手段として理解している。つまり、個人は規制の道具に使われる知識の基礎として組織されるのである。

このような主体編成のもっとも知られた事例は、さまざまな科学的、行政的、宗教的な言説の収束をつうじて行なわれた、近代における同性愛者の構築である。フーコーによれば、一八世紀以前には偶発的な行為とみなされていたものが、一九世紀の医学、精神医学、教育学、宗教、性科学をつうじて、しだいにアイデンティティを構成するようになり、その結果、同性愛行為が同性愛的な主体の表現とみられるようになった。同性愛行為はこの主体の核となる真理の兆候となり、また、その真理はただちにこの主体の欲望に還元される。つまり、性的欲望が主体の真理となるのである。だれもこの村やあの家族、この言語集団やあの職業団体の一員であることによっては定義されない。むしろ、人はそれぞれの根幹をなす性的その他のペルソナ、すなわち、欲望と行動に根ざしたアイデンティティによって定義される。フーコーはつぎの『性と歴史』からよく引用される文章のなかで、そうした歴史的移行をこのように要約している。

かつての世俗的あるいは宗教的な規定によれば、男色は禁じられた行為の一カテゴリーとして定義されていた。したがって、その違反者は法的主体以上のものではなかった。一九世紀の同性愛者は、生の類型、生の形式、形態学……の問題だけでなく、人格性、過去、病歴、幼少期の問題としても扱われた。彼の総体を組み立てているもので、そのセクシュアリティによって影響されないものはない。セクシュアリティは彼のなかのどこにでも、彼のあらゆる行為の根源に存在している。なぜなら、それは彼のすべての行為に潜伏する、限りなく活動的な原理だからである。……同性愛は、それが男色の実践から一種の内的な両性具有、心のふたなりへと転位されたとき、セクシュアリティの一形式として現われた。かつて男色家は一時的な逸脱であった。いまや同性愛者はひとつの種族となったのである。(23)

フーコーは『監獄の誕生』でも同じ主張をしている。かつては犯罪行為、特異な出来事とみなされていたものが、犯罪的な心や精神の問題を表わすようになった。(24) 一九世紀になると、受刑者は犯罪学、心理学、社会学、医学の主体および客体となるにつれて、類型、症例、全人格の問題として扱われるようになったのである。

フーコーによれば、近代の主体生産はこうした次元で行なわれ、有形無形の法権力の衰退とともに生じた、生権力の形式として広がっていった。これが正しいとすれば、寛容の問題には、もうひとつの厄介な次元がつけ加えられる。「黒人」から「レズビアン」、「ユダヤ人」にいたる、印づけられたアイデンティティは、世界についてのなんらかの信条、慣習、経験をもたらす、核となる真理から流出するものと理解される。慣習あるいは属性はアイデンティティから流出し、なんらかの経験を構成するものとみなされ、アイデンティティと経験の組み合わせはなんらかの見解もしくは信条の源泉として扱われる。（このように構築されているのでなければ、特定の女性が「自分が女性であることをまったくわかっていない」とか、ある黒人が「まったくもって黒人らしくない」といった主張を理解することはできない。これらの主張は人種やジェンダーに関するラディカルで批判的な立場から出されているのかもしれないが、ここでの分析に従えば、それらは実際には支配的な見解と共謀しているのである。）そして、寛容が、信条、経験、慣習の結び目であるこれらのアイデンティティによって所有される、共存への権利を指し示しているのだとすれば、それはこれらが潜在的に、さらには生来的に、敵対的な関係のもとで存在していることも指し示している。それぞれのアイデンティティは他人の真理とは根本的に異なる、同一説的な真理の位置として立てられているので、たがいの真理を相殺したり、たがいの正統教義や絶対規範を脅かしたり、それらを抹消したりしている。そこで争点とされるのがアイデンティティそのものだとすれば、それはたがいを人格として脅かすことになるだろう。いいかえれば、こうした敵対あるいは相殺は、たんに信条や経験のレヴェルだけでなく、人格のレヴェルでも発生する。なぜなら、人格と信条は属性もしくは慣習をつうじて混ぜ合わされ、ともに関連づけられているからである。道徳的相対主義は信条にかかわり、信条間の決定不可能な不一致からつくられたが、いまや心と身体にもとづいたアイデンティティにも及んでいるのである。

このような観点からみれば、寛容という言語が現代の文化多元主義の精神に取り入れられているのは、その言語が自由な言論や宗教に関する言説から、人格、エスニシティ、セクシュアリティ、ジェンダー、人種に関する言説へとたまたま移動しただけのことではなさそうである。むしろ、それは主体がなんらかの属性や慣習と同一視され、それらに還元されるとともに、それらがなんらかの信条や意識を形成しているとみなされる、ひとつの歴史的な編成を表わしているように思われる。これらの信条や意識は、人格の本質や内面の真理から、少なくとも彼または彼女の文化、エスニシティ、セクシュアリティから流出すると推定される。とくに近代的な主体の言説では、意見、信条、慣習は、良心、教育、啓示の問題ではなく、なんらかの人種的、性的、ジェンダー的、民族的な属性が指標となる人格の問題として位置づけられる。こうして、「黒人意識」、「女性の道徳観」、「文化的視点」、「同性愛者《クィア》の感性」といった観念が現われるのだ。いずれの場合も、その人の人種、セクシュアリティ、文化、ジェンダーが、保護され許容されるべき意識、信条、慣習を、つまり差異を形成すると考えられている。こうした定式は、信条を個人的な啓示もしくは熟慮の問題、すなわち、行為主体的な個人が自らの基本的な人間性を表明する問題とみなす、ロック的な観念とは著しく対照的である。いいかえれば、この主体編成の秩序では、われわれの人間性は、選択し思考する自由な個人ではなく、文化的、民族的、性的な存在として表わされているのである。

ここには、ひとつの逆説がつけ加えられる。フーコーは『監獄の誕生』のなかで、規律権力が「個人化の政治的基軸の逆転」(25)と呼ばれる局面を示している、と論じている。封建制などの非規律的な社会では、「個人化は主権が行使されるところで、権力のより高次の階梯で最大になる」が、近代の規律的な体制では、「個人化は『下降する』。なぜなら、権力がより匿名的で、より機能的になればなるほど、それが行使される人々は、より強く個人化される傾向にあるからである」。規律社会では、正常な主体は、規範から逸脱した人ほど個人化のメカニズムには従わされない。たとえば、規律のシステムでは、子どもは大人よりも、患者は健康な人よりも、狂人や非行者は正常な人やまっとうな人よりも個人化される。いずれの場合も、われわれの文明において、あらゆる個人化のメカニズムが向けられるのは、これらの組み合わせの前者のほうである。そして、健康で、正常で、法を遵守する大人を個人化したいときは、彼のなかにどのくらい幼児性があり、どのような隠された狂気があり、どのような大罪を犯そうと夢想してきたのかをつねに問うことで、それはなされる。(26)

こうした逸脱者、あぶれ者、異常者を規制する個人化は、現代の寛容の言説で作動している正常化のさらなる含意を示唆している。許容される個人は、かならず規範から逸脱した人々であって、けっしてそれを支持している人々ではない。しかし、彼らはまさに寛容の言説をつうじて、（逸脱した）個人としてさらにはっきりと表わされてもいる。寛容は、それとなく社会秩序を許容される人々と許容する人々に区分することで、リベラルな個人主義の規律的な戦略として作用している。ここでも、前者は社会規範からの逸脱をつうじて個人化され、そのなかで自らの真理をあばかれるが、後者はそうした規範によっては個人化されない。もちろん、このような区分に従って許容されるのは、社会的に印づけられた集団の成員だけではない。アメリカの個人主義の言説では、頑固者、反抗者、無神論者、典型的な不適応者といった人々も、寛容の古典的な正当化を支えている。しかし、これらの人物はアメリカの伝承ではなにかしら一匹狼のように描かれており、フーコーが論じている特定の個人化の物語をロマンティックにごまかしてもいる。というのも、その物語のなかで住民を組織し、主体を構築しているのは、自己流の風変わりな信条などではなく、規律的な知と権力だからである。

つぎに、このような主体の編成が、どのように集団レヴェルでの寛容と交差するのかをみることにしよう。寛容には、政治的もしくは宗教的な体制が周辺的な、どちらかというと同質的なコミュニティの存在を規制するものがある。キムリッカはそうした寛容をオスマン帝国の「ミレット制」との関連でみいだし、私はそれをヨーロッパとアメリカの寛容の伝統に隠された重要な要素として提示した。フーコーの定式が示唆するように、劣位にあるセクシュアリティ、エスニシティ、人種、宗教が、主体性とアイデンティティをほとんど汲みつくすものとして言説的に扱われるのだとすれば、これらの指標に向けられた現代の「寛容教育」の実践は、そうした寛容の系譜にそれとなく依拠しているのかもしれない。とはいえ、そこでの寛容の対象はなんらかの集団ではなく、その集団のアイデンティティを帯びた、ひとりひとりの印づけられた主体である。子どもたちが許容するよう「教えられる」のは、集団でも個人それ自体でもなく、社会学者が帰属的アイデンティティと呼ぶものを帯びた主体なのである。しかし、これらは非常に特異な種類の帰属的アイデンティティである。それらは重大とみなされる信条、慣習、欲望の秩序を隠しもっており、寛容が必要とされるほどの反発や敵対をもたらすことがある。それゆえ、「異なる」他者への寛容の提唱は、フーコーによって説明された、主体およびアイデンティティ編成の全体化特性を強める。それは許容された主体の「他者性」を、サイモン・ヴィーゼンタール・センター寛容博物館のガイドのことばでは、一連の「われわれのとは異なる慣習や信条(27)」を表わした集団アイデンティティの産物と解釈することで、具体化し、誇張する。すなわち、許容される主体はたんに嫌われるのではなく、それが異なっているから、その慣習や信条のせいで異なっているから嫌われるのである。一方で、こうした論理は、人種、エスニシティ、セクシュアリティを文化的なもの、つまり「慣習や信条」として本質化する。まさにフーコーの近代的主体の理論が示しているように、人種に還元された存在や「性的選好」は本来的に備わったもの、なんらかの「異なる」信条や慣習をもたらすもの、したがって、寛容によってのみ解決される生来的で永続的な条件をつくりだすものとして扱われる。どのような人種や性的選好も、寛容の言説それ自体が反復する、差異の本質化によってつくられたものとしては認識されない。いいかえれば、どのような寛容も、人種化や性的アイデンティティを再生産するものとしては認識されないのである。その一方で、ここで呼び出される寛容は、これらの宗教的な性質の「慣習や信条」を折り曲げ、国家であれ、印づけられないアイデンティティであれ、許容する側の集団は中立的か世俗的であるという思い込みを繰り返し主張する。いっさいの他者性は、許容されるものに託される。その結果、すでに周辺的なものは、自らの差異を具体化され、正常なもの、世俗的なもの、中立的なものと対置されることで、さらに周辺性を刻まれるのである。

このように、寛容の言説は階層化や不平等の効果を緩和するというよりも、むしろ、それらを補強する規範的な言説となって現われる。いいかえれば、これらの効果は後期近代の主体の規律的なアイデンティティ編成に、初期近代の寛容の宗教的な影を落とすことで補強されているのである。宗教的に屈折されながら、帰属的アイデンティティに向けられる寛容の言説は、(一)フーコーによって説明された、本質化されたアイデンティティの規制的な効果を高め、(二)従属や不平等とは関係のないところで「差異」をイデオロギー的に構築し、それと同時に(三)主流派の印づけられないアイデンティティの支配を強める。さらに、第3章と第6章で論じるように、寛容は許容される人々に自らの「差異」から生じる要求を公的な、すなわち政治的な生活に持ち込まないようもとめているので、その対象は政治的な主張を行なわず、自らの「差異」を政治とは無縁の私的なかたちで生き、ふるまうかぎりにおいてのみ許容される。こうした必要条件は、多くの政治的に扱われるアイデンティティが志向する、認識論的および政治的な立場と合致しないだけではない。それは結果的に「差異」を構成する社会的権力を言説的に隠蔽し、印づけられない文化、エスニシティ、人種、セクシュアリティの支配を強化してもいる。そして、これらの帰結が合わさって、不平等で、なんらかの規範の痕跡をとどめた社会秩序のなかに、普遍的あるいは抽象的な政治上の権利と原則が記されるのである。とはいえ、代補としての寛容をめぐる先の議論で示したように、こうした寛容の配置は、フーコーが確認した主体編成の展開それ自体によって引き起こされた、普遍主義の重大な崩壊もまた告げている。たとえば、寛容が意見や信条から個人に移動するにつれて、その対象も普遍的な主体から特定のセクシュアリティ、エスニシティなどの主体へと歴史的に移行していったように思われる。前者は、啓示や熟慮をつうじて特定の信条や価値を手にするとみなされていたが、後者は、彼または彼女がだれであるかによって信条や価値をもち、なんらかの差異の兆しである信条が捨てられたとしても、その差異によって刻まれつづけるとみなされている。この点で、寛容のプロジェクトは、共通の公的秩序を維持しながら多様な信条を私的に許可するという当初の目的から完全に逆転し、むしろ、共通のもののなかに本質的な他者性を刻みつける様式となるのである。

かくして、現代の寛容の言説のまったく油断のならない稜線が浮かび上がる。この言説は不平等の効果、たとえば、制度化された人種差別を「異なる慣習や実践」の問題に転化することで、それが保護しようと試みる差異を生産している不平等と支配的文化の作用を隠蔽する。思想や実践のレヴェルで、差異が本質化され、セクシュアリティ、人種、エスニシティが具体化されるにつれて、セクシュアリティ、人種、エスニシティと呼ばれる差異を生産している権力の作用と歴史の重要性はおおい隠されてしまう。文化的につくられたこれらの差異は、生得的か所与のものとして、不平等や支配の拠点というよりも人類を分割する自然の問題としてとらえられる。「寛容教育」のレトリックによって言及されている「差異」の種類を考えてみれば、この結果はもっとも明らかになるだろう。そこでは、階級はたいてい不在である。また、ジェンダーはときに存在するが、それでも窮屈に収まっているにすぎない。現代のリベラルな言説では、おそらく階級もひとつの社会的アイデンティティであるが、それは内的な本質に根ざしたり、外的な身体上の特徴に現われたりするものとはほとんどみなされない。たしかに、ブルジョワジーの言説の一部には、そのようにみなすものもある。しかし、リベラルな言説、とくにアメリカのリベラルな言説のなかで階級がなにほどか語られるときは、それは生得的というよりも作為的とみられる差異のひとつの指標とされている。こうした想定は、二〇世紀の資本主義社会における階級移動の現象とイデオロギーによって補強されてきた。階級が内的な本質や属性とみなされないとすれば、それが個人の定義を汲みつくしたり、一連のなんらかの信条をともなったりするとは思われないだろう。したがって、階級は「寛容」の対象ではない。これとは対照的に、人種、エスニシティ、国民性、セクシュアリティは、すべて寛容によって調停されなければならない差異の区分として扱われている。

ジェンダーは、これとは別の問題である。それはたいてい本質化されており、しばしば寛容が施されるべき差異の目録に含まれている。しかし、それ自体でみれば、ジェンダーは寛容の問題とはほとんどみなされない。集団としての男性が集団としての女性を許容するというのは、一般には考えられないことである。また、ほとんどの場合、ジェンダー間の不平等や、さらにはジェンダー間の暴力も、寛容によって是正されるものとしては表現されない。それでは、多文化的な差異の公式からみて、ジェンダーの差異はなにが変則的なのか。現代の寛容の言説のなかに、矛盾をはらみながら、窮屈に押し込まれたジェンダーは、その言説についてなにを明らかにしているのか。つぎに、これらの問題にとりかかることにしよう。

第3章　代補としての寛容——「ユダヤ人問題」と「女性問題」

寛容は不寛容で、同化を要求する。

——ヘルマン・ブロッホ、オーストリア、ウィーンのユダヤ博物館での引用

女性の存在そのもの、あるいは法的人格は、結婚のあいだ停止されるか、少なくとも夫のそれのなかに編入され、統合されている。

——ウィリアム・ブラックストーン卿

女性の立場、あるいは両性間の関係は、どうして寛容の言説の観点からはとらえられないのか。一八世紀、一九世紀の「女性問題《ウーマン・クエスチョン》」は、どうして寛容の問題として現われなかったのか。たしかに、ジェンダーの包摂が、この言説にかかわる場合もある。たとえば、排他的な社交クラブ、軍隊の学校、スポ

ーツチームないしはそのロッカールームといった、ことさら男らしさが強調される女人禁制の領分に、女性が立ち入ろうとするときはそうである。しかし、ジェンダー間の差別撤廃やジェンダー間の公正が語られる場合は、たいてい寛容ではなく平等が問題とされる。また、女性の「差異」は、それが性的なもの、生殖的なもの、情緒的なもののいずれに同定されようとも、職場、宇宙計画、戦闘地域での寛容の対象となるかもしれないが、それらの事例で許容されるといわれるのは、女性そのものではない。むしろ、女性の差異は、性別に仕切られた施設とか、妊娠にかかわる特別な配慮や出産直後の要求といった便宜的な問題とされている。なぜか。今日、マイノリティの宗教、エスニシティ、人種、セクシュアリティが、すべて寛容の対象として扱われているのに、どうして女性はそうではないのか。その鍵は「マイノリティ」ということばにあるのか。いいかえれば、寛容は自らのなかの周辺的な、つまり取るに足らない要素にたいするマジョリティの対応をつねに表わしているのか。そうだとすれば、マジョリティはけっして寛容の対象にはなりえないのか。それでは、植民者＝先住者の関係やポスト植民地的なエートスにみられる寛容の場合は、どうなのか。寛容の領域を切り開いているのは、比例的な人口統計学というよりも、文化的あるいは政治的なヘゲモニーではないのか。

本章では、これらの問いを比較論的な問題設定のもとで考察することにしたい。一八世紀、一九世紀のヨーロッパにおいて「ユダヤ人問題《ジューイッシュ・クエスチョン》」はしばしば寛容の問題としてとらえられていたのに、なぜ「女性問題」は最初から従属と平等という言語をつうじて現われたのか（現代に置き換えていえば、一九八八年にジェラルディン・フェラーロが民主党の副大統領候補となったときは、フェミニズムの「平等闘争」の勝利として伝えられたのに、その一二年後に、正統派ユダヤ教徒のジョセフ・リーバーマンが同じ地位に指名されたときは、政治評論家たちから「寛容の勝利」とみなされたのはなぜか)。ユダヤ人は歴史的に排斥されてきたが、女性は法によって、そして個別の男性によって直接的に従属させられてきたからだとか、ユダヤ人は宗教集団だったが、女性はその身体を理由に排除されてきたからだといった解答では不十分である。(1) それらは問いに答えたというよりも、むしろ問いを明らかにしたにすぎない。公民権拒否のメカニズムとその根拠とされたものがどれだけ異なっていたとしても、この両者の排除は、新しいヨーロッパの立憲的な政治秩序の核心にある、普遍的人間という形象からの想像上の差異によって正当化されていた。また、この両者の排除は、共通の願望と目標を呼び起こした。政治的な成員資格、政治的および市民的な権利、公的機関、教育、さまざまな職業への参入。一九世紀にもっともよく使われたことばでいえば、つまり「解放《エマンシペーション》」である。それでは、なぜひとつの解放運動が寛容と条件つきの包摂という題目にとどまり、もうひとつが政治的平等の企図として現われたのか。いかにして、なぜ、それらの解放の試みはこのように分岐したのか。こうした歴史的現象は、リベラリズムにおける平等と寛容の変成する関係に、どのような光をあてているのか。もっと正確にいえば、一九世紀のリベラリズムにおける平等と寛容の関係は、それぞれの解放の試みと、それらの相違にみられる特殊なアイデンティティの政治化をつうじて、どのように変容したと認識されるのか。リベラルな言説では、平等は同一性を前提とし、寛容は差異を管理するために用いられる。そうだとすれば、なぜ「性の差異」は同一性の観点から思考され、政治化されるのに、ユダヤ人らしさはそうならなかったのか。

これらの問いにたいする解答は、一九世紀のいくつかの異なる言説の重なり合いにみいだされる。一方には、ジェンダーとユダヤ人をそれぞれ構築する言説があり、もう一方には、リベラルな寛容、平等、解放の条件を組み立てる言説がある。ユダヤ人の言説的な構築が、どのようにユダヤ人問題の政治化を枠づけてきたのか。これを検証することで、いかにして寛容の言説が、あいかわらず宗教的な差異を調停するようにみえながら、その対象を良心や信条から人種化されたアイデンティティや気質に変えたのかを理解することができる。そして、性の差異をめぐる強力な観念を保持したまま、女性の平等その他の排除されたものに関するなんらかの議論を可能にした、ジェンダーの言説的な構築を検証することで、解放と平等をめぐる一九世紀のリベラルな観念の重要な特徴が明らかにされるだろう。

ユダヤ人

一九世紀のユダヤ人の言説的な構築との関連で「ユダヤ人問題」の形成をとらえ、その形成と構築を寛容の対象としてのユダヤ人の確立と結びつけるにあたって、まず革命後のフランスに焦点をあてることにしよう。このアプローチは、一見すると直観に反するように思われるかもしれない。というのも、一七九一年から二〇世紀転換期のドレフュス事件までのフランスは、ほかの大陸諸国にも及んでいたユダヤ人問題を、偽りのない解放と公民権付与によって回避していたと理解されるからである。だが、この時代を研究する学者たちには周知のように、その構図はもっと複雑であった。一九世紀のヨーロッパ全土で「解放」はユダヤ人の市民的および政治的な包摂の基準となり、なかでもフランス革命の普遍的な平等と自由の公約はとても明確であったが、ユダヤ人（そして女性）の問題についてはかなり妥協的でもあった。それゆえ、フランス国内のユダヤ人の解放、同化、寛容をめぐる物語は、近代性の一種の範例、さらには寓話としても有効である(2)。

一七八九年一二月、フランス国民議会では、ユダヤ人解放の問題をめぐって激しい論争が行なわれていた。この論争の関心は、ユダヤ人はフランス人なのか、そうでないとすれば、彼らは共和国とその成員が相互に構成するとみなされた、新しく誕生した体制の市民となりうるのか、ということであった(3)。国家を世俗化し、宗教の公的な影響力を排除するという合意のもとでは、議会ではだれも、信仰に篤いユダヤ人の寛容をすすんで擁護することはなかった。そのような弁明は、当時広まっていた反宗教的な感情に逆らって、支配的で公的な宗教をほのめかすものであった。だが、ここで熱く論じられたのは、ユダヤ人は別の民族《ネーション》なのか、そうだとすれば、彼らは共和国の成員から除外されてしかるべきなのか、ということであった。ユダヤ人ということばそのものが「民族を指し示す」と主張した、アベ・モーリーのような人々にとっては、ユダヤ人は保護されるが公民権を付与されるべきではない、彼らは同時に二つの民族に帰属することはできない、ということになろう(4)。しかし、革命それ自体をフランスの国民形成のプロジェクトを達成することと理解した人々にとっては、ユダヤ人の民族性の残滓を尊重するというよりも、それを除去することが明白な課題であった。

一七八九年一二月の議会の会期中、ユダヤ人解放の主唱者であったスラニスラウ・ド・クレルモン＝トネル伯爵は、つぎのように陳述した。「民族としてのユダヤ人はすべてを否定されなければならない。個人としての彼らはすべてを付与されなければならない。彼らによる裁きはもはや認められない。彼らの訴えは、もっぱらわれわれ自身に向けられなければならない。ユダヤ人の団体的な存在が維持されている、その疑わしい戒律の法的保護は打ち切られなければならない。彼らは、国家のなかに政治体あるいは独立した秩序をつくるのを許されない。彼らは個人的な市民であることがもとめられるのだ」[5]。ホッブズとフーコーをひとつの文章のなかで組み合わせるようにして、クレルモン゠トネルは古い団体組織から新しい市民゠主体を析出するための必要条件を説明している。それは個人化、一般規則および単一の法と社会規範の遵守、そして不可分の国家の権威である。伝統的な寛容の議論は議会によって一蹴されたが、クレルモン゠トネルの論理は、解放を支える寛容の暗黙の取り決めを明らかにしている。すなわち、許容された主体は、解放され、公民権を付与されたなら、ただちに国家の統治に従わなければならないという取り決めである。彼の公式は、新しい普遍的な国家への帰属にともなって、下位国家的な素性や信条が個人的なもの、つまり私的なものとされる二重のプロセスをまさに表現している。それはユダヤ人のプロテスタント化と呼びうるものを必要としていた。フランス共和国の成員資格と両立するために、ユダヤ人は個人化され、ユダヤ人としての民族性および集団性を除去されなければならなかった。フランス人と共存するために、ユダヤ人は宗教上の戒律、儀礼的慣習、世代の連続性によって結びつけられた独自のコミュニティへの帰属に自分らしさをみいだしてはならなかった。ユダヤ人らしさは、せいぜい私的に保持され、実践される信仰にもとめられたのである。

一七八九年の論争で、フランス議会はユダヤ人の権利の問題をめぐって膠着した。だが、その二年後、東部地域のユダヤ人住民の問題が論じられたとき、議会はユダヤ人に関する法令、禁制、特権のすべてを取り消すと採決した[6]。ユダヤ人はフランス人なのか、それとも別の民族なのかという問題が解決されないまま、彼らは形式的に公民権を付与されたのだ。なぜか。ユダヤ系フランス人の問題は簡単には調停されなかったけれども、住民のなかの周辺的な要素を国家に編入するという課題は切迫していた。歴史家のサロー・バロンによれば、「ユダヤ人の解放は、ユダヤ人にとってと同じくらい、近代国家にとっても大きな歴史的必然だった」(7)。ユダヤ人は、「上からはほとんど統制されることのない、たとえ統制されたとしても、自治および自立の能力を完全に奪われたわけではない、身分、ギルド、階級、団体の雑多な複合体」(8)のひとつの結節点にすぎなかった。他方、国家はそうした雑多さとそれにともなう下位国家的な自由と自治を、自らの権力の統合のために克服しなければならなかった。したがって、ユダヤ人問題の公式化とその解答は、もっぱらユダヤ人の福利をめぐる政治的な主張や考察だけでとらえられていたのではなかった。そのようなものが解放の正当化と合法化において重視されることもあったが、この問題と解答は国家理性によっても規定されていたのである(9)。回顧的にいいかえれば、フランス革命におけるユダヤ人解放のたどたどしいアプローチは、共和制フランスを建設するさいの成員基準をめぐる差し迫った関心と、国家主権の統合という長期的なプロセスとの交差によって説明されうるだろう。フランス革命のユダヤ人の編入は、その普遍的な平等と自由の原理の論理的延長として必然であるように思われる。しかし、それは一八世紀後半から自らの権力と範囲を集権化し、合理化し、統制しはじめていた、すべてのヨーロッパ諸国の趨勢とも基本的に合致している。中世および初期近代のヨーロッパのユダヤ人は、さまざまな国民の「なか」に存在したが、それに「属して」いたわけではなかった。そのような変則的な地位は解消されなければならなかった。そのためには、ユダヤ人は国家の範囲と軌道に組み込まれなければならなかった。国民はしだいに抽象的で普遍的なシティズンシップをつうじて定義され、ユダヤ人もまたそれに編入されるにいたったというわけである。

とはいえ、国民に組み込まれるためには、ユダヤ人はそれに適合しなければならず、そのため変形され、浄化され、標準化される必要があったが、それでもユダヤ人として印づけられたままであった。彼らはユダヤ人としての集団性を否定され、国民国家の市民として編入され、異なるものとして同一化される。一九世紀ヨーロッパのユダヤ人にたいする国家の関係を特徴づけ、ユダヤ人解放の原則となった暗黙の寛容の体制を構成していたのは、こうした承認、変形、刻印、つまり解放、同化、従属という三重の力だったのである。

フランスのユダヤ人にとって、市民になることはなにを意味していたのか。共和制フランスのシティズンシップは、権利をもつ個人に拡張される形式的なカテゴリーではなく、共和国の成員であること、国家と同一化すること、フランスの国民文化を共有することを含んでいた。そのかぎりでいえば、ユダヤ人を市民とするプロセスは、彼らをフランス人にすること、すなわち、きわだってユダヤ的な人目につく実践や習慣だけでなく、きわだってユダヤ的な一体感や忠誠心を抑えることを意味していた。こうした深い社会学的な観点からフランス国民の一部になることは、離散したユダヤ民族への愛着を断ち切らせるひとつのきっかけになった。また、それは啓蒙の合理主義によってイデオロギー的にも表現されていた。その思考によれば、同化はユダヤ人をより近代的に、よりヨーロッパ的に、そしてより自由にする。フランス国民がこれら三つの帰結を代表しているとすれば、フランス人になるために、古めかしい部族的なユダヤの慣習と信条を捨てるユダヤ人もまたそうなるというわけである。この点で、一七八九年の革命を「近代の過越《すぎこし》の祭り」[10]、つまり第二の出エジプトとみなした、一九世紀の同化ユダヤ人の歴史記述は象徴的である。その壮大な歴史の物語では、フランスのユダヤ人を解放した革命によって、フランス国民はユダヤ人の歴史において尊敬される地位を付与され、その結果、フランスはユダヤ人の愛着と忠誠にとくに値する国家として立証されている。[11]

だが、一九世紀全体をつうじて同化が進んだにもかかわらず、なぜユダヤ人は消えなかったのか。この問いは信仰を捨てたユダヤ人だけでなく、宗教改革が広めた寛容の公式に従って、私的な活動の装いのもとで戒律を守りつづけたユダヤ人にもかかわる。[12] ユダヤの法と儀礼的慣習、ラビの権威、信条、ユダヤ民族への愛着は、どうすれば弱められ、完全に消され、ユダヤ人から取り去ることができるのか。「ユダヤ教は……宗教ではない。それは人種である」と、トゥラスは一八九五年に宣言した。これは生理学的な人種としてのユダヤ人という定義が、共通の言語、信条、慣習、とりわけ民族性に根ざしたユダヤ人の定義に取って代わるようになった、半世紀にわたるプロセスを要約している。[13] 一九世紀の人種理論によれば、人種は身体や魂、精神やセクシュアリティ、気性や能力のあらゆる要素に刻まれており、民族を構成する要素、つまり（あちこちに刻まれた）属性ではないので遂行されなければならない要素が縮小され、排除されたあとも残りつづけるとされていた。[14] どれだけ完全に同化しようとも、どれだけ世俗的であろうとも、人種はユダヤ人がユダヤ人であることを可能にした（実際には、必要とした）。ユダヤ人を身体的に識別しうる一連の属性、たとえば、肌の色つや、鼻や生殖器や足のきわだった特徴として印づけると同時に、それらをユダヤ人の存在のあらゆる局面に充満するものとみなすことで、人種は同化のプロセスのなかでもユダヤ人らしさを持続させた。これは民族性や信仰に根ざした定義ではなしえなかったことである。

人種化はキリスト教文化のなかに、新しい寛容の対象もつくりだした。信条や素性によっては定義されないので、人種化されたユダヤ人は高度に個人化され、生理学的にも、知性的にも、感情的にもユダヤ人らしさで充満されるようになった。この新しいユダヤ人の主体位置は、同じように（一）新しい寛容の記号論（〈他者性〉は人種化された身体をつうじて示される）、（二）新しい寛容の管理対象（慣習、信条、素性よりも人種化された身体が決め手となるか、少なくとも身体的な存在がほかのすべての形態学的なコードを伝えると想定されるので、差異は存在論化され、したがって永続的なものとみなされる）、（三）新しい両義的な寛容付与の源泉（それは国家と教会に独占されるのではなく、市民社会全体に分散される）にとって決定的なものとなった(15)。

一九世紀のユダヤ人の人種化は、人類学、生物学、文献学、文学にわたる言説によって引き起こされた。学術的なものであれ、通俗的なものであれ、これらはすべて一九世紀の類型学、分類、測定への情熱にもとづいており、脳の大きさや生存能力から言語および言語集団の起源まで、あらゆるものの証拠をかき集めていた。発展途上にあった多くの人種理論は、そもそも緻密でも体系的でもなく、文化理論や歴史的主張と基本的に異なってはいなかった。そこでは、生物学の理論が抑圧をめぐる歴史的な分析と混合され、たとえば、どうしてユダヤ人は抑圧や迫害にもかかわらず生き残ったのか、ユダヤ人の身体のいくつかの退行はどのようにして抑圧から生じたのか、なぜユダヤ人は一部のヨーロッパ諸国では、ほかのところよりもキリスト教徒の同胞と同じように見えるのか、つまり、なぜユダヤ人は同じヨーロッパでも外観が異なっているのか、といったことが説明されていた(16)。

これらの著しく非体系的で非科学的な理論が、ユダヤ人、キリスト教徒、左派、リベラル、反ユダヤ主義者に等しく与えたものは、信条や儀礼とは無関係に永続するユダヤ人らしさの事実を立証する手段であった。とくにフランスのカトリック教の文脈では、またプロテスタント諸派に関係する一般的な寛容論の文脈でも、ユダヤ人らしさを信条コミュニティのように宗教的に解釈することは困難だったが、それはユダヤ人の人種化によって回避された。それどころか、ユダヤ人らしさを人種的に形成されたものとみなすことで、ユダヤ人は自らの信条と民族がなくなってもユダヤ人でありつづける。人種に支配されるようになると、神も律法《トーラー》も、ユダヤ人の団体コミュニティも儀礼的実践も、ユダヤ人らしさの証明には関係がなくなった。人種的に定義されたことで、ユダヤ人らしさは、いつでもどこでも、なにかしら個人的に示されるものとなった。繰り返していえば、これは寛容が自らの対象の定義と範囲を変えたことを意味している。ユダヤ人はそれでも集団と考えられたかもしれないが、彼らがそのようにみなされる類似構造は、民族というよりも人種にもとめられた。人種は、主観的な愛着すなわち意識の問題というよりも、むしろ客観的と推定される痕跡をあぶりだした。しかし、これらの痕跡は個人的に示されるので、人種化はユダヤ人を、国民国家の内と外にある潜在的に異質な信者のコミュニティというよりも、むしろ国民国家によって編入されうる個人として構成した。けれども、人種化はユダヤ人の差異を永続的で、深刻で、克服しがたいものとしても確立した。ユダヤ人の民族性が取り除かれ、ユダヤ人に公民権が付与されたあとでさえ、つまり同化のあとでさえ、人種化はユダヤ人を同質的な国民国家という想像のなかの永続的な差異として構築したのである。

人種化の言説は反ユダヤ主義的に利用されうるし、また利用されてきたけれども、一般には、一九世紀ヨーロッパのユダヤ人によって静かに、いやそれどころか熱心に支持されていた(17)。いかに不恰好だろうとも、ユダヤ人はこの言説によってユダヤ人としてのアイデンティティを、たとえ同化しても、世代を超えた、ささやかな一体感とつながりを証明するアイデンティティを保持し、理解することができた。つまり、人種化の言説は、ユダヤ人らしさが同化をつうじても消えないことを保証していたのである。[18]また、ユダヤ人を人種的類型として説明することは、かならずしも軽蔑的な方向にばかり向かうわけでもなかった。ユダヤ人の劣等性だけでなく優越性も、ユダヤ人、非ユダヤ人の双方によって推論されていた。そして、フランスのナショナリズムの観点からみれば、こうした人種的言説は、とくにユダヤ人らしさとフランス人らしさのあいだに親近感をもたらしうる可能性を示唆していた。つまり、ユダヤ人が同化し、フランス人と結婚するにつれて、両者にあるとされたすぐれた道徳的特性が、たがいの豊穣の可能性を生じさせると理解されていたのである。人種的類型としてのフランス人とユダヤ人が、ともに家族、仕事、財産、未来にたいするブルジョワ的志向を共有しているとみなされ、一七八九年の革命と古代のイスラエルが、ともに自由、平等、博愛への集合的な熱望を表現した歴史的エピソードであるとみなされるとすれば、フランス人とユダヤ人はそれぞれ選民であるだけでなく、たがいに共存しうる選民にもなるだろう。このような考え方は、ユダヤ人だけでなくフランスのブルジョワジーにとっても有益な、もうひとつの同化論をもたらした。そこでは、フランスに流れるユダヤ人の血が、フランス社会を強化し、すでに世界史の最前線にあった国民全体の血統をさらによりよいものにすると理解されていた。ある歴史家によれば、二〇世紀転換期のドレフュス事件の時期までは、ユダヤ教と近代フランスの救世主的プロジェクトのこうした理論的な結合が、フランスのユダヤ人コミュニティの共通した公式見解であった。[19]

もちろん、同化にはさまざまな種類の目に見えない代償がともなっていた。そして、それらは寛容の統治性の重要な特徴を明らかにしている。フランスのブルジョワ・ユダヤ人がすすんでフランス人となり、フランス人らしさに同一化しようと専念するにつれて、ほかの土地のユダヤ人とのつながりや同一化は必然的に弱められていった。また、どうみてもユダヤ人というよりは、できるだけフランス人と見られたいのであれば、国内の反ユダヤ主義にたいする反応も和らげなければならなかった。フランス社会の周辺から主流に移動するために、フランスのユダヤ教は一九世紀後半をつうじて、しだいに政治的、社会的に保守的になっていった。とくに、同化したフランスのユダヤ人は、東ヨーロッパやロシアの集団虐殺《ポグロム》から逃れてきた、新しいユダヤ人移民とはいっさいつき合わなかった。これら新参者たちは迷惑であった。彼らはあまりにも貧しく、あまりにも無作法で、なによりも、あまりにもユダヤ的だったのだ。[20] このように、人種的には〈他者〉として印づけられながらもフランス人になろうと試みるプロセスには、ユダヤ人の信条、慣習、それに民族を否認するだけでなく、もっとも犠牲になった同胞や政治的にラディカルな同胞との関係を断ち切り、さらにはフランス国家とは共有されない政治的反感（たとえば、反ロシア感情）を捨てることも含まれていた。全体的にみて、寛容の代価は高くついた。それは宗教的および政治的な信条の妥協、仲間のユダヤ人の拒絶、そして報われることのない国家への忠誠だったのである。

これまでのところ、一九世紀のユダヤ人解放を分析するのに、寛容ということばは二つの異なる意味で使われてきた。第一に、同化と引き換えに、ユダヤ人に差し出された寛容がある。これは国家とユダヤ人自身によって同時に行なわれるものである。こうした実践は、フランスでは寛容と呼ばれなかった。

すなわち、それは支配的な宗教によってマイノリティ化された宗教にたいする、国家および教会の方向性としては表明されなかった。むしろ、それは統一された国民、同質的で管理しやすい市民をつくりだし、またフランスにおけるユダヤ人の存在が表わしていた民族の衝突を終わらせることを目的としたプロジェクトであった。しかし、寛容と呼ばれなくとも、それは寛容であった。クレルモン＝トネルは、そのために必要とされる条件をはっきりと提示していた。つまり、そのためには民族としてのユダヤ人を解体し、ユダヤ人の団体を解散し、ユダヤ人にフランス国民にたいする愛着をいだかせ、ユダヤ人を近代フランス共和主義者に変え、フランスのユダヤ人をほかのユダヤ人と分離しなければならなかったのである。ユダヤ民族の拘束力は、一方では人種化、他方ではフランス人らしさを規制する言説に取って代わられた。ユダヤ人を同化する寛容は、これらの相互に構成しあう言説の規範的な力をつうじて行なわれた。これらの力の効果は、けっして小さくはなかった。同化したフランスのユダヤ人は、政治的には穏健で、宗教的には内向的で、ラディカルあるいはユダヤ的な大義には加わりたがらなくなったのだ。それにもかかわらず、ユダヤ人は人種的に印づけられ、しばしば人種的に軽んじられていたので、反ユダヤ主義の潮流（たとえば、ドレフュス事件を誘発し、浮上させたもの）に飲み込まれるのを恐れながら生きていた。こうした恐怖はそれ自体、寛容の規制的な作用の兆候である。それはこの作用が、しだいに教会や国家から市民社会に移ったとしても変わらない。

寛容の第二の意味は、こうした反ユダヤ主義の潮流から呼び出される。これはわれわれを、ほかのヨーロッパ諸国におけるユダヤ人の歴史にも接近させるものである。それらの歴史はかならずしも初期の形式的な解放、すなわちリベラルな共和主義によって組み立てられていたわけではないが、フランスの場合と同じように管理された人種化と同化を共有していた。隔離する、教育を受けさせる、厳重に統制する、キリスト教徒の異名を名乗らせる、軍役に就かせる、ドイツ語で事業を行なわせるなど、一九世紀ヨーロッパのユダヤ人にたいする多様なアプローチは、ユダヤ人は特異な民族ではあるけれども、統合し集権化している国民国家に適合しなければならない、つまり許容されると同時に矯正されなければならないという解釈では一致していた。この意味での寛容は、国民に編入されなければならないが、人種的特異性ゆえに新しい普遍主義的な人間という公式への参加を制限された民族にたいする、国家および市民レヴェルでの管理実践を含んでいた。さらに、ユダヤ人らしさが人種化され、人種化が存在のあらゆる側面、たとえば、身体、歩き方、セクシュアリティ、しぐさ、心、知能、気質などにかかわるようになると、寛容の対象は信条から存在へと言説的に置き換えられた。正確にいえば、信条そのものが人種の存在論から切り離されると同時に、そこから導き出されるようになったのだ。今日の寛容の対象の公式化を決定しているのも、このような分離と演繹の可能性である。

女性

ユダヤ人の解放がそれぞれ異なる国家統合の必要と人種化の言説によって構成された一方で、女性の解放もそれらと類似するいくつかの力によって構成されていた。もちろん、女性を市民＝主体として生産するために破壊しなければならない、歴史的に先行する女性の下位国家的あるいは超国家的なコミュニティがあったわけでも、女性がユダヤ人コミュニティによって提起された明白な統治問題を示したわけでもなかった。しかし、女性は個人としての権利資格を主張するために、親族関係という共同世界の淵から浮かび上がり、新しい科学、医学、ソーシャルワーク、教育学、性科学の言説をつうじて主体として個人化されつつあった。それと同時に、ジェンダーをめぐる新しい言説も発達し、普及するようになった。それは人種化がユダヤ人を定義したように、女性を性別化された存在に余すところなく縛りつける言説であった。ユダヤ人の解放とともに生まれた人種化は、部分的には、解放の限界を印づけるために活用された。実際、女性の解放をめぐる論争のなかでも、性的差異は以前よりも集中的にかき集められ、その身体に深く刻まれつつあった。

トマス・ラカーが述べているように、旧体制では、女性であることは活動ならびに領分にかかわる地位であったが、新しい生物学、人類学、文学、医学、心理学の言説をつうじて人間の性的本質の問題として再構成された。(21) 人種のように、この性別化された本質は、存在に充満するものとみなされたのだ。(22) 人類学者のジャック＝ルイ・モローは、一八〇三年の著書のなかで、たんに性のちがいを強調するだけでなく、「それは身体と精神のとらえうるすべての側面において、あらゆる身体的および道徳的な側面において異なっている」(23) とまで論じていた。あるいは、一九世紀の医師で、『ヒステリー概論』の著者であるＪ・Ｌ・ブラシェのことばによれば、「女性の身体のすべての部分が同じ差異をみせている。眉、鼻、眼、口、耳、顎、頬。どれも女性を表現するものばかりだ。視線を内部に移して、メスを使って、器官、組織、繊維を明らかにしても、いたるところで同じ差異がみいだされる」(24) という。

しかし、性の差異をめぐる言説は、当時のジェンダーを組織し、女性の意味を再構築した唯一の力ではなかった。封建的および小市民《プチブル》的な経済が崩壊し、産業資本主義が猛威をふるうにつれて、家庭内外の性別役割分業と、地方生産の業種ならびに手段の性別化された所有には、とてつもない変化がもたらされた。性別役割分業と、とくに農業経済の性のちがいにもとづいた協力関係は、つねに完全にというわけではないが、女性と男性の労働力がしばしば交換可能なものとされる秩序に屈した。たとえば、女性は自らの経済的および社会的な権力の小さな足場を保証してきた、酪農や醸造といった業種を統制することができなくなったのだ。したがって、ラカーは新しい性の二元論が「政治［すなわち……］一八世紀、とくに革命後の一九世紀の、とてつもなく拡大した公共圏での権力と地位をめぐる終わりのない新しい闘争」(25)に対応して現われたと論じているが、イデオロギー的に本質化されていた性別役割分業が多くの領域で崩壊し、農業経済から工業経済への移行にともない家庭の生産性が著しく低下したことも、それに劣らず重要だったのである。性別化された身体的存在は、実際の活動と領分が性別化されなくなった歴史的な瞬間に、まさに決定的なものとして表明された。家庭での生産が少なくなり、プロレタリア化が女性を工場に集め、成長するブルジョワ階級の女性がしだいに生産的な経済機能を奪われるにつれて、女性の解放を要求する動機は、その要求に反するような、女性の性的差異をめぐる新しい言説とともにかき立てられたのである。

要するに、マルクスの表現を使えば、「万里の長城を破壊する」(26)資本の驚くべき能力は、それまで農業経済の性別役割分業によって再生産されていた、ジェンダー化された社会的区別とジェンダー化された社会空間を、それぞれ消去し、変形する実効的な能力を含んでいた。だが、これらのジェンダーを形成し、組織してきた様態の代わりに、あまねく性別化された身体が現われた。それは推定上の差異にもとづいた従属の新しい基礎をつくりだした。そして、その意味は暗示的で、女性の政治的および経済的な平等について終わりのない議論をもたらした。第一波のフェミニストのなかには、ユダヤ人の人種化にみられたのと同じパターンで、女性が自らの性によって根本的に充満されていることを容認する者もいれば、それを解明し、抑制しようと試みる者もいた。しかし、だれもそれを完全に拒否することはなかった。

平等と寛容

最初の問いに戻ろう。女性問題とユダヤ人問題は、解放という共通の題目のもとで立てられながら、どうして平等と寛容という別々のプロジェクトに分かれていったのか。一九世紀のヨーロッパ諸国は、歴史的に従属させられ排除されてきた二つの集団、つまりユダヤ人と（キリスト教徒の）女性を、新しい普遍主義的な人間主義のレトリックとリベラルな政治的イデオロギーに適合させる問題に直面していた。そこでは、明確ではないが暗黙の規範をもつものとして、人間の同一性が平等の基礎とみなされていたのだ。ユダヤ人らしさとジェンダーを生産する従属と排除の言説は、まさに移行状態にあった。そして、これらの言説は、ユダヤ人と女性の政治的成員資格をめぐる問題の公式化の効果であり、それに寄与するものでもあった。ユダヤ人のさらなる人種化と、性別化された存在の執拗なジェンダー化は、解放についての議論を組み立てながら、そのような議論によってかたちづくられていた。

ユダヤ人問題と女性問題が現われるまで、これらの問題を形成した、平等をめぐる政治的言説と人種化およびジェンダーをめぐる社会的言説が現われるまで、ユダヤ人と女性はキリスト教徒の男性と異なるだけでなく、それぞれの地位と社会的位置においても、キリスト教徒の男性と彼らの特権とは鋭く区別された差異を帯びたものとみなされていた。ユダヤ人は国家に属さない民族であった。女性は家庭に、いわば国家の下部に組み込まれていた。けれども、それらが新しい抽象的なシティズンシップの公式や、そのシティズンシップの適格性を問う新しい人種とジェンダーの言説によって媒介されるにつれて、差異はたんに保留されるだけでなく、地位や身分から存在論へと移し変えられるようにもなった。差異がユダヤ人と女性のそれぞれの身体、精神、心に充満する、いいかえれば、それぞれのアイデンティティ、主体性、そして潜在的な公的ペルソナを余すところなく定義すると理解されているかぎり、これらの差異の構築には類似するものがある。しかし、類似は同一ではない。直観に反していえば、ヨーロッパのフェミニズムの解放運動は、おそらくユダヤ人の解放運動がユダヤ人らしさのためになしえたほどには、女性の差異をその存在に潜在的に充満するものとはみなすことができなかった。どうしてそうなったのかをみてみよう。

一八世紀後半のメアリ・ウルストンクラフトと、一九世紀後半のジョン・スチュアート・ミルは、ともに強力なデカルト主義にもとづいて女性の平等を論じていた。ウルストンクラフトは「心に性別はない」と表明し、そうした前提から、女性はなによりも人間であって、性別化される存在ではないという主張を展開している。「美徳に性別はない」、そして最高の美徳は知能の合理的な使用であるのだから、プーラン・ド・ラ・バールがデカルトにならって一六七三年に宣言したように、「精神に性別はない」

というわけである。[27] ウルストンクラフトの分析によれば、女性と男性が同じ道徳的性質を共有しているのだとすれば、どちらも同じ道徳的地位と権利を共有すべきである。「ほとんどの女性が、合理的存在というよりも、むしろ感覚と感情の被造物として行為する」という事実は、まちがった教育、すなわち、女性を道徳的に正しい存在ではなく「羽飾りのついた鳥」にしてきた教育の結果にすぎない。[28]

女性と男性はどちらも「教養のある理解」能力をもっており、そこには情念を導き、和らげるための世俗の知識や神の摂理についての知識も含まれている。ウルストンクラフトは、この二つの性は体力のちがいゆえに理解の量では異なるかもしれないが、しかし本質的には同じである、つまり精神や心は両性具有的なのだから美徳もそうであると漫然と考えている。[29] 自由と教育はともに自律的な理性の能力をつくりだす。それらは美徳の母であり、それゆえ女性にも男性にも等しく手に入れられなければならない。要するに、知的な議論その他の道徳的な美徳の実践にかかわるとき、女性は女性なのではなく、理性的な存在にほかならないのである。しかし、このように主張するために、ウルストンクラフトはどのような性の差異を取り除いているのか。そうした性の差異はどこで生きつづけているのか。それが指定された場所は、女性の市民的および政治的な平等にとって、なにを含意しているのか。この問題については、もう少しあとで触れることにする。

ジョン・スチュアート・ミルは『女性の隷従』のなかで、女性が好きでも尊敬もしていない男性(夫)とセックスしなければならないときに受けると思われる、ひどい屈辱をのぞいては、女性の身体についてはまったく言及していない。[30] 女性の制度化された従属はその身体的な弱さから歴史的に生まれたと論じるときも、ミルの女性の自由の擁護は、もっぱらその知的潜在力にもとめられていた。こうした女性の男性よりも弱い身体と、女性の潜在的に男性と等しい精神という二面的な議論を彼にさせていたのは、デカルト的な形而上学だけではなかった。それは習慣、伝統、専制君主の支配に盲目的に従わされた時代とともに、身体と体力が功績や地位を決定した時代も終わったという進歩主義的な主張によるものでもあった。女性の従属は身体的な差異を理由としており、それゆえ歴史的な遺物であり、完全に不当であるとみなされた。奴隷制の廃止から社会的地位にかかわらない権利や参政権の主張まで、当時の社会的および政治的な実践は、身体的な差異や生まれた環境による階層化を広く拒否していたのである。(31) ミルによれば、近代において正統な区別を仲介するのは、精神、才能、能力、意欲といった、開かれた競争の領域に放たれるものだけである。この時代には、自分の人生、自分の支配者を選択することが、個人と人類にとってもっとも重要であるということも知られていた。(32)

総じていえば、ミルとウルストンクラフトは、両性具有的であると同時に異なった女性の主体性を論じているように思われる。それは、精神だけが問題とされる合理的、市民的、公的なものの秩序では両性具有的で、身体、心、感情的な態度、「本能」が支配するとみなされる私的領域では性の差異によって充満されたものであった。どちらも、この時代に広まったジェンダーの性別化を拒否しなかった。むしろ、その範囲が全体化することだけに異議を申し立て、これからみるように、啓蒙の合理主義と近代的主体の一種のデカルト的でブルジョワ的な分離に依拠しながら、公的領域の存在の両性具有性を主張していた。実際、ウルストンクラフトとミルは、解放された女性の妖怪をひそかに恐れている人々を安心させるために、家庭内での女性の異性愛的で母性的なアイデンティティを容認していた。それは女性の存在をおおいつくすわけではないが、自然なものとして扱われているのだ。ウルストンクラフトとミルは、女性が結婚するかどうかを選択しうる可能性を高めはしたが、未婚の女性というものを待望することはなかった。どちらも、女性は結婚し、母親となるという前提に立ったままであった。さらに、女性の教育と自由が改善されることで、妻としての、母親としての能力もまた向上するということを、どちらも大量のインクを滴らせながら記述している。女性は啓蒙されることで、怒りっぽくなくなり、率直になり、夫の浮気を黙認しなくなり、子どもたちのよき手本となり、彼らを困らせることもなくなるだろう。しかし、このような利点も、女性は解放されたからといって、妻となり、母親となるのをやめるわけではないという趣旨の一面にすぎない。両者の議論が前提としている、精神と身体、美徳と日常生活の分割をつうじて、女性は私的には女性、公的には人間となりうるのである。

もちろん、ミルやウルストンクラフトの立場には反論もあった。それはこの時代のいたるところで聞かれた、女性の本質はその身体の性的あるいは生殖的な機能によって、まさに完全に充満されているという反論で、両者はそれに抗して活動していたのだ。実際、それは性の差異をめぐる新しい強力な言説によって立証されていた。極端なものとしては、女性の存在のあらゆる要素はそのセクシュアリティによって条件づけられているというルソーの主張がある。[33] 彼によれば、女性は真正性と自己愛を生まれながらに欠いており、男性をとらえ、わがものとし、さらに家庭で支配するために、自らのセクシュアリティを自然に、戦略的に利用するとされていた。同じように、ヘーゲルは女性をその生殖能力ゆえに純粋内在へと還元している。また、女性は家族のなかで倫理的に充足されるという彼の主張は、愛における女性の自然な受動性、つまり男性の主体をつうじて自らの個性を喪失し、かつ実現する特異な能力として説明されたものにもかかわっている。[34] ヘーゲルとルソーにとっては、女性の活動やふさわしい領分だけでなく、女性の知性や美徳も、男性のものとは根本的に異なっているのだ。実際、一八世紀後半から一九世紀のさまざまな反フェミニズム的な議論が共有していたのは、女性の本質とそれに適した活動や資格は性の差異によって完全に決定される、女性はそうした差異によって完全に充満されるという観念であった[35]。啓蒙のフェミニストたちが抵抗したのは、まさにそのような観念である。ジョーン・W・スコットが一九世紀フランスのフェミニストの研究で述べているように、「彼女らは、自らの身体の性と政治に参加する能力のあいだには、いかなる論理的また経験的なつながりもない、すなわち、性の差異は社会的、知的、政治的な能力の指標ではないと主張していたのだ[36]」。

それゆえ、一九世紀のヨーロッパでは、女性問題はまったく新しい、ほとんど同じようなジェンダーの存在論から論じられていた。そこでは、こまかな性の差異が事実とみなされ、その差異の広がりと大きさが、とくに精神と身体の分離可能性を開いたデカルト的な視座から争われていた。もちろん、抽象的な権利や自由と同じように、そのような可能性は男性にとっては自明だが、女性にはなかなか認められなかった。しかし、完全に性別化された身体から両性具有的な精神を切り離したのは、デカルト主義だけではなかった。そして、フェミニズムを新しいシティズンシップの公式に割り込ませたのも、抽象的な性質のリベラルな人格性だけではなかった。むしろ、性の差異がつねになんらかのかたちで身体に回帰するのだとすれば、リベラルに語られる人間主義的なフェミニズムを可能にしたのは、ほかならぬ、そうした根深そうにみえる事実のほうであった。平等を要求するためには、女性は自らの主体を引き裂き、その身体を括弧に入れなければならなかった。このような分裂は、文字どおり女性の存在論を引き裂き、それを異なる活動や義務が生じる、異なる社会的空間に切り分けながら作動していた。このようにして、ウルストンクラフトとミルのフェミニズムは、性別化された女性の身体を私的なものとみなし、いわば個別の男性に委ねると同時に、女性の身体化された存在を取り除き、その公的生活の能力、その教育、権利、とりわけシティズンシップにふさわしい能力を擁護していたのである。

こうした主体を分割し、その身体化された住まいから分離する運動は、この時代に典型的で、けっしてジェンダーだけに該当するものではなかった。〈個別的なもの／普遍的なもの〉、〈主観的なもの／客観的なもの〉、〈私的なもの／公的なもの〉、〈市民的なもの／政治的なもの〉、〈宗教的なもの／世俗的なもの〉、〈ブルジョワ／シトワイアン〉。このように分割された主体は、近代とともに生まれ、リベラルなイデオロギーと資本主義の政治経済的な構築によって強められた。それは不平等、制約、利己主義によって組織された市民的および経済的な秩序のなかで生きているにもかかわらず、まさに「平等、自由、博愛」といった普遍化する政治的標語のもとに結集されうる主体である。国家と法の言説において自由で、平等で、連帯的なものとして表現される主体は、それが制限され、社会的に階層化され、原子化され、疎外されているにもかかわらず、自らの具体的な存在を抜き取られる。要するに、ウルストンクラフトとミルが女性に関する議論のなかで依拠した人間という形象は、その時代の支配的な形象であった。活動と意識に分離された人間、国家に代表されるときは日常の具体的な存在を除去された人間。もしシティズンシップや権利がこうした抽象的で、脱身体化された形象を前提としているのであれば、それは女性の公民権付与が主張されうる基礎にもなるだろう。もし人間が公的には身体をもたず、代弁と代表をつうじて抽象的、言説的にしか存在しないのであれば、女性も公的には身体をもつ必要がなく、ジェンダーの性別化は公的領域における平等の要求の障害とはならないだろう。いいかえれば、女性を女性たらしめているると理解されるものは、だれもが脱身体化された抽象であり、だれもが私的、経済的、市民的な存在から分離される公的領域には持ち込まれるべきではない。この種のフェミニズムによれば、女性の差異は公的な差異ではないのである。[37]

しかし、なぜユダヤ人にはこれと同じ議論がなされなかったのか。どうして「ユダヤ人の差異」は永続的で解消しがたいものとみなされ、その「解放」を平等ではなく寛容へと導いたのか。近代のシティズンシップが人間としての人間、つまり現実に生活し、労働している存在ではなく、潜在的に分割されうる抽象的な存在としての人間を前提としているのだとすれば、なぜユダヤ人は権利をもった市民となるのに、理念的には一八世紀後半から一九世紀のフェミニズムで示されたのと同じように、そのユダヤ性からたやすく分離あるいは抽出されなかったのか。たしかに、ユダヤ人はそのように扱われうると主張した人々もいた。たとえば、マルクスの「ユダヤ人問題によせて」の有名な引き立て役となった、ヘーゲル左派のブルーノ・バウアーがそうである。この観点からみれば、ユダヤ人の人種化は、女性の性別化と同じくらい決定的ではなかった。ユダヤ人は同化の条件のもとで、自らのアイデンティティを構成するユダヤ的慣習を捨てるか、そのような慣習を私的なものにするという条件のもとで、公民権を付与されうるし、実際そうされていたからである。

とはいえ、それはあくまでも条件つきであった。すでに述べたように、その解放は暗示的であれ明示的であれ、同化すなわちユダヤ人の変形に依拠していた。このような手段は「女性問題」をめぐる議論ではとられなかった。「理性の高みにのぼる」ようおだてられはしたが、女性は解放の候補者となるために、なにかを捨てるようもとめられたわけではなかった。国民として認められる成員となり、男性のようになり、たとえ包摂されなくとも普遍的なものに接近するために、女性はなにを放棄するよう迫られたというのか。女性の性を否定する試みは、女性を怪物的なものにするとみなされた。実際、反フェミニストたちは、フェミニズムとはそういうものだと非難していた。この点で、解放はユダヤ人と女性にとって、それぞれ異なるものを意味している。解放されても、ユダヤ人には寛容の「処遇」が用意されていたが、女性にはそうではなかった。後者の場合、それとは異なる一連の社会的権力が、女性の差異とそれをつうじた従属を維持しているとみなされるだろう。

同化しないユダヤ人にとって、一九世紀ドイツの公民権付与をめぐる論争でみられた反論は、つぎの三つのものに分類される。(一) ユダヤ人はほかの、より高次の神、より高次の法秩序に忠誠を示しており、それはキリスト教国家もしくは世俗国家への忠誠よりも優先される。(二) ユダヤ人は「偏った」ユダヤ的な生活を送り、自らを普遍的な人類の一部というよりも、むしろ人類のなかのユダヤ的な部分に属するものとみなしているので、近代国家が体現するといわれる普遍性には加わらない。(三) ユダヤ人の宗教は、完全に私的な問題とは容易にみなされない。ユダヤ人の日々の市民生活は、安息日や祝日の要求、また公的な礼拝や祈禱によって規定されている。それゆえ、宗教が純粋に個人的で私的な信条の秩序とされるプロテスタント諸派に認められた寛容に、ユダヤ教はふさわしくない。実践としてのユダヤ教は、人種的差異としてのユダヤ人らしさと結びつき、ユダヤ人のユダヤ人らしさを私的領域に封じ込める可能性を遠ざける。ユダヤ人の存在と日々の実践がユダヤ人らしさとユダヤ教によって充満され、ユダヤ人の範囲がそのコミュニティ、法、民族的帰属によって画定されているかぎり、彼らは抽象的で普遍的な人間の平等、自由、共同性が支配すると思われた領域を浸食するというわけである。[38]

だが、これらが同化しないユダヤ人の解放と公民権付与にたいする反論、つまり異なる民族の編入を拒否する議論だったとしても、どうして同化したユダヤ人は「解放」されたにもかかわらず、国家および市民の反ユダヤ主義的なふるまいにさらされたのか。これはその解放が平等というよりも、規制的な寛容の体制に開かれたことを告げている。たしかに、そうした寛容の体制は、一七世紀、一八世紀のオーストリアその他のところの寛容令によって管理されたものとは異なる産物であった。それは自らの拠点を国家から社会的なものに移動し、また下位国家的な集団というよりも個人に付着するようになった。しかし、ユダヤ人が特権を失い、権利を奪われ、（ふたたび）隔離され、追放され、抹殺された、その後の国家と市民の「不寛容」のエピソードで明らかになったように、その解放は平等というよりも寛容であった。

このような脆弱性は、平等の対象としての女性ではなく、寛容の対象としてのユダヤ人によって経験されるのだが、それはこれまで考察してきた一九世紀の人種化および性別化の言説と、どのような関係にあるのか。シティズンシップを体系づけ付与する、新しい国家の普遍性の言説との関連で、これらの言説はそれぞれどのように自らの対象を位置づけているのか。このような問いにとりかかるには、フーコーが『言葉と物』のなかで考察した、初期近代主義から古典的近代主義への認識論的変化を検討するのもよいだろう。フーコーによれば、対象もしくは関係の真理は、前者では明示的すなわち可視的な兆候にもとづいていたが、後者（ここで考察している時代）では事物の一般的に不可視の有機的構造という前提にもとづくようになった。[39] 古典的近代の認識論に関してフーコーが正しいとすれば、その可視的とされる差異にもかかわらず、女性の身体が女性の本質や能力を完全に表現しているわけではないと論じられるようになったのは、一九世紀になってからである。より正確にいえば、可視的に性別化される身体は、女性の精神や心を解釈する鍵ではない。それどころか、フェミニストたちが主張したように、女性の心や知的能力が理解されるためには、身体はまさに見過ごされ、見落とされなければならないものだったのである。これは反フェミニストたちの主張、すなわち、女性の性のジェンダー化はその生殖機能によって決定されており、その存在のあらゆる次元に及ぼされるという主張の鏡像である。いいかえれば、フェミニストたちの議論では、だれも身体上の外観から心や精神へと直接的に論じることはなかった。むしろ、外観は包括的な存在論を表明するのと同じくらい偽る傾向にあった。心や精神は脱ジェンダー化されるということが修辞的に成り立つのであれば、女性の身体をめぐる問いは、フェミニストが目的とする公的領域とは、ほとんど関係のないものとされるだろう。しかし、人種化はこれとは異なっている。人種化された言説において、血がユダヤ人の指標であり、心がユダヤ人の本質であり、独立した民族がユダヤ人の歴史的起源であるとすれば、人種化はすでに内部（有機的構造）から外部（外観）へと、また（隠された）歴史から（明白な）現在へと作用する言説である。フーコーがこの時代の支配的な認識論であると主張したものに従って、人種化は可視的なコードから直接的に演繹されるというよりも、むしろ系譜的に、隠喩的に遂行されながら、そのようなコードを生産し、解釈している。ギュスターヴ・ル・ボンが一九世紀末に人種化テーゼを公式化したように、「それぞれの民族の生活、制度、信条、芸術は、その不可視の気質の可視的な痕跡にすぎない[40]」。一九世紀の認識論では、脱ジェンダー化された精神や心に到達するために、身体上の外観を取り除くことは可能であったが、存在の本質に到達するために、血や心を取り除くことはありえなかったのである。

これまでみてきたように、ユダヤ人を解放されても人種的には異なるものとして持続的に印づけることは、ユダヤ人を編入すると同時に規制するという国家の矛盾した命法にとって不可欠であった。これはフーコーが「全体化と個人化」という近代の二重の力としておおまかにとらえた命法なのだが、その矛盾した性質についてはあまり考察されていない[41]。人種化は同化するよう圧力をかける一方で、解放の条件に従っているかどうかを確認するために、ユダヤ人を監視対象として印づけることを容易にした。政治理論家のパッチェン・マーケルは、「こうした監視はユダヤ人が認識可能であることを必要とする。解放の命法は、国家はひとりひとりのユダヤ人がユダヤ的ではなくなったことをつねに確認しなければならないという、逆説めいたものになる[42]」と論じている。マーケルにとって、キリスト教徒のなかの異質な要素の編入は、ユダヤ人らしさがいつまでも追及され、その縮小ないしは消去のためにいつまでも標的とされる、特異な形式の国家の承認を必要としていた。そのような承認は、同化したユダヤ人が人種化の言説を容認し、そして下品で、教養に欠けた、非近代的な生活をしているとみなされた東部ユダヤ人との連帯を拒絶したことによって、それ自体逆説的に遂行されていたのである。

人種化と性別化の言説の差異は、ユダヤ人らしさと女性らしさが個人の身体に刻まれる方法に限定されない。これらの言説は、それぞれの身体の異なった結合（もしくはその欠如）の形式もまた提起している。民族性とは対照的に、人種化はユダヤ人を主権的な個人のイメージでとらえ、したがって国民国家に編入するのに適した主体に変えうるにもかかわらず、ユダヤ人は自らの団体を解散しても結束する集団とみなされつづける。同化圧力のなかに含まれ、形式的な解放と寛容の第一段階で必要とされる団体の解散が、ユダヤ人の人種化によってまさに限界に達したとき、この人種化は彼らを自然に結びつけ、彼らの自然な結合を呼び出す。これにたいして、女性のジェンダーの性別化は、女性を個別の男性の補完物ないしは対立物として位置づける。女性のいかなる本質的な類似性も、彼女らの政治的あるいは社会的な同族意識、彼女らの集団内の親しみや連帯感をほのめかしはしない。それどころか、こうしたジェンダーの性別化は、異性愛家族における女性の自然な地位を確立し、女性を結束した集団、つまり民族としてではなく、男性とは異なるものとして生産している。

このように、近代の主体編成には、特定の印づけられた主体を存在論化するものと、同じように印づけられた主体どうしの関係を規定するものがあった。これらの側面は、国民国家の統合期に、抽象的で普遍的なシティズンシップをめぐる言説が、その他の主体生産的な言説と交差していたことを、いずれも思い起こさせる。それは国民国家の秩序の中心にあるキリスト教徒、ブルジョワ、白人、異性愛者の規範から逸脱した市民を分類し、規制しやすくする言説であった。抽象的なシティズンシップの言説をつうじて、歴史的に排除された人々を編入すること。しかし、このようなプロセスは排除された人々の規準以下の地位を消すおそれがあり、そうした地位をふたたび刻みつけるためには、彼らをさらに印づけ、規制することがもとめられた。寛容はもともと信条の差異を規制しながら編入するためにつくられたので、ここでの編入にとっても有効な媒体であった。つまり、それは個人と集団の規制を可能にすると同時に、その規制に必要とされる編入と個人化がともに持続される差異の刻印を容易にしたのである。

ユダヤ人にみられたように、寛容が信条というよりもアイデンティティに向けられるにつれて、それはリベラリズムのつぎのような局面にも対応するようになった。抽象的なシティズンシップと結びついた個人主義は境界設定の原理として働かなくなり、同一性としての平等は正義の原則として働かなくなり、差異の脱政治化は主体と国家のどちらからみても完全には遂行されず、また完全には望まれなくなった。ここにおいて、寛容は平等のたんなる延長というよりも、むしろ平等の代補として現われる。代用といってもかまわないが、寛容はそのようなものとして、とりわけ平等の不完全さを偽装し、それ自体では「真正」たりえない平等をそれらしくみせかける。したがって、政治的および市民的な寛容は、全体の定義や規則に異議を申し立てる集団の差異が編入され、しかも差異として持続されなければならないとき、つまり規制され、管理され、統制されなければならないときに現われる。女性がこうした問題を提起しないのは、彼女らが分散し、そのアイデンティティが性別化されているからである。彼女らは結束した集団として認知されることも、その明白な差異が消えるおそれもない。しかし、ユダヤ人がそのような脅威を示すのは、彼らが結合し、そのアイデンティティが人種化されているからである。寛容はそれを抑えるために、彼らの解放にかけられたマントなのである。

かくして、キリスト教徒の女性にとっての平等の言説とユダヤ人にとっての寛容の言説の出現を同時に説明することで、寛容は、公的生活の中心にある規範を乱さずにはその生活に同化することのできない、あちこちに定着した、治癒しがたく、浸透しやすい差異の兆候であることが明らかにされる。それは国民国家から取り除くことのできない差異、想像上のものであれ文字どおりのものであれ、小さいものであれ大きいものであれ、国民国家とは別のコミュニティの基礎となる差異を伝えている。これは農村だけでなく都市にも存在しつづけた同化しないユダヤ人によって提起された、さまよえるユダヤ民族だけの問題ではない。ヨーロッパ大西洋諸国のキリスト教のヘゲモニーと結びついた白人の優位性は、たとえ同化したユダヤ人でも普遍的な秩序に加わるのに、その差異を完全に取り除かれることはないが、キリスト教徒の女性はそうされるということを意味している。キリスト教の規範で充満した身体なき公的空間では、そのような女性は形式的な法の平等を獲得しうるが、ユダヤ人は公民権および諸権利を付与されても、その差異ゆえに許容（または差別）されつづける。寛容は実体化した普遍的なものへの同化不可能性を印づけ、ユダヤ人らしさは民族としても、人種としても、そうした同化不可能性を表象しているのである。

しかし、まだこうした公式で満足するわけにはいかない。一方で、それは女性の人間主義的な普遍主義への、とくに近代の立憲制秩序の公的および経済的な生活への同化可能性を過大評価している。性の差異をめぐる根深い不安がこれらの領域にも残存し、規範的に男性的な体制に加わるうえで、性の差異がしばしば宗教（正統派も含む）やエスニシティや人種よりも、はるかに大きな障壁となっているのは周知のとおりである。他方、この議論は、同化と人種化がユダヤ的な慣習と信条を私的なものとするか排除することで、またユダヤ人のコミュニティから個人のユダヤ人を分離することで可能になったものを過小評価してもいる。たとえ完全には成功しなかったとしても、ユダヤ人を超国家的なアイデンティティと忠誠から引き離し、ユダヤ人をヨーロッパの市民＝主体としてつくりだすプロジェクトは、ユダヤ人の差異にたいする政治的関心をほとんど去勢したはずである。あとに残されたのは、まばらな社会的偏見だけだろう。そこで、これまで見落としてきた局面に注目することにしたい。

カントやブラックストーンがいうように、女性が当然のように「夫によって占有され」、夫婦が「法律上ひとつの人格」であるとすれば、なにが女性をかくも編入されやすく、また個別の男性によって占有され、代表されるのにふさわしいものとしているのか[43]。ここには二つの可能性だけがあるように思われる。それは類似性か、存在論的な階層秩序における自然な服従である。真の対立者であれば、女性は男性によって編入されることも、代表されることもない。したがって、女性は男性と同じか、男性に自然に服従するものでしかありえない。一八世紀のジェンダーの単性モデルから両性モデルへの変化に関してラカーが正しいとすれば、ここでは類似性について論じるつもりはない。これまでみてきたように、この時代のフェミニストたちにも主張された類似性は、精神、美徳、抽象的なシティズンシップにのみかかわっていた。そこで議論されていたのは、女性は男性とまったく同じであるということではなく、合理性、美徳、シティズンシップは性別をもたず、身体化されたものではないということであった。かくして、身体としての、母性としての、セクシュアリティとしての、家庭の主体および記号としての女性の差異は、平等の言語と範囲の外にとどまりながら、自然化と従属の可能性に開かれる。異性愛を前提とした性的秩序のなかでは、女性の差異は本来的な服従の差異として配置されており、それゆえ男性によって編入されやすい。カントとブラックストーンの見解がほのめかしているのは、まさにこうした配置であった。さらに、異性愛的なマトリックスのなかでは、個別の女性は個別の男性によって要求され、「占有され」、代表され、またリベラリズムのなかでも、女性の他者性は政治的には解消されるが、そのようにして担保される[44]。これとは対照的に、ユダヤ人の差異は、キリスト教が支配する秩序のなかでどれだけ劣等性の兆候で充満されようとも、このようには同化されることも、管理されることもない。直観に反して、それはより手に負えないものである。なぜなら、それはユダヤ教の母系的な世襲構造にもかかわらず、まさに男性どうしの関係を直接的に媒介しているからである。当初、人種化は国民国家への編入の制限を設けるのに、性別化よりも強力に決定的な言説と思われていたが、いまでは、性別化のほうが執拗に従属化する言説として機能しているようだ。女性が政治的対等者として公民権を付与されたにもかかわらず、あえて実質的平等を要求したり、より重要なことには、国家の普遍性とされるものの中心にある男性中心主義的、異性愛的、キリスト教的な規範に異議申し立てたりしないのは、そうした性別化の効果である。

これを別の角度からみるために、従属を媒介する公／私の軸線から少し移動し、形式的な解放では触れられなかった性別役割分業に焦点を合わせてみよう。リベラル・フェミニズムの批判者たちがしばしば指摘するように、女性が政治的平等の候補者とされたとき、労働と結社の性区分はけっして問題にされなかった。実際、ウルストンクラフトもミルも、法的なジェンダー中立性、つまり女性の経済的、市民的、政治的な権利の獲得は、ほとんどの実質的な生活領域でのジェンダー統合のチケットではないと、しつこいくらい読者に保証していた。法的平等にもかかわらず、社会的および経済的な性の隔離は残存し、市民としての女性の公民権付与の効果を文字どおり飼いならしている。しかし、完全な宗教的中立性と人種的平等という公式の政策は、そうした統合とそれに付随する帰結を約束し、促進している。ユダヤ人の男性が完全に参政権を付与され、完全な権利の担い手になると、「ユダヤ人の差異」は付帯的なかたちでしか制度的には残らない。企業から近隣社会、カントリークラブ、大学の部局まで、それぞれ非公式の飛び地は存続するかもしれないが、ユダヤ人とキリスト教徒が共存する政治的、社会的、経済的な領域には、いかなる制限もありえない。したがって、寛容という言語は〈同一者〉のなかの〈他者〉の望ましからざる近さをつねに伝えるが、それはこの近さが予兆する社会規範にたいする脅威の認識だけでなく、こうした混合の能力も表わしている。寛容という言語が女性のために呼び出されるのが、明らかに女人禁制とされる領分のドアをノックするときだけだとすれば、女性が性別で割り当てられた場所にとどまり、女性の身体が異性愛的に領有され、私的に所有されているかぎり、寛容の必要は生じないだろう。(45) 女性の形式的な政治的平等は、女性の統合の兆候でも媒介物でもない。それどころか、そうした平等は差異を前提として基礎づけられ、異性間の分業によって体系化され、異性愛的な家族構造によって支えられている。このようにして寛容の必要は弱められ、それと同時に形式的平等と実質的平等のちがいも強調されているのである。

これが意味するところは、リベラルな政治の枠内でジェンダーの平等を獲得しようとする試みについての、ここ数十年のフェミニズムの理論化によって知られている。リベラリズムにおける女性の社会的平等がいつも不完全なのは、そうした試みが私的領域での女性の条件と活動、女性のセクシュアリティや母性をつうじた女性の役割を含意する条件と活動を無視し、しかも女性という主体を構成している言説をとらえるどころか、その主体を実体化してきたからである。そこでは従属が前提とされ、制度化されている。それは女性の私的なものとされた、いまだ解放されない異性間の差異に依拠した従属であり、夫婦間レイプから貧困の女性化、家庭および市場での不平等な性別役割分業まで、あらゆることを許している従属である。女性が公的領域で対等者とみなされうるのは、女性が自らの身体にかかってくる性的＝社会的な分業によって従属化されているからであり、そのかぎりにおいてである。女性を寛容というよりも平等の候補者としているのは、もっと正確にいえば、女性の政治的平等の達成が寛容という男性支配を維持するための代補を必要としないのは、自らの存在をこのように分割する能力のためなのである。

したがって、寛容のレトリックは、リベラリズムにおける従属の関係を診断するひとつの鍵として機能するように思われる。それはより完全な平等が直截に問われるところで、排斥され制圧された〈他者〉が従属の私化のメカニズムによっても、経済上の従属の持続的な制度化によっても維持されえないところで、従属や排除の歴史を埋め合わせるために召喚される。リベラルな民主主義社会における寛容は、支配的な規範が自らの〈他者〉を植民地化したり編入することができないとき、その規範が編入あるいは直接的な従属の関係というよりも、むしろ新しい周辺化と規制をつうじて自らの力を維持し、再編するとき呼び出される。今日、異性愛の女性が一般の政治的言説では平等の候補者として扱われるのに、レズビアンの女性が寛容の候補者とされるのは、こうした理由からである。前者の従属的な差異は異性愛的な社会および家族の秩序によって保証されるが、後者はそうではないのだ。より一般的にいえば、異性愛的にとらえられたジェンダーは寛容の対象ではないが、たとえば、ゲイだけでなく、トランスジェンダーおよびトランスセクシュアルな身体のように、異性愛的なマトリックスから離れたジェンダーはただちに寛容の言説を召集する。そして、それは女性を明示的に排除し排斥する規範的な言説によらずとも、男性支配が実現されるジェンダー体制を保証しているのが、異性愛家族であり、家族=経済関係であり、性別役割分業であるということを裏づけている。この点で、寛容の呼び出しはリベラルな平等要求の範囲を制限するのに不可欠の指標として機能している。寛容の実践は、〈他者〉にはシティズンシップの規範の外部にとどまるということ、〈他者〉は政治的に他者でありつづけるということ、それはリベラルな平等の言説によって完全に編入されず、従属の条件で満たされた分業をつうじては管理されえないということを、暗に認めているのである。

　ここで論じたいのは、人種、セクシュアリティ、エスニシティ、ユダヤ教、あるいはイスラームからつくられたアイデンティティが、個人を本来的に寛容にふさわしいものとする素材からつくられているということではない。また、それらはなによりも規範的に従属させられた勢力であり、承認の要求を行なうが、ジェンダーと階級は物質的に組織された勢力であり、再分配の要求にふさわしいと主張したいのでもない(46)。それどころか、ある勢力の秩序が規範に、そのほかのものが物質に割り振られるのは、寛容の言説によって強められたいくつかの形式の不平等と、寛容の言説における従属化の権力が、まさに言説的に神秘化されていることの表われにほかならない。寛容は純粋な規範性、純粋な承認とその限界についての言説として現われる。だが、こうした現われが隠しているのは、社会に分散した寛容の統治性をつうじて実現される不平等と規制であって、その主体を組織する規範的な周辺化だけではないのだ。ジェンダーの従属化をめぐる規範は、そのひとつの重要な局面、つまり肉体的、性的、生殖的、とりわけ異性愛的な女性の身体を私的なものとすることで固められる。ジェンダー化された身体が分離され、飼いならされる様式は、同性愛者、ユダヤ人、その他の人種化された身体においても、それらが認められたなら繰り返されるだろう。

　差異を私的なものとすることで成り立つ従属化が維持されないとき、寛容の言説が呼び出されるのだとすれば、ジェンダーの従属化はほとんど完全に私的なものとされるように思われるが、男性的で人種化されたものとみなされるユダヤ人の差異はそうではない。歴史的に行なわれてきた社会的な差別や排除が、その従属化の効果をなにほどか弱めながらも持続されるとき、寛容の言説が呼び出されるのだとすれば、男性支配は社会的＝家族的な分業によって形式的平等の言説に囲まれて持続されるだろうが、白人キリスト教徒の支配はそれに対応する制度的な実例をもたない。所与の下位コミュニティの編入が国家の統一性と同質性、国家の公式および非公式の規範を脅かすとき、寛容の言説が呼び出されるのだとすれば、異性愛的に解釈された性の差異は、そうした下位コミュニティや脅威を表わしはしないが、民族としてのユダヤ人、人種としてのユダヤ人はそうする。印づけられた集団が国家によって編入されると同時に、統治規範を乱さないために〈他者〉として指示されるとき、寛容の言説が呼び出されるのだとすれば、そのような言説は、編入されても可視的な差異の兆候が消えるわけではない集団には必要とされない。

しかし、寛容が問題とされる差異を私的なものとしながらも、それが公的なものをつねに浸食するおそれがあるのだとすれば、なぜ女性の立場はそうならないのか。差異を私的なものとすることは、私的領域の差異をつうじて従属化することと同じではない。前者は明らかに政治的、言説的に成し遂げられるが、後者はあいまいに、法その他の統治性の言説とはかかわりなく行なわれる。女性は許容される必要がない。なぜなら、女性の差異をめぐる言説は、一連の公／私の区分にわたって作用し、また自らもそのような区分を表明している分業をつうじて遂行される、従属化の拠点および媒体でありつづけているからである。

一九世紀、二〇世紀のヨーロッパで形式的に解放されたユダヤ人と女性は、ともに自らの差異のスティグマを完全に洗い流すことなく政治的平等を獲得した。しかし、ユダヤ人にとっては、解放は寛容の統治性をともなうものであった。なぜなら、法的制約が撤廃されると同時に、ユダヤ人の差異をめぐる言説的な構築は、国家あるいは経済の活動として制度的に従属したものではなくなり、そのことがヨーロッパ大西洋の国民国家の重要な規範にたいする脅威となったからである。この点で、寛容は意味が失われつつある差異を反復しながら、これらの差異を活性化し、従属化している自らの役割と作用を隠蔽する。こうした隠蔽は、寛容の合理性の拡散、一九世紀から二〇世紀のその急速な統治化によって強められている。寛容は、学校や警察から近隣の結社や個人にいたる複数の市民的拠点から唱えられ、性的マイノリティからムスリムにいたる多様な対象に向けられるにつれて、平和的な社会的共存という単純で温和な戦略にすぎないものと思われるようになったのである。

第4章　統治性としての寛容——揺らぐ普遍主義、国家の正統性、国家暴力

われわれは、自由に生きられるのがどれほど幸運なことかを理解しなければならない。われわれは、自由に生きることがとても貴重で、何世代もの男たち女たちが、あらゆるものを犠牲にして守ろうとしてきたことを理解しなければならない。われわれは、戦争において、まさになにが賭けられているのかを知らなければならないのだ。

——リン・V・チェイニー

現代の寛容の言説は、シティズンシップや国家の公式といかなる関係にあるのか。この言説は、国家の正統性や国家暴力といかなる関係にあるのか。本章では、第3章で論じた一九世紀、二〇世紀の寛容の対象、行為主体、企図の変化を背景にして、このような問題を提起する。前章では、一般に主観的とみなされる信条や意見（宗教その他の「良心」の問題）の寛容から、イデオロギー的に自然化された差

異（人種、エスニシティ、セクシュアリティ）に根ざした、一般に客観的とみなされるアイデンティティの寛容への変化を確認した。また、寛容の行為主体と媒体にも変化がみられる。二〇世紀には、寛容はもはや国家や教会だけから発せられるのではなく、市民社会のさまざまな拠点から広められるようになった。

本章では、これらの変化をつうじて、今日の寛容がフーコーのいう「統治性」の形式のもとで組み立てられていることを論じる。法によって規制されないわけではないが、あまり法にはかかわらない政策言説の命令として、たまにしか強制可能な規則にならない国家の発話行為として、学校、教会、市民団体、博物館、街の会話のなかで流通する民間の言説として、寛容はフーコーの統治をめぐる一風変わった説明を例証するものとみなされる。「問題なのは、人々に法を強制するのではなく、むしろ事物を配置すること、つまり法よりも戦術を活用し、必要があれば法それ自体を戦術として使うことである」[1]。もっといえば、国家、市民社会、市民のあいだを循環し、主体を生産、組織し、その主体が自らを統治するために使う言説として、寛容はフーコーが近代の統治性に固有の特徴として定式化したものを体現しているともみなされる。国家はあらゆる統治権力の源泉や行為主体でもなければ、政治権力を独占しているわけでもない。むしろ、個別の主体や住民全体を統治している権力と合理性は、一連の公式には政治的でない知識や制度をつうじて作用している。寛容をめぐる法的な言説と、それ以外の教育的、宗教的、社会的な言説がひとつに組み合わされることで、フーコーが近代の統治性の痕跡として理解したもの、つまり「全体的なものと個別的なもの」の効果が生み出される（これはフーコーのある講義の題目であり、彼にとっては、近代の政治権力の性質を概念化するときの不変の参照枠であった）。全体化すると同時に個別化し、結合すると同時に分離し、正反対と思われることをつうじてそれぞれの効果を達成しながら、寛容は巨大で手に負えないかもしれない住民を組織し、管理するための武器庫の一技術として現われる。フーコーは死の脅迫よりも生の調整と規制をつうじて作用する権力の様態を生権力と名づけたが、寛容はまさにそのような権力のより糸のひとつとなっている[2]。

だが、フーコーの分析は示唆的とはいえ、ここで追究したい分析には不十分でもある。まず、彼の統治性の公式は、住民が政治権力の重要な対象となり、政治経済学が政治的知識の主要な形式となった一八世紀ヨーロッパの初期の系譜学的観点からおもに構想されており、いささか厚みに欠けている。また、フーコーの統治性の公式は、いくつかの比較的小さな理論的衝突によって大きく屈折されてもいる。フーコーの解釈によれば、系譜学が弁証法批判と対立し、言説が構造主義的なイデオロギーの説明と対立しているように、おそらく統治性も国家主権と対立しているのだろう。いずれの場合も、もう一方の批判として立てられ、その概念上の欠陥と認められたものを修正することを目的としており、それゆえ、もう一方の主張や前提との対立というかたちで、なにほどか誇張されている。

フーコーの統治性の説明を書きなおし、その理論化を促すとともに妨げてきた偏向から少しでも解き放つまえに、フーコーが統治という古めかしい用語の回復をつうじて、また統治性とか国家の統治化といった同族用語の創出をつうじて遂行しようとしたことを考察しておくのもよいかもしれない。統治性という観念を用いて、フーコーは一九七〇年代に没頭していた一連の関心をまとめようと努力していた。国家および個人の主権性の批判。近代の歴史を組織した諸力としての国家と資本の脱中心化、したがって権力を理解する支配的な枠組みとしての国家理論と政治経済学の脱中心化。権力の重要な媒体や組織としての規範、規制、規律のくわしい説明。近代的主体の抑圧をたどるというよりも、その生産を明らかにする分析の展開。フーコーの統治性テーゼはこれらの関心をまとめるだけでなく、それらをひとつのプロジェクトに仕立て上げている。それは不十分なモデルや概念化の批判にとどまらず、近代の政治的な権力や組織の作用を理解するための枠組みをつくることであった。

フーコーによれば、近代の統治をめぐる問題は「いかにして自らを統治するのか、いかにして統治されるのか、いかにして他者を統治するのか、民衆はだれによって統治されるのを受け入れるのか、いかにして最良の統治者となりうるのか[3]」であった。こうした広い意味での統治は支配、正統性、国家制度の問題を含むが、それらに還元されるわけではない。また、統治性は明らかに統治と合理性を融合した用語であり、制度と知識による統治という近代固有の組み合わせをとらえ、近代の統治の拡散した性質を強調し、政治的合理性の循環を「暴力の独占」というウェーバーの古典的な政治権力の定義に対抗するものとして理解することをねらいとしている。

フーコーがくわしく説明しているように、統治性にはいくつかの重要な特徴がある。第一に、統治することは、さもなければ無秩序的か、自滅的か、たんに非生産的だったかもしれない、個人的、集団的、国際的な身体＝機関のエネルギーを利用し、組織することを必要としている。そして、エネルギーだけでなく、必要、能力、欲望も、統治性によって利用され、秩序化され、管理され、指導される。したがって、統治することはフーコーが「行為の導き」と呼ぶものにかかわっている。それは個人的、社会的、政治的な身体＝機関の行為を編成するのである。第二に、行為の導きとして、統治性は個人から大量の住民まで、身体や精神の個別の部分から欲求や倫理、労働やシティズンシップの実践まで、さまざまな地点で作動し、適用されている。第三に、統治性は、規則、法、その他の可視的で説明責任のある権力に限定されるどころか、一連の不可視の説明責任のない社会的権力をつうじて作用している。なかでも、牧人権力はフーコーの最良の事例である[4]。そして第四に、統治性は、一般に政治権力、統治、国家とは関係がないと思われる多くの言説を援用し、しかもそれらに浸透している。そこには科学的言説（とりわけ医学、犯罪学、教育学、心理学、精神医学、人口学）、宗教的言説、それに民間の言説も含まれる。つまり、統治性は、近代社会に分散した権力と知識を統一したり、集権化したり、また体系的か首尾一貫したものにすることさえなく、それらに依拠しているのだ。

統治および統治性をめぐる問題設定のなかで、フーコーの国家にたいする関心は、主として、それが今日「統治化」されている方法、つまり国家が内的には行政の企図によってつくりかえられ、外的には国家の及ばないところで統治する知識、言説、制度に結びつけられる方法に限定されている。国家の「統治化」は、「国家の立憲的、財政的、組織的、司法的権力を……経済生活、住民の健康と習慣、大衆の民度などを管理しようとする営為に[5]」関連づける。統治性は一般に、統治可能な主体を生産するために、空間、時間、知性、思考、身体、技術を組織し、展開することを含んでいるが、国家の統治化はこれらの戦術的な関心を国家の活動に組み込むとともに、国家以外のほかの領域ではそれらと連結しているのである。

フーコーは近代の統治性を定式化するにあたって、国家を中心的なものとしては扱っていない。これは彼の統治論を導いた、統治することと国家の対照性に合致している。国家が「合成的な現実で、神話化された抽象でしかない[6]」と認めるにしても、フーコーはそれを抑制と否定の力を表わすものとみなしている。そのような定義では、近代の主体と市民が、数多くの統治する位置や立場によって生産され、位置づけられ、分類され、組織され、とりわけ動員されている方法はとらえられないのだ。また、フーコーの用法では、統治は支配とも対照的である。君主制が終わり、家族と政体との同型性が崩れるにつれて、支配は統治の有力な様式ではなくなった。とはいえ、フーコーは統治性が主権性や支配と時系列的に入れ替わり、それらに完全に取って代わったと論じているわけではない。彼自身のことばによれば、「主権性の社会が規律社会に、つぎに規律社会が統治性の社会に取って代わったという観点から、ものごとを理解してはならない。実際には、主権＝規律＝統治の三角形があり、そこでは住民が主要な標的とされ、治安の装置が本質的なメカニズムとなっているのだ」(7)。

だが、すでに指摘したように、寛容をさまざまな教育的、宗教的、法的、政治的、文化的な位置を循環し、市民と主体を生産し、位置づける言説としてとらえるのに、どれだけ統治性が有効だとしても、フーコーの説明は近代の政治権力を理論化するうえで国家を戦略的に矮小化しており、ここでは問題を含んでもいる。というのも、寛容の言説は主体を統治したり、潜在的な内乱や社会不安を鎮めたりするだけでなく、国家の正統性を下支えし、そうすることで国家権力を補強し、拡張してもいるからである。これからみるように、国家および国家外での寛容の展開は、グローバル化がもたらした主権の弱体化と、特定の支配的な勢力、集団、地位カテゴリーへの偏りが明らかになった普遍主義の危機に苦しんでいる国家を強化し、正統化する大きな機能を果たしている。また、寛容の言説が、ある種の国家暴力を正統化するうえで、逆説的に重要であることもわかるだろう。

したがって、ここではフーコーの説明に修正を加えたいと思う。国家は統治性の小さな装置かもしれず、また国家はそれ自体統治化されており、それが統治化される度合いに応じてしか生き延びられないのだとしても、後期近代の諸国民のなかでは、政治的正統性の支柱でありつづけている。[8]しかし、政治的正統性、とくに従属する人々から付与される制度の政治的正統性は、フーコーがあまり関心をもたなかった問題である。[9]そして、彼の統治性の公式からは、正統性はほとんど排除されている。それが現われるのは特殊ネオリベラルな統治性をめぐる議論のなかだけである。[10]たしかに、統治性は国家が拘束力をもたず、それだけで近代社会が統治されているわけではないことをとらえている。しかし、それは国家だけが政治的説明責任を問われる対象であることを伝えていない。国家の正統性が政治的生活の少なくとも一部を決定しなければならないとすれば、統治を条件づけ、組織している命法をめぐる理論は、そうした事実を考慮に入れておくべきである。フーコーの理論はそれを見落としているのだ。[11]これは別のかたちでも考えられる。近代の政治権力は住民を管理し、ある種の主体を生産するだけでなく、自らを再生産し、拡大してもいる。こうした再生産と拡大はたいてい政治権力の主要な目的のひとつとなっており、その住民と個人を統治するプロジェクトと別に扱うことはできない。そうだとすれば、統治性の完全な説明は、さまざまな権力による主体の生産、組織、動員だけではなく、政治権力の領域でただひとつ説明責任のある対象、つまり国家によってなされる、これらの操作の正統化にも注目しなければならない。これらの二つの機能は分析的には切り離され、ときには相反するものとして現われるかもしれないが、実際には別々に生じているのではない。それゆえ、現代の統治をめぐる説明はこの両者をとらえなければならない。これは国家が統治の唯一の起源であるとか、つねにもっとも重要なものであるということではない。しかし、国家がかかわるところでは、正統性の問題がただちに問われる。そこには、国家が企業にいくつかの機能を委譲しながらも、その両者の関係がいまだ明らかな民営化の計画も含まれよう。

　こうした方向で、国家による寛容の展開が正統性の欠損、とくに、その普遍的代表を体現する能力の歴史的な衰退に、部分的に対応していることを論じていこうと思う。寛容の言説は、なんらかの集団や規範の支配を再生産している国家の役割を隠蔽する。それは、そのような役割や支配にたいする人々の意識が高まり、性、人種、エスニシティ、宗教をめぐる規範によって歴史的に排除されてきた人々が、その排除について声をあげる歴史的な瞬間に、そうするのである。国家の寛容論争は、これらの緊張を和らげると同時に歪めてもいる。たとえば、九・一一によってあおられた国家安全保障の危機という文脈において、アメリカ国家はエスニック集団および定住外国人の平等を保証しただけでなく、九・一一後のアメリカ人の脅威として呼び出されたもの、すなわち「われわれ」のなかの「中東風の人々」にたいする市民の寛容もまた明らかに要求した。国家による平等の保証は、社会契約を履行する力を表現している。また、国家による寛容の要求は、ステレオタイプ化、偏見、とりわけ自警団的なふるまいを拒否する市民の行動様式を促すよう試みている。しかし、国家は社会的平等を確保するものとして自らを表象し、また市民には偏見や迫害を修辞的に禁止する一方で、それが市民に寛容であることを要求した集団それ自体への違法で迫害的な行為にも関与している。移民帰化局（今日では国土安全保障省内の移民税関執行局）による不法外国人の取り締まりから、ある民族的な下位カテゴリーに分類される不法住民の拘留や国外退去、空港の保安検査での人種的プロファイリング、そして市民的権利を無視した警察やＦＢＩの捜査にいたるまで、国家はアラブ系アメリカ人とアラブ系外国人住民をさかんに中傷し、迫害し、彼らを国家安全保障にとっての潜在的な脅威として、疑わしい、したがって攻撃されやすい、不明瞭な住民として構成している。[12] これらの明らかにヤヌス的な顔をした行動は、たんに偽善やごまかしなのではない。むしろ、それらは主体を規制し、かつ国家を正統化する言説としての寛容によってなされうるのだ。

いかにして寛容がこうした複雑な現代の統治機能（ここでの統治性には、国家権力の集中と正統化も含まれる）を手にしたのかを理解するためには、まず、いかにして寛容が後期近代によみがえったのかという問いに戻らなければならない。つまり、いかにして寛容は現代の正義の言説となったのか、また、それはいかなる種類の正義の言説なのかという問いである。寛容は、歴史的に排除されてきた住民の市民的、政治的な権利付与へと向かう安定した進歩の一局面として、広くとらえられている。このとらえ方によれば、寛容の候補者は、かならず最終的には、政治的平等の候補者となるとみなされていたのだ。しかし、西洋の民主主義体制は歴史的に「寛容を乗り越えた」はずなのに、それは民間と国家の言説のなかにふたたび押し寄せている。どうして寛容はいまになって、進歩主義的な説明によれば、それがほとんど消えたはずの段階になって、正義の言説として現われるようになったのか。そして、その新しさはなにを表わしているのか。かつて、寛容は確立した真理への不服、確立した規範からの逸脱を管理する国家の実践であり、それが付与される条件をはっきりと規定した勅令その他の法律の形式をとっていたが、今日では、固定した差異や社会的アイデンティティと交渉するための集団および個人の実践として広められている。規制的言説としての寛容にとって、その場所、行為主体、目的をめぐるこれらの変化は、なにを含意しているのだろうか。

まず、寛容が最近よみがえった理由についてのありふれた物語をみれば、今日の知的想像力を束縛している寛容の枷《かせ》は緩められるかもしれない。その説明によれば、グローバル化、冷戦の後遺症、そして植民地主義の後遺症が組み合わされた結果、世界はおよそアイデンティティの衝突に根ざした、何百ものローカルな内輪もめの紛争にまみれたが、寛容はこれらの紛争を和らげるのにふさわしい鎮痛剤とみなされている。これらの紛争の噴出については、以下のような説明がなされている。（一）ソヴィエト・ブロックでは、冷戦の終焉によって、いにしえからの血の確執や、人工的に引かれた国民国家の境界線によって共存を強いられた、異なる民族間の緊張を封じていた蓋《ふた》が外された。この突然の抑圧解除の危うさは、アイデンティティの衝突とヘゲモニーの争奪を激しくする、新しい権力の空白によって増幅されている。（二）後期近代は民族的、宗教的、国家的な原理主義の台頭を演出しているが、それらは性質上不寛容であり、寛容を含む、多くのコスモポリタン的な価値や紛争除去の技術によって対抗されなければならない。（三）グローバル化による歴史的に先例のない世界の諸民族の混合、つまり、後期近代の資本主義と暴力的なポスト植民地期の政治的遺産によって駆り立てられた移住と定住が、とくに北大西洋諸国では、しばしば経済的に不安定で、社会的に根こぎにされた環境で寄り添って生きる、民族的、宗教的に多様な人々を生み出した。持続的で同質的なコミュニティという安心の確証をもてないなかで、不安は「差異」のまわりに生じ、その結果、アイデンティティの主張とアイデンティティの衝突を激しくするが、それらは寛容の学習によって和らげられうる。すなわち、民族化された他者は経済的困難のスケープゴートとなるが、寛容を教えることは、そのスケープゴート化の投影を弱めないまでも、その暴力を抑える手段にはなるというわけである。

要するに、これらの説明のそれぞれから、もしくはそれらの組み合わせから導き出される物語は、こうである。寛容の言説が今日いたるところにあり、実際、緊急に必要とされているのは、啓蒙の大きな物語によって約束されていた世俗化と普遍化の安定したプロセスが、部族主義、地方主義、荒れ狂う民族主義、原理主義への逆流に取って代わられたからである。寛容は想像上の普遍的なものにたいする個別的なもの、主流派にたいする周辺的なもの、内部者にたいする外部者の噴出を管理するためにつくられたので、啓蒙の歴史の物語が揺らぐとき回帰するのも不思議ではない。今日では、普遍的なものがぼろぼろになり、正常なものがたえず異議を申し立てられ、ありとあらゆる外部者が内部に入り込んでいるが、コスモポリタン的な洗練や志向がなければ、その帰結はけっして調和的なものではないだろう。(13)

いかにして寛容は、今日これほどまでに重要な正義の言説となったのか。この問いにたいする以上のような解答は、常識的でどこにでもあるものなのだが、自らが説明しなければならない存在をあらかじめ想定しており、それゆえ不十分である。つまり、それは寛容が本質的な差異に根ざした紛争を和らげ、これらの紛争がその仲介のために要請される言説に先立って存在し、寛容がそうした紛争の自然で良質な治療法であると、あらかじめ想定しているのである。それはいかにしてこれらの紛争が、ほかならぬ不寛容の問題として組み立てられるようになったのかを説明しない。それはこれらの紛争のために提案される治療法が、なぜ解放ではなく寛容であり、平等ではなく寛容であり、自治もしくは主権ではなく寛容であり、武装闘争ではなく寛容であり、抑圧、病理化、犯罪化ではなく寛容であるのかを説明しない。いいかえれば、フーコーが権力の研究で論じていたように、なぜという問いのもとでは、しばしば、分析されるものの性質をあらかじめ知っていることが前提とされており、それゆえ、現在の言説的な編成が存在論化され、系譜学的に解体しなければならない用語そのものが自然化されるのである。[14] これでは、寛容がいかなる種類の社会秩序と主体を生産し、固定しているのかを理解することはできない。このように推論するならば、なぜ寛容は今日これほどまでに必要とされているのかという問いよりも、もっと生産的な問いが立てられるだろう。寛容がどうしても必要だという確信は、どのようにつくられているのか。いかなる種類の寛容が要請されているのか。だれが、なにが、そうした要求を行なっているのか。だれがそれを遂行するようもとめられているのか。寛容はなにを実現するために呼び出されているのか。それはいかなる種類の主体と対象をつくりだしているのか。それは紛争の解決という表向きの目的を離れて、どのように枝分かれしているのか。[15] つまり、いかにして寛容の言説それ自体が、そこで解決するよう命じられた紛争を組み立てているのかは、これらの問いをつうじて考察されうるのである。

したがって、探究の土台を配置しなおし、寛容を国内の統治性の技術として理解するためには、寛容が二〇世紀の後半になって、国内の正義の言説として、市民的平和を実現する手段として出現したことを、歴史的に吟味しながら説明しなければならない。[16] この出現は、思うに、二つの歴史的な支脈によってひそかに促されてきた。

まず、寛容は公民権グループ、学校、宗教団体、近隣の結社から生まれ、民間で普及しているが、このことは二〇世紀中ごろの、より野心的なリベラルや左派の政治課題からの全面的な撤退でもあるように思われる。この撤退は、そうした課題を実現しようという希望が挫かれ、社会的、政治的、経済的な不平等を根本的に除去、解消しようとした正義のプロジェクトの価値にたいする信頼が失われたことを表わしている。このようにとらえるならば、現代の寛容の信奉は、妥協的なだけでなく、絶望的な政治的エートスから生じているようにも思われる。また、寛容の再評価は、平等もしくは解放のプロジェクトだけからの撤退を強調しているのではない。そこでの寛容の促進は、参加型の市民的、政治的な生活もまた放棄している。ロドニー・キングは、こうした寛容によって告げられた、ひどく貧弱な同朋意識、参加、社会変革のヴィジョンに、悲しげな警句を発している。「われわれはもう仲間ではないのか」と。（これをもうひとりのキングが残した碑文と比べてみよう。それは二〇世紀中ごろの政治的ヴィジョンの象徴であった。「私には夢がある……」[17]。）寛容が主要な市民的美徳、上位の政治的価値とされることで、シティズンシップは受動的なもの、社会生活はたがいの嫌悪をかろうじて抑えた、相対的に孤立した個人もしくは集団に切り詰められたものとみなされる。そして、しばしば寛容を啓発することが「憎悪犯罪」と呼ばれるものを防ぐ最良の手段だと理解されているかぎり、寛容は憎悪を解消するのではなく、犯罪を抑止するためだけに支持される。

こうしたシティズンシップの描写は、政治に関心があり、政治的に活動する市民、つまり、なんらかの連帯感をもち、自らの力で行動することができ、人種、ジェンダー、階級の線分を越えて広がる、未来の社会的平等を待ち望む市民とは著しく対照的である。社会的理念としての寛容は、自らの本能に引きずられるのをやむなく我慢した市民を描き出している。それは市民の感情やエネルギーの脅威を具体的に表現し、本来的に外国人嫌悪的か、人種差別的か、さもなければ社会的に敵対的で、それゆえ抑制されなければならないものとみなしている。今日どこででも聞かれる寛容の要求は、われわれが反感や不信を助長したり、実行したりするのを妨げようと試みることで、人間社会を混雑した後期近代のホッブズ的世界とみなしている。それは、同一性ではなく差異が憎しみの起源あるいは拠点となり、相互承認から形成されるきずなが急激にやせ衰え、国家の強権も、自然法の抑止力も驚くほど存在しない世界である。

さらに、つぎのように展開することもできる。第1章で論じたように、差異の位置がきまって私的なものとされることで、寛容の要求は公的な領域での差異の衝突を少なくすること、すなわち、差異との公的な交渉を減らし、そうすることで、明らかに政治的な問題とみなされる差異の問題までも割り引くことを目的とするようになった。むしろ、そのような問題は「文化」や「自然」に差し向けられ、それゆえ、その起源や解決は脱政治化されているのである。政治理論家のアン・フィリップスが示唆しているように、こうした還元作用は、一方で、不平等や支配の効果および媒体として現われる「差異」が政治的に変形される可能性を犠牲にしている。他方で、それは他者を「差異」のままに深く認識する可能性、したがって、そのように寄り添った理解を、差異の道徳主義的な距離あるいは告発と置き換える可能性を犠牲にしている[18]。要するに、支配的な政治的エートスおよび理念としての寛容は、平等のプロジェクトだけでなく、差異の世界での連帯やコミュニティはもちろん、差異の結合というプロジェクトさえも放棄している。それはわれわれを分離し、分散しながら、その社会的な孤立を（差異によって生み出される）必然、また（寛容によって達成された）善であるかのように自然化しているのである。

今日の寛容の普及によって告げられた、より実質的な正義のヴィジョンからの撤退は、シティズンシップや権力のより全面的な脱政治化、そして政治的生活それ自体からの撤退を構成している。政治目的としての寛容の啓発は、対立が生産的に表明され言及される領域、市民が参加によって変化しうる領域、差異が政治的に創出され交渉されるものと理解される領域、つまり「差異」が多くの主体の問題とされる領域としての政治を暗黙のうちに拒否する。それどころか、寛容の言説は政治的なもの、社会的なものを、固定したアイデンティティ、利害関心、そして理念をもった諸個人がぶつかり、駆け引きする場とみなしており、それゆえ「自然なもの」と思われる敵対については、できるだけ政治的な交渉の場から遠ざけようとする。こうした公式のもとでは、民主的な政治文化やコミュニティの形成に専念する、共有された市民の権力と実質的な公的領域の陶冶は、いずれも切り捨てられる。もっといえば、差異との政治的な衝突からの撤退は、その衝突を引き起こしたと思われる問題をより悪化させてもいるのだ。権力と差異にかかわる公的生活と市民の経験が希薄なものになればなるほど、市民は私的なアイデンティティにひきこもり、仲間の市民を自分の私的な目的の道具か障害とみなし、そして、寛容だけが差異に必要とされる解決策だと思われるようになる。寛容は、われわれの仲を裂き、われわれを差異と交わる領域としての公的生活から引き離すのだ。

現代の寛容の言説の反政治的なねらいは、これで終わりではない。これまでの章でも論じてきたように、寛容は差異を私的なもの、自然なものとすることで、それを構成している社会的権力を言説的におおい隠している。異性愛者が同性愛者を許容するよう説かれ、学校の子どもたちが、たがいの人種やエスニシティを許容するよう教えられるとき、これらの「差異」をつくりだし、それらを重大なものと印づけ、それらを不平等、排除、逸脱、周辺化の拠点として組み立てている権力は、イデオロギー的にかき消されている。じつは、寛容は対立を個人の問題とみなし、集団の問題から切り離し、そうした個人化と私化をつうじて解決しようと動きながら、政治的なものについてのなんらかの恐れを感じているのかもしれない。また、現代の寛容の信奉は、政治と暴力の接近への不安、アイデンティティの対立は押し込められるか、死ぬまで戦われなければならないという不安、それ以外の道も示したであろう討議的な公共空間、すなわち、まず暴力に訴えられることのない政治的論争の領域の縮小によって助長された不安そのものを感じてもいるのだろう。

寛容の言説は、より完全な正義のプロジェクトの縮小や、確固たる政治的生活の公式からの撤退だけでなく、〈人間〉が普遍的な存在であり、たまたま副次的に、言語、文化、国民、エスニシティによって分割されているにすぎないという啓蒙の観念からの撤退も表わしており、実際、それによってあおられている。[19] 啓蒙の古き良き時代は終わった。いまや、いたるところで、差異が問題だといわれる。多くの通俗的および科学的な言説が主張しているように、たとえ差異が本質的で永続的なものではないとしても、それは少なくとも、かなり扱いにくいものとみなされている。そして、差異は扱いにくいので、寛容が必要とされる。たとえば、同性愛は治療可能だという主張が明らかにしているように、変えられやすい差異には寛容は必要とされない。啓蒙の〈人間〉の夕暮れに、寛容はわれわれを差異の問題から救うのではなく、自らの権力と永続性を刻むために現われるのである。

このように、寛容論争の復活を歴史的に説明する第一のアプローチでは、一九六〇年代後に全面化した、壮大な正義のプロジェクトからの、強力な参加民主主義を陶冶する努力からの撤退が強調されている。しかし、それはおもに民間の市民生活での寛容に焦点をあてており、国家による寛容の言説の展開と活用を無視している。また、この説明は寛容の言説を噴き出させている知的潮流や心的状況にはくわしいが、その言説をあおり立てている歴史的＝物質的な編成を考慮に入れていない。これらを見落としたとすれば、われわれはさらに、もうひとつの歴史的な支脈にかかわる多くの問いを立てなければならないだろう。第一の見落とし、つまり寛容の言説の複数の位置と名宛人に関していえば、寛容の言説はいかなる経路をつうじて、市民と国家、市民社会と国家のあいだを循環しているのか。国家の寛容の言説と市民のそれとでは、対象、目的、道徳的および政治的な評価において、いかなる差異があるのか。市民的な場所と国家のあいだの寛容の移動から、いかなる種類の統治性がつくりだされているのか。つぎに、今日の寛容の言説を循環させている歴史的＝物質的な条件にかかわる第二の見落としに関していえば、そうした循環を生み出し、組み立てるのに、グローバル化はいかなる役割を演じているのか。とりわけ、同質的な国民国家というまったく根拠のない思い込みに終止符を打った、先例のない世界の住民の移動についてはどうなのか。[20]そして、国家主権と、寛容をこれほどまでに必要と思わせているポスト植民地期の、とくにポスト冷戦期の民族主義その他の原理主義の噴出との緊張についてはどうなのか。そこで、国民国家とグローバル化をめぐる第二の問題群を考察してから、国家と市民社会のあいだの寛容の言説の循環、つまり統治性が現われる予兆となった循環にかかわる第一の問題群にとりかかることにしたい。

いかにして、なぜ寛容の言説が、民族主義、越境する民族主義、その他の主権やアイデンティティの主張の高まりによって示された、国家主権にたいする異議申し立てから生じた対立のなかで用いられているのか。このことを理解するためには、第3章で論じた、近代国民国家の統合にともなう下位国家的コミュニティの解体に戻らなければならない。その議論で指摘されていたのは、一七八二年のオーストリアのユダヤ人のための寛容令や、一七九一年のフランス国民議会によるユダヤ人解放の宣言のような出来事が、ユダヤ人に単刀直入な選択を提示したことであった。ユダヤ人は、彼らが依然としてユダヤ人として印づけられる特殊な形式の同化を容認するのか、それとも近代の前提と展望からの全面的な排除を受け入れるのか。[21] これはヨーロッパのユダヤ人にとって転換点となった。つまり、それは中世ヨーロッパの、たとえ迫害されたとしても自己統制的だったユダヤ人コミュニティから、近代ヨーロッパにおける市民＝主体としてのユダヤ人の個人化への移行だったのである。ユダヤ民族、それとの原初的な同一化は、ユダヤ人がヨーロッパの国民国家の市民となるにつれて解除されなければならなかった。さらに、ユダヤ人は集合的に行動しつづけることもできたが、その行動の公的側面はユダヤ人であることが考慮されないリベラルな言説のなかで表現されていた。これは公的領域それ自体の発展にたいする寛容の影響を理解するのに、もっとも重要なことである。すなわち、近代の公的領域の発展は、それに先行する団体組織の破壊だけでなく、数多くの主体構成的な倫理的、道徳的、宗教的な言説の排除をともなった包摂という複雑な公式も前提としていたことが明らかにされるのである。[22] 宗教その他のマイノリティが国家に編入されるにつれて、それらのコミュニティは解体され、そして、それらの言説も、正統な公的とくに政治的な言説から排除されていった。今日の寛容の生産的で、とりわけ規制的な次元は、このような解体、個人化、編入、言説的排除をめぐる特殊な摂理によって、いまなお組み立てられている。しかし、これからみるように、こうした摂理はもはや、おもに国家機関から出される法や政策によって作動しているのではない。むしろ、それは市民的言説、国家の声明、市民の呼びかけといったさまざまな位置から、つまり国家に代表されるが、それだけではない統治性によって駆り立てられているのである。

前近代の団体コミュニティは、形式的な封建的統治および新興の国民国家にたいして、いくつかの集合的な自己決定と自己統制の地帯をつくりだしていた。しかし、それらの団体組織が解体されるにつれて、そのような地帯も消失していった。このつつましいローカルな主権性の地帯は、まず国民国家の統合にともなうさまざまな形式の「囲い込み」によって掘り崩され、それから寛容の統治性によってさらに切り詰められていったのだ。それとともに、(一)周辺的あるいは変則的な文化やコミュニティは国家とくにリベラルな規範に従わされ、(二)これらのコミュニティから切り離された個人はキリスト教、リベラルな政治的言説、市場といった同質化する力によって、主体のレヴェルで変形され、社会秩序のなかに位置づけられていった。かくして、団体的なきずなは、個人がそのようなコミュニティから摘出されるにつれて内部から断たれ、また、コミュニティが政治、経済、文化の支配的な軌道に乗せられるにつれて、したがって、その空間的な分離と言説的な自律性によって保たれていた国家にたいする防御力が衰えるにつれて外部から断たれた[23]。具体的にいえば、国家がコミュニティの公式の管理者となるのだが、それ以外の支配的な勢力、たとえばキリスト教や市場も、新しく許容され解放されたコミュニティに、非公式ながら強力な変容の効果をもたらしているのである。哲学者のジョセフ・ラズは、特権的な文化的マジョリティに支配されない多文化社会が、高度の社会的、政治的な断片化をどのように回避しているのかを説明するにあたって、こうしたプロセスを無批判に、しかも肯定的に支持している。なぜなら、単一の経済(資本主義)と単一の政治秩序(リベラルな民主主義体制)は、まさに幸福な同質化の効果をもっているからである[24]。ラズの見解によれば、それらを共通文化と強引に関連づけることで、多文化的な住民のあいだの差異の意味と範囲はうまく制限されるというわけである[25]。

解放すなわち包摂のプロジェクトとしてはじまったものが、従属化と規制の効力を手に入れるのは、個人が団体コミュニティから摘出され、共同の規範と実践が同質化する文化的、政治経済的な状況のもとで保護されなくなり、そしてコミュニティが国家の言説に編入／包摂されるという三重のプロセスをつうじてである。ゲットー的もしくは変則的な政治空間から救い出されたコミュニティが、国家の管轄下に置かれ、主流派の経済や文化の軌道に乗せられるにつれて、民族的、宗教的、その他の下位国家的な秩序から抽出された個人は、その出自である信条世界が正統な公的言説から排除されるという条件のもとで、市民へと変えられる。このような暗黙のやりとりは、一九世紀の中ごろから二〇世紀の第3四半期まではそれなりに機能していたが、それ以後は統治性の実践としての限界と矛盾をあらわにしはじめた。というのも、公的言説から多くの文化的規範が一掃されればされるほど、その言説は原理主義その他の対抗へゲモニー的な社会運動の脅威にさらされるようになったからである。公式上、道徳的、倫理的な判断の非世俗的な源泉をまったくもたない公的領域は、実質的な倫理の要求にたいしては完全に無防備である。それは手続き主義にしか依拠することができず、それゆえ、政体のもっとも処理しがたい倫理的、政治的なディレンマについて説得力のある判断を示すことも、さらには、そのようなディレンマの意味を解釈することもできないのだ。国民国家の主権が揺らぎはじめ、とりわけ、リベラルな国民国家を正統化してきた推定上の文化的中立性と普遍主義が傷つけられるようになると、公的言説は、国家にもとづいたナショナリズムと対立する、下位国家的あるいは超国家的な民族的、人種的、性的、宗教的アイデンティティの要求にさらされるようになる。国民国家が文化的支配のなかに組み込まれなくなり、実際のところ、白人、キリスト教徒、男性、異性愛者の規範を再生産することにあまりかかわらなくなるにつれて、その公的領域は、反動的なもの、反近代主義的なものを含む、幅広い社会運動の騒がしいほどの要求や不平で満たされるようになる。リベラリズムは、明らかに宗教的かどうかにかかわりなく、非リベラルな道徳言説に汚染されない公的領域を約束してきた。しかし今日では、原理主義的か本質主義的なアイデンティティにもとづいた社会運動の要求にさらされ、また逆説的なことに、それ自体がなんらかの規範にもとづいた不平等と重なり合っていることも暴露されているのである。

だが、もうしばらく議論をつづけなければならない。現代の寛容の対象は、ふつう「下位国家的」なアイデンティティあるいは集団の観点からとらえられているのだが、これらの対象は、程度の差こそあれ、たいてい国境横断的な要素をもってもいる。しばしば寛容の条件とされるコミュニティの解体は、ユダヤ人のものであれ、性的なものであれ、イスラームのものであれ、民族的なものであれ、まさに問題となっているアイデンティティの国境横断的な次元を、排除とまではいかなくとも縮小しようとするものである。第3章で論じたように、ユダヤ人が解放されるためには、ユダヤ民族が後退しなければならなかった。それと同じように、良き（許容しうる）同性愛者は家族や企業の価値のために、性的コミュニティの酒場や浴場をうろつくのを控え、良きアメリカ人のカトリック教徒は教皇よりも大統領のいうことに耳をかたむけ、IRAと対決するイギリスの国家理性の側に立たなければならない。こうした点から、九月一一日の世界貿易センターと国防総省《ペンタゴン》への攻撃後の、アメリカ人のムスリムに関するブッシュの説明をみてみよう。「ムスリムの信仰を実践しながら、私と同じくらいこの国を愛し、私と同じくらい力強く国旗に敬礼する、数百万の良きアメリカ人がいる」(26)。アメリカの国旗を愛し、「力強く」敬礼するムスリムは、アラーやオサマ・ビンラディンに誓い、聖戦《ジハード》の呼びかけに応じる「宗教的過激派」の対極にある。[27] アメリカは、ムスリムが国境横断的なイスラームよりもアメリカの国民国家に忠誠心をもっているかぎり、自らのただなかにあるイスラームを許容することができる。このような忠誠心の転移は、逆説的なことに、国旗のようなシンボルへの愛をつうじて文字どおりに解釈される。ニューヨークのアラブ系の企業所有者やタクシー運転手は、攻撃直後に、車の窓にアメリカ国旗を張ったが、彼らはそのことを完全に理解していたのである。

寛容は、国民国家の領土と主権を脅かすか、少なくとも悩ませている国境横断的な勢力や組織にたいしては、受け入れられやすいナショナリズムで反論し、国境横断的な主体から国家的な市民をつくることで対応している。このようなプロセスは、一八世紀、一九世紀のフランスのユダヤ人が、たんに権利をもった個人というよりも、フランスの文化的主体、フランスの共和主義者としてつくりだされたことからも明らかである。これと同じように、二〇世紀の多文化的な住民に向けられた国家の寛容の言説においても、寛容は出自の文化を根こぎにすることで、国家的な市民をつくりだしている。寛容は、個人が公的な愛着や忠誠心を古い対象から新しい対象に、おそらくは、あるナショナリズムから別のものに移行するという条件のもとで付与される。こうした条件は、かならずしも明白ではない。なぜなら、新しい愛着が公的に遂行され、市民的、政治的なものとして確認される一方で、古い愛着は私的なものとはいえ保持され、文化的なものとして名前を変えるかもしれないからである。九月一一日以後の数週間、ニューヨークのムスリムが、商店の上階の窓をアメリカ国旗で飾りながら、その地階ではアラーに祈りを捧げていたのが見られたのは、そのためである。

しかし、統治性としての寛容がこうした忠誠心の移行を要求するとき、そこにはある逆説が生じている。フーコーは統治性を理論化するとき国家の特殊な必要と能力に気づかなかったが、この逆説はそれを訂正することで浮かび上がってくる。つまり、国家は自らを解放と寛容を付与するもの、マイノリティに保護を提供するものとして表現するときでさえ、許容されているコミュニティと敵対的な関係にあるのだ。これは寛容が団体の解散を要求するときに見せる政治的な顔である。国家が保護と寛容を約束するのは個人であって、なんらかの高尚もしくは低俗な神、ほかの国家的組織、ほかのどこかに忠誠心をもった集団ではない。かくして、国民国家が弱体化し、国家間の住民移動が劇的なものになるにつれて、寛容の言説は、雑多な、おそらく統治しがたい、増大する国境横断的な類縁関係を管理する規律的な戦略だけでなく、そのように弱体化し、衰退する国民国家の主権とシティズンシップの観念を正統化する修復的な戦略としても現われる。すなわち、寛容は、噴出する原理主義その他のアイデンティティにもとづいた要求が引き起こす、平和の混乱を鎮めることを目的とした戦術的な政治的対応であるだけではない。それはリベラルな普遍主義と文化的に統一された国民という観念が揺らぎだしたときは、前者をふたたび正統化し、後者を修復するための技術にもなるのである。グローバル化が、なかでも国民国家の主権と国民国家にたいする忠誠心を蝕んでいるときでさえ、寛容はその両方を回復するための、かならずしも国家や法の実践とはかぎらない、市民的な規律の技術として現われる。さらに、後期近代の物質的およびイデオロギー的な発展の結果、リベラルな国家それ自体が、もはや普遍的代表を約束したり、規範から自由な文化的地位を自任したりすることができなくなり、同化、世俗主義、形式的平等というリベラルな価値も、国民国家への帰属の根拠としては、「差異」に根ざした問題を解決する最良の手段としては疑問視されるようになった。そうだとすれば、国家による寛容の促進は、これらの損失から目をそらせると同時に、ポスト普遍主義的な立場から国家の中立的な地位をよみがえらせ、「不寛容」で暴力的でさえある、国内および外交政策を遂行する国家権力を拡大するのに役立つかもしれない。そして、「自由」がリベラルな体制を正統化する基本用語でありつづけるかぎり、たとえ自由が切り詰められ、リベラルな自由の効力が限られたものであることが判明したとしても、寛容はその体制の正統性を支えることになるのである。最後に、国家がなんらかの周辺的もしくは社会的に従属的な集団の要求と交渉するとき、寛容はリベラルな平等の代補として、ときにはその代替として機能しはじめる。国家は、平等な処遇という約束を守れなくなり、平等よりも差異に焦点をあてるようになると、寛容について騒々しく語りはじめるのだ。

統治性としての寛容のこのような複数の次元、その舞台、行為主体、役割の範囲は、最近のアメリカ政治の二つの政策をめぐる出来事にみられる。それは同性婚論争と、九月一一日のテロ攻撃直後のブッシュ政権の言説である。いずれの場合も、寛容の言説が国家から市民社会、個人に移動し、そして国家へと回帰する循環をたどることができる。この循環は、国家を正統化すると同時に市民を規律化する寛容の効果をともない、また寛容の統治性を部分的に組み立てているものでもある。

同性婚

同性婚をめぐる賛成派と反対派の運動は、どちらもリベラルな包摂の実践と、これまで概説してきた公的領域の発展についての系譜学のなかに位置づけられる。そもそも、異性間の結合と同等の同性間の結合を国家に認めさせようという議論がなされるためには、それに先立って、国家が歴史的に認証し補強してきた男性支配と異性愛規範の社会秩序にたいして、政治的に理解可能な異議申し立てが行なわれていなければならない。いいかえれば、同性婚に賛同する運動が理解されるようになるのは、国家による普遍的代表の宣言と、国家がこれまで是認し支持してきた排除の秩序とのあいだに、すでに楔《くさび》が打ち込まれている場合のみである。宗教を含む多くの文化的規範が正統な公的言説から公式に排除され、したがって、そのような規範に根ざした法律が異議を申し立てられるかぎりにおいて、対抗ヘゲモニー的な社会運動は、公的論争に開かれた大きな港に入ることができる。

ゲイの結婚を合法化しようとする運動は、要するに包摂をもとめる運動である。国家が現行の婚姻法のなかに男性至上主義的で、異性愛的な規範を成文化していると批判されるためには、そこに政治的＝文化的な聴聞会が存在しなければならない。このような聴聞会が開かれるのは、普遍的な平等と包摂がそのほかの公的生活と国家を構成する道徳的言説を圧倒し、法的平等の約束がリベラルな公的生活の主旋律となっている場合だけである。しかし、第2章で論じたように、それはたんに平等が勝利したということではなく、はじめて宗教的寛容をもたらした約束そのものによって、つまり道徳的、宗教的な信条を私的なものとし、国家を道徳的権威の地位から退かせるという約束によって、そのほかの言説が公的言説としての正統性を奪われたということである。したがって、同性婚に反対する運動は、それが国家と公的言説からの宗教的、文化的な規範の締め出しにたいする反発を表わしているかぎりにおいて、まさにこの物語の一部となっている。すなわち、この運動は、形式的なリベラルな原理のかたわらにあるいくつかの規範、たとえば、異性愛者の結婚を神聖化し特権化する規範を、国家が体現し支持する重要性を力説しているのである。

そこで、こうした文脈のもとで、ゲイの結婚についてのジョージ・W・ブッシュの立場を考察してみよう。二〇〇〇年に行なわれたアル・ゴアとの選挙前の討論で、彼は自らの立場をこう表明している。「私はゲイの結婚には賛成しません。結婚とは男と女の神聖な制度だと考えています。……私は自分に同意しない人に《ママ》尊重するつもりです。私は他人を尊重する人なのです。私は彼らの――尊重します――尊重しますとも……。私は寛容な人間になるでしょう。これまでもずっと寛容な人間でした。たまたま、結婚とは男と女のものであると、強く信じるようになっただけなのです」[28]。ブッシュの姿勢は大統領在任中もずっと変わらず、市民的結合をそれとなく是認しながらも、同性婚を禁止する憲法修正条項案を支持した二〇〇四年の教書の土台にもなったが、それは同性婚の請求の拒否を、彼に同意しない人々にたいする、そして同性愛者にたいする寛容の提唱といっしょにしている（彼の統語法、もしくはその欠如は、この二つを暗に等しいものとみなしているのだ）。

見方によっては、こうした公式は国家を、ゲイの結婚運動によっても、同性愛そのものに反対する人々によっても征服されないものとして位置づけようとしている。それは国家を、ゲイの結婚を提唱する人々と同性愛を嫌悪する人々のあいだに立つ有力な調停者として構成しさえしている。つまり、それはジェンダーの摂理をないがしろにすることで危惧される結婚制度の崩壊を防ぎながら、個人としての同性愛者の寛容を提唱しているのだ[29]。しかし、このような位置づけは、実際に中間的な立場をとっている国家によっては遂行されない。むしろ、ブッシュは、一般大衆には「異なる生活様式」に寛容であるよう提唱しながら、国家には世俗化によって弱められた家族の価値や結婚の形式を積極的に支えるよう命令している。国家そのものが異性愛者の結婚と特権の守護者であるかぎり、それは性の領域における平等を支持しないし、そうすることもできない。そして、国家が主張する寛容は、国家それ自体のものではない。それは法的ではなく社会的なものの領域で、個人によって、個人にたいして実行されるのである。けれども、重要なことに、国家が平等と矛盾する立場をとり、対抗ヘゲモニー的な運動のどちらか一方に加担しながらも、その正統性を取り戻すことができるのは、寛容を主張することによってのみである（国家による普遍主義の約束は、その支配的な文化規範への偏りの暴露によって異議を申し立てられているのだ）。つまり、寛容は平等な権利に取って代わるのだが、この置き換えは、寛容が国家というよりも、むしろ市民によって遂行されることで隠蔽されているのである。

国家は異性愛者の結婚、より一般的には異性愛者の特権の守護者として、ジェンダーの差異を凝視し、それが見るものにもとづいて婚姻上の権利と性の正統性を付与する。しかし、寛容を要求するにあたって、国家は自らが見るものを、市民には見たり、目を向けたりしないよう主張する。国家が市民にもとめる寛容は、このように逸らされた視線をつうじて、彼らの視覚をいわば私的なものとすることによって保証されている。同性愛者を完全に許容したいのであれば、セクシュアリティを実際に私的なものとみなさなければならない。市民の視覚は、それをおぼろげに繰り返しているのである。こうした見ることと見ないことの複雑な摂理は、そのような領域の寛容が、国家の実践というよりも、市民的で個人的な実践でしかありえないことを意味している。なぜなら、この摂理によれば、国家と市民は正反対の役割を割り当てられており、国家は同性愛者を見つめ、彼らが結婚するのを禁じ、市民は自らの視線を逸らし、自らのただなかにある同性愛を許すものとされているからである。国家は許容しないが、市民は許容するのだ。けれども、国家が結婚に関して宗教的で不平等な立場をとっている場合、国家による寛容の提唱と市民にたいする寛容の呼びかけは、国家の正統性にとって不可欠である。別の角度からみれば、原理主義的な政策と結びついた国家による寛容の提唱は、その文化的規範があらわになった国家をふたたび正統化すると同時に、しだいにひどくなる親族関係の実践を規律化する複雑な策略のなかに、市民を巻き込んでいるのである。(30)

イスラームを許容すること

九月一一日のテロ事件の直後、ジョージ・W・ブッシュは、アラブ系アメリカ人に敬意をもって遇することの大切さをたびたび指摘し、イスラームの信条や慣習を攻撃者の暴力と区別するよう努め、迫害や自警団的な行動だけでなく、スケープゴート化やステレオタイプ化にも警鐘を鳴らし、多くのアメリカ人を驚かせた。こうした方向での彼の取り組みは、ときにおぼつかないものであった。彼は、宗教上義務づけられた衣服を着用するイスラームのアメリカ人について落胆を表明するときは「隠れ蓑《カヴァー》の女たち」ということばを使い、規範上キリスト教的ではないアメリカの「われわれ」を体系的に表現するときはたどたどしかった。「われわれの国家は……［われわれと］同じように国旗を愛する……たくさんのアラブ系アメリカ人がいることを忘れてはならない。そして、この戦争に勝利しようと思うなら、われわれはアラブ系アメリカ人やムスリムを、彼らにふさわしい敬意をもって遇することを忘れてはならない」[31]。九月一七日のワシントンDCでのアメリカのイスラーム指導者たちとの会合のあとでは、彼はつぎのように表明していた。「私とまったく同じように感じている指導者たちと会えたことは光栄だ。彼らは怒り、悲しんでいる。彼らは私とまったく同じくらいアメリカを愛しているのだ」[32]。ブッシュのもとに、多文化主義論争が容易に、あるいは自然に現われることはない。彼は「われわれ」と「彼ら」の区別を消し去ろうとしながら、ふたたびそれを組み立てている。彼はムスリムをそれとなくアメリカの外部者として表わしている。そして彼は、「彼らはまさに私と同じように感じている」という主観的な同一性を断言することでしか、帰属を確証することができない。それでも、多くのアメリカ人は、ブッシュが偏見や人種的暴力を抑えるのにとても熱心で、そのための努力を繰り返していたことに驚いたのである。

しかし、ブッシュはたえず市民にアメリカの住民の豊かな多様性を敬うよう説得し、尊重と寛容を模範的な市民の行動として提唱したが、それはどうみてもアフガニスタンでの戦争の遂行や、国内の戦線での「テロとの戦い」における国家の態度ではなかった。住民は礼節や寛容をもとめられているのに、国家の実践は、あからさまに、目にあまるほど超法規的で、暴力的で、人種や宗教を意識したものであった。アフガニスタンでの戦争の遂行は、かなりの「付随的損害《コラテラル・ダメージ》」、すなわち、ヨーロッパ人やアメリカ人の場合であれば、まったく受け入れがたい割合の民間人の犠牲者をともなっていた[33]。国家は九月一一日の攻撃後、何千人ものアラブ人およびアラブ系アメリカ人を拘留し、そのなかの数百人は、テロ活動はもちろん、彼らをなんらかの非合法な活動に結びつける証拠がないことが明らかになってからも、不起訴のまま収監されつづけている。[34] 拘留されているあいだ、彼らは自分の名前や所在を近親者にも知らされず、法的助言者を呼ぶことすら許されなかった。[35] また「テロとの関連が疑われる国からアメリカに来た」とみなされる、留学、観光、商用ヴィザをもった五〇〇〇人の若者たちの在留審判が二〇〇一年の一二月に開始された。ミランダ権利〔黙秘権・弁護人と相談する権利など、被逮捕者の有する権利〕はこれらの人々には読み上げられず、ヴィザの切れたあやしい人々が、移民帰化局によって即時の国外退去か無期限の拘留の標的とされた中東出身者の数をさらに増やしていった。[36] それと同時に、国家は説明責任のない権力の領域を、しだいに急速に広げていった。九月一一日後、ただちに署名された最初のアメリカ愛国者法は、市民にたいする先例のない水準の監視だけでなく、緊急時には司法府から権限を剥奪し、とくに市民的自由の保護にあたる司法権力を迂回する「法廷外し」もまた許可した。二〇〇一年一〇月初旬、ジョン・アシュクロフト司法長官は、すべての連邦機関にたいして、「政府、企業、個人の秘匿すべき利益が、情報の開示によって影響を受ける」場合は、アメリカ市民による情報公開法〔FOIA〕上の請求をかならず却下するようにも指示していた。[37] 事実上、彼は国家安全保障の名目のもと、勝手にFOIAを破棄したのである。他方、連邦政府の捜査官たちは、被拘留者の黙秘権を認めた、市民および犯罪者の権利規定に苛立ちはじめていた。二〇〇一年一一月、FBIと司法省は、情報を引き出すために自白剤や拷問を用いるか、そうした尋問の手段が合法的もしくは日常的に使われている国に、被拘留者を送致する可能性を提起した。[38]（その四年後、アブグレイブで行なわれた性的屈辱や宗教的冒瀆などの多くの拷問技術が、国内で収監されているアラブ系の被拘留者にも用いられ、ドナルド・ラムズフェルド国防長官によって直接許可されていたことが明らかになった）。[39] そのころブッシュは、テロリストは連邦裁判所ではなく軍事法廷で裁かれるべきだと主張し、ジュネーヴ条約の規定を遵守することを拒否していた。これはアフガン人の捕虜が、グアンタナモ湾では、手足を縛られ、目隠しをされ、髭をそられ、猿轡をはめられ、屋根のないところに閉じ込められ、アフガニスタンの窮屈な刑務所では、飢え、ときに死んでいく映像につながっている。

したがって、九・一一後の数カ月間の、国家自身の国内外での自警団的行動、暴力、人種的プロファイリングは、国家による市民の自警団的行動の禁止や寛容の要求と、たんに対照的であるだけではない。むしろ、それはこれらの禁止や要求によって正統化されていたのだ。国家は、自らの国民に平和を好み、法を遵守し、偏見をもたないよう嘆願しているかぎり、それとは正反対の実践のために、自らの特権的な権力を使用し、市民を動員することができる。国家は、寛容の言説を平等な保護もしくは平等な処遇と置き換えることで、市民的自由の支持とそれらの自由の平等主義的な享受の約束を取り消すことができる。もっといえば、国家が寛容の要求を出すのは、国家が寛容だからでも、そうなりうるからでもない。むしろ、それはわれわれが寛容になり、国家がそうならなくてもよいためであり、国家が国家らしくふるまえるようになるためである。これは国家がまったく不寛容だということではなく、平等も、寛容も、市民的権利の保護も、国家理性の範囲にはないということである。

見方によっては、これはよく知られた旧聞であろう。近代をつうじて、とくに国際的な領域では、国家理性はリベラルな制度や価値からの適度の独立をつねに享受してきた。リベラリズムにおいて、そのような独立は国家の平等機能というよりも、その安全保障機能によって正当化されてきた。しかし、とりわけ、グローバル化した経済と国境を越えた社会的および政治的な勢力が、国際的な領域での国家主権と国家行動の効力を衰えさせ、その結果、国家の安全保障機能の遂行力を弱めるにつれて、国家の正統性は、平等と自由というリベラルな原理との持続的な同一化に依存するようになった。また、それは反抗的でない市民、つまり、反市民的でも反国家的でもない市民を維持する国家の能力にも依存している。なかでも、寛容論争はそうした穏健さ、無抵抗、さらには服従さえも生産する媒体となっている。アフガン系、イスラーム系、ユダヤ系、イラク系、アラブ系を問わず、影響力のある国境横断的な同盟によって傷つけられた、暴発しやすい多文化的な秩序という状況のなかで、寛容は従順な、個人化された、不活発な市民を召集するのだ。他方、それは九・一一後の戦争経済を浮揚させるための「買い物《ショップ》、消費《スペンド》、購入《バイ》」という指令と組み合わされることで、商業文化によって統一された、夢遊病者のような住民もつくりだした。これは国家の自警団的で、暴力的で、争いの種となる態度とも、そのような危機がもたらすかもしれない、一部市民の下位国家的および国境横断的なアイデンティティの潜在的な動員とも対照的である。

しかし、たがいの尊重と寛容、それに新しく発見されたショッピングの愛国主義に加えて、国家は九・一一の直後、さらにまた別の、これまでの分析とは矛盾すると思われる方法で、国民に呼びかけていた。国内のテロとの戦いにおいて、アメリカ人は「政府の目となり耳となり」、あやしい人物やおかしな行動に強く警戒するようもとめられた。われわれは覚えのない郵便、知らない人物、場ちがいにみえる行動に用心しなければならなかった[40]。こうした注意の必要は、いうまでもなく、市民によってなされる人種的プロファイリング、たとえば、会社のロビーで包みをもって座っているアラブ人男性、航空機のなかで落ち着かず、そわそわしている「外国人」にたいする疑念を正当化した。実際、こうした

「不寛容な見方」は、それが疑心暗鬼の市民をテロとの戦いの一民兵として構成しているかぎりにおいて、たんに正当化されるだけでなく、愛国的でもあった。市民的自由の削減の容認、すなわち、空港の保安検査室での人種的プロファイリング、公共の建物の出入りの制限もしくは禁止、令状のない捜査や逮捕、理由もミランダ権利もない拘留、電話の盗聴、購入図書や貸出図書の監視、それに刑務所の収容者と弁護士の郵便の検閲にたいするわれわれの寛容もまた、それらを許可した議会の法律の名前が示していたように、愛国的であった。こうした呼びかけのなかで、われわれはもはや国家の冷静で受動的な主体ではなく、むしろ、その行為主体、鏡像、非リベラルな国家理性の付属物となっているのだ。

　市民に、寛容とショッピングによって組織された受動的で従順な主体としてのみならず、外国人嫌悪的な恐怖によって組織された国家の行為主体としても呼びかけることは、後期近代において国家を正統化する複雑なプロジェクトにとって不可欠なことである。一方で、市民は国家のように、同質的というよりも多文化的な国民の姿を容認しなければならない。他方で、市民は国家のように、国民と国家の関係だけでなく、それらの同一性を各自で維持するために、国家的な「われわれ」というなにほどか強い観念を体現しなければならない。一方で、市民は国家のように、平等な処遇、たがいの尊重、寛容、そして信条や結社の自由という「アメリカらしさ」を、自らの行動をつうじて表現しなければならない(41)。他方で、市民は国家のように、自分たちのなかの危険を過剰に警戒しなければならない。このようにして、市民はテロにたいする国家の日々の歩兵となる(42)。しかし、こうした正統化のロジックは、つぎのようにも展開される。寛容な市民はわれわれを脅かす不自由な、不寛容な民族に対立するものとして定義されており、それゆえ有徳で自由な市民である。そして、安全保障の名目のもとで寛容と自由の原理の侵害を許可しているのは、そうした美徳と自由にほかならない。それらは、国家の直接的に人種に向けられる暴力とは対照的である。けれども、国家は国民に寛容の美徳を付与したり、寛容を要求したりすることで、それが現実に行なっているもの、あおっているものにもかかわらず、自らを美徳の側に結びつける。国家は寛容の要求の源泉でなければならない。しばしば国内法や国際協定を侵害し、国際的な組織や同盟をかえりみず、しばしば自らが体現すると装っている正義の原則を無視した行動を遂行するためには、国家は愛国主義だけでなく、市民の美徳によっても飾り立てられなければならない。たとえば、九・一一のわずか二日後に、ラルフ・ボイド司法副長官が「アラブ系もしくはムスリムのアメリカ人や、南アジア出身のアメリカ人にたいする暴力や差別による脅迫は、不正で非アメリカ的であるだけでなく、非合法でもある」と述べていたのは、そうした理由からである。そして、ブッシュ自身も、こう語っていた。「怒りをぶちまけるために仲間の市民を脅してもよいと感じている人々は、アメリカのもっとも良いところを代表しているのではない。彼らは人類のもっとも悪いところを代表しているのだ(43)」。

ここで展開されるロジックは、たんに国家の欺瞞とか操作といったものではない。そうではなく、寛容の統治性は、市民を国家理性の操り人形というよりも、そのもっとも重要な媒体とみなしている。つまり、市民は国家理性によって、それ自体市民として従属化されるのである。九・一一直後の時期のもうひとつのエピソードは、寛容の統治性のこうした局面が、どのように機能しているのかを明らかにしている。二〇〇一年九月三〇日、自らを「反ユダヤ主義とあらゆる種類の偏見と戦い、民主主義の理想を支持し、公民権を擁護する、非営利の公民権／人間関係の団体」と説明する反中傷同盟が、『ニューヨーク・タイムズ』に全面広告を掲載した。「憎しみの後遺症のなか子どもたちに活力を与える――教師と親たちのためのガイド」という大見出しではじまり、教訓的な小見出しで埋められたこの紙面は、「ステレオタイプ、偏見、差別」によって加えられる危害を教えることを目的とした、さまざまな年齢の児童生徒のための活動をくわしく説明している。この意見広告によれば、「ほとんどの暴力の根源には差異の不寛容がある」。それゆえ、「二〇〇一年九月一一日の恐ろしい暴力的な事件の後遺症のなか、憎しみに実効的に立ち向かうのに必要とされる道具を子どもたちに与える」(44)ことは、われわれの親あるいは教師としての義務なのである。この広告にはいくつかの戦略的な政策課題もみいだされるが、そうした意図的なものよりも興味深いのは、そのメッセージが寛容という市民の義務をどのように表現し、この市民の義務と国家暴力の正統化の関係をどのように位置づけているのか、ということである。これは以下のように展開される。

反中傷同盟〔ADL〕は、はっきりとイスラエルのパレスチナ占領を支持し、その占領にともなうあらゆる国家暴力を擁護している(45)。それはブッシュのアフガニスタン侵攻も、その後のイラク侵攻も無条件に支持した。そこでの寛容の要求は、こうしたイスラエルやアメリカの国家暴力の正統化と、どのように関連しているのか。さらに、前者は後者を正統化するのに、どのように役立っているのか。九月一一日の攻撃後、イスラエル支持およびアメリカのイスラエル支持を修正したアメリカ人は、ADLによって、基本的に反ユダヤ主義的であり、それゆえ不寛容であるとみなされた(46)。これと同じように、イスラエル＝パレスチナ紛争においてイスラエルを非難するアメリカ人も、基本的に反ユダヤ主義的であり、それゆえ不寛容である。最初は直観に反するかもしれないが、この論理はなかに入ってしまえば完全に機能する。イスラエル不支持イコール反ユダヤ主義イコール不寛容であるとすれば、寛容は、国家暴力とそれにたいするアメリカの支持の両方を容認するだけでなく、それらを必要ともするであろう。寛容という言語は、まず寛容のきっかけとされる「差異」を自ら再生産し動員している国家暴力を、部分的に是認しているのである。しかし、寛容はなんらかの民族、なんらかの人種に向けられる国家暴力を隠蔽しているだけではない。それはたんに国家の短刀を忍ばせるマントではない。むしろ、寛容は国家暴力が正統化される、本質化された差異の言説を動員する。それと同時に、寛容の必要は国家暴力によってあおられる。もっといえば、寛容は、それが暴力の理想的な解毒剤もしくは代替物として現われるときでさえ、暴力によって生産されているのだ[47]。このように、寛容は支配と暴力の反対物を指し示すが、イスラエルによる支配と暴力の実行は、まさに寛容のマントの下で、ＡＤＬによって支持されている。そして、増大するイスラエルの暴力は、自らにたいする寛容の要求も増幅している。というのも、そこでの暴力にたいする寛容は、ユダヤ人の差異にたいする寛容と同じものとみなされているからである。その暴力は寛容を要求し、あるいはそれを必要としている（「イスラエルを非難してはならない、そうすることは反ユダヤ主義的だからである」）。つまり、こうした要求（「この紛争においてイスラエル／ユダヤ人は非難されるべきではない、そうすることは反ユダヤ主義的である」）の充足が、ひるがえって、その暴力を正統化しているのである。

自由な言論や反対意見に関する寛容の言説でさえ、現在のテロとの戦いのような危機のなかでは、市民の従属化の戦術や強大な国家権力の技術に変わりうる。自由な言論は、これまで述べてきた国家＝市民の回路の逆転をつうじて転覆される。この場合、国家は市民社会を不寛容な自警団活動の場に変えながら、許容／保護を行なう。国家は自由な言論と反対意見を保護すると約束するが、それと同時に、「われわれを支持しないというのなら、あなたはテロリストの側にいるのだ」と宣言し、そうすることで反対意見を敵の支持に結びつける。反対意見は非国民であることと同じであり、許容されることはない。実際、これまでみてきたように、寛容の制限条件は、国民国家との同一化とそれへの献身をつうじて表現される、国家にたいする忠誠心である。「われわれの側につかないのなら、あなたはわれわれに敵対することになる」という論理のなかでは、反対者は寛容にふさわしいとはみなされない。さらに、彼らが「敵に支援と安心を」与えているとすれば、彼らを許容する理由はまったくない[48]。したがって、たとえ国家が反対意見の権利を形式上保護していたとしても、企業、メディア、その他の市民社会の権力が、それを非国民であることと同じものとみなしているかぎり、彼らは国家の命令ではなく、市民からの強い要望と思われるものによって、放送、雑誌のページ、教育フォーラム、ときには大学その他の場所から追放されることもある。反対意見を（おもに、その発表の場を制限することで）抑制もしくは濾過する民間の権力と企業の権力が組み合わされることで、国家はたとえ言論の自由を削減する理由を示しているときでも、その保護者として現われることができる。国内では愛国主義を誇示し、国外では民主主義を拡大するという名目のもと、国民がなんらかの反対意見にたいする不寛容のまわりに集結しているときでさえ、国家は寛容な国家でありつづけ、不寛容で不自由な文明に対抗する寛容で自由な文明を代表している。繰り返していえば、寛容は国家権力の道具、この場合は、国家暴力の背後で国民的合意を打ち立てるのに必要とされる一連の排除のための道具となり、また市民の従属化の媒体にもなるのだ。これが統治性としての寛容である。「問題なのは、人々に法を強制するのではなく、むしろ事物を配置すること、つまり法よりも戦術を活用し、必要があれば法それ自体を戦術として使うことである」。

第5章　博物館の対象としての寛容——サイモン・ヴィーゼンタール・センター寛容博物館

一九九三年にサイモン・ヴィーゼンタール・センターによって創設されたロサンゼルス寛容博物館（MOT）は、その活動目的を「訪問者に偏見や人種差別と立ち向かい、ホロコーストを歴史的かつ現代的な文脈のもとで理解するよう喚起すること」[1]であると宣言している。そのマルチメディア・センターに陳列されたホロコーストの遺物は少ないが、寛容博物館の主要な関心はそうしたものを収集し、陳列することではない。したがって、それは通常のことばの意味での博物館ではない。自らを「サイモン・ヴィーゼンタール・センターの教育部門」と説明しているように、MOTは現代デザインやメディア技術を広範に駆使して、民族的、人種的、ジェンダー的、性的な暴力や、反ユダヤ主義、ホロコーストといった、偏見についての興味深い出し物を企画している。その音と光のショーと双方向コンピュータ・サイトの目もくらむアンサンブルは、寛容という荘厳な道徳的価値と博物館という荘厳な認識論的地位のもとでまとめられている。

サイモン・ヴィーゼンタール・センターは、ホロコーストを記憶し、反ユダヤ主義と戦うことに専念するだけでなく、イスラエルを熱心に、積極的に擁護している。(2) 最近では、アメリカのアフガニスタンおよびイラク侵攻をテロとの戦いの要石とみなし、中東の民主主義のために支持している。その博物館もまた、アフガニスタンのアメリカ軍を寛容の英雄としてとりあげたり、一九四八年以前のパレスチナを「ユダヤ人の祖国」と安易に表現したり、当時もしくは現在そこに住んでいるほかの民族については口を閉ざしたりすることで、そのような立場を反映している。あるとき、広く普及したパレスチナ人の映像シーンを扱った展示のひとつは、彼らが九・一一の事件を大喜びで祝っていると誤って伝えていた。これを書いているいま、MOT全体で、パレスチナ人については二つの説明がなされている。ある映画のオープニングでは、イツハク・ラビン〔イスラエル首相〕とヤセル・アラファト〔パレスチナ解放機構（PLO）議長〕がホワイトハウスの芝生で交わした、一九九三年の有名な握手のシーンが一瞬だけみられた。また別の映画では、「われら子らはやつらを殺し、止《とど》めをさす……ひとりのユダヤ人も逃しはしない」と叫ぶ、怒れるパレスチナの子どもたちの吹き替えクリップがみられる。(3)

本章では、ホロコーストへの執念と無条件のイスラエル擁護への傾倒から生じる、寛容博物館の限界は検証しない。その代わりに、以下のことを問うことにしよう。どうして寛容はこうした執念と傾倒にふさわしい題目とされているのか、どのようにして寛容はある政治的位置の構築と正統化に利用され、そのような位置を隠蔽しているのか。どうしてパレスチナ人は寛容の敵として登場させられるのに、ユダヤ人はいつも不寛容の犠牲者でしかないのか。どうしてイスラエルは寛容に関して問題がないかのように説明され、寛容はイスラエルに関しては問題ではないかのように構築されるのか。すなわち、どのようにしてイスラエルは寛容と同一視され、ユダヤ人は寛容の聖人、寛容の教師、寛容の模範として表象されているのか。

寛容博物館は、多くの人々が偏見、憎しみ、暴力によって暗くされた世界の灯台とみなしている事業である。それは社会的な憎しみがどれほど衝撃的で、実際どれほど致命的なものになりうるのかを、感情に訴えながら強調している。一部の来館者、とくに毎年訪れる一〇万人以上の生徒たちは、より内面的に、おそらくは外面的にも、社会的偏見やステレオタイプ化に用心しようという気になるかもしれない。[4]現代の性差別、人種差別、同性愛嫌悪、宗教的および文化的な偏見の事例をホロコーストと結びつけることは、これらすべての問題の深刻さを理解させ、それらが殺戮的、さらには大量殺戮的な規模にまでエスカレートしうることを認識させることもあるだろう。[5]そして、ここを訪れた若者たちの多くが、これまでよく知らなかったか、あまり真剣に考えてこなかった歴史のエピソードに導かれるのはたしかである。ホロコーストはそのひとつである。

したがって、ここでの分析は批判的ではあるが、寛容博物館そのものを拒否しているわけではない。また、この博物館がまったくの悪意に満ちたものであると主張しているのでもない。むしろ、本章のひとつの課題は、ヴィーゼンタール・センターのシオニズム的な政治目的のために、寛容が利用され展開されているのを跡づけることである。もうひとつの課題は、これまでの章で論じた、現代の脱政治化の言説としての寛容の考察をつづけることである。つまり、権力と歴史を無視して民族的なものとされた対立や紛争を表現あるいは説明し、エスニシティ、文化、宗教、人種、信条をしばしば混同し、歴史的に構成された敵対関係を本質的なもの、「差異」に内在するといわれる自然な対抗心の帰結として具体化する言説としての寛容の考察をつづけることである。

歴史

設立時の名称でいえば、〈ショアーの館〉寛容博物館は、マーヴィン・ハイアー師によって企画された。ハイアーは正統派のラビで、ロサンゼルスに神学校を創設しようと、一九七〇年代中ごろにヴァンクーヴァーを去った。資金調達にすぐれた彼は、すぐに学校を設立した。そのネーゲル・ファミリー・キャンパスは、正統派のラビたちによって運営され、現在もMOTのとなりにある。その後まもなく、彼は有名なナチ・ハンター、サイモン・ヴィーゼンタールに、そのなかの小さなホロコースト博物館に名前を貸すよう説得した。こうした土台から、ハイアーはヴィーゼンタール・センターの会員を増やし、政治的コネクションを広げ、ハリウッドの名士たちから驚くほどの資金を調達しはじめた[6]。ヴィーゼンタール・センターは急速に成長し、今日では世界最大のユダヤ系団体であると主張するほどになっている。

一九八〇年代中ごろ、ハイアーはヴィーゼンタール・センターを神学校から分離し、独立した非営利団体として法人化した。この措置は、ハイアーが新しい巨大な博物館を建設するために、自らの私的資金にさらに州の資金が投入されるのを要求していたことに配慮した、カリフォルニア州の議員たちの提案によるものであった[7]。しかし、これはどうみても書類上での分離にすぎない。ヴィーゼンタール・センターとロサンゼルス神学大学は理事だけでなく評議会も同じで、ヴィーゼンタール・センターは寛容博物館を完全に所有し、管理しているのである(8)。

　こうしたあいまいな区分のせいで、MOTの建設支援のために州の資金を、その教育プログラムの拡充のために連邦の資金を要求したハイアーは、やっかいな論争に悩まされることになった。アメリカ市民自由連合だけでなく、アメリカ・ユダヤ人委員会やブネイ・ブリスの反中傷同盟のいくつかの支部といった著名なユダヤ系団体もまた、その公的資金の要求を政教分離に反するものとして激しく非難した(9)。別のところで自前のホロコースト博物館を造成していた大ロサンゼルス・ユダヤ人連合評議会は、論争のあいだ公式には沈黙していたが、その個々のメンバーは怒りのあまり声を荒げ、さまざまな地方のユダヤ人指導者を生み出してきた領土に自らの帝国を打ち立てた、ハイアーの圧倒的な成功への恨みをあらわにしていた。さらに、ハイアーが投機的な娯楽産業で資金を調達し、それと同時にリクード〔イスラエルの右翼政党〕を偏愛していることも、ロサンゼルスの多くの世俗的なユダヤ系住民を不安にさせていた(10)。強制収容所の生存者の団体、一九三九クラブのメンバーでさえ、ハイアーがホロコーストの表現を独占し、扇情的なものとし、またホロコーストの記憶とは関係のない政治的、経済的な目的のために、その生存者を搾取しようと企てているとみなし、そのことに怒りをつのらせていた(11)。

　ハイアーの最初のホロコースト博物館で、第二次世界大戦の遺物やユダヤの文物を収集した神学校の地階コレクションも、将来へのよき兆候とはならなかった。『コメンタリー』の記者、エドワード・ノーデンのことばによれば、それは「ユダヤ人によって、ユダヤ人のためにつくられたローテクの代物で、彼らの異教徒を引き止めるものではなかった。たとえば、ピウス一二世〔第二六〇代ローマ教皇。第二次世界大戦中、「不偏」の立場からユダヤ人迫害を黙認した〕

の特大のポートレートが『見て見ぬふりをした』者たちの写真のなかでひときわ目立っている。そのメッセージは、ユダヤ人には敵が、恐ろしい敵がいる、用心しろということだ。ハイアー師がはるかに大きな博物館の計画をはじめて宣言したとき、一部の人々は、それがこうしたテーマのもとで拡大するにすぎないと推測していた……そうした理由から、彼の宣言はだれからも歓迎されたわけではなかったのである」[12]。

明らかに宗教的な団体や人物が連なったプロジェクトに、州や連邦の資金を投じるようもとめたハイアーの要請は、幅広い反対にあった。だが、それでも彼はやりとげた。この勝利にはいくつかの理由があった。ハイアーは私的な資金調達と各界からの推薦を集めるのにおおいに成功した。ヴィーゼンタール評議会は、ハリウッド（エリザベス・テイラー、フランク・シナトラ）やウォール・ストリート（アイヴァン・ボースキー）の有力者たちでひしめいていたのだ。ハイアーはまた、いかにして組織を土台から築き上げるのかも知っていた。新しいMOTが着工されるころには、ヴィーゼンタール・センターの会員はおよそ三〇万人にまで増加していた。そして、ハイアーとパートナーたちは、必要とあれば「はい、もちろん」という術もよくわかっていた。当時のカリフォルニア州知事、ジョージ・デュークメジアン（アルメニア系の出身）の機嫌をとるために、アルメニア人虐殺の展示が約束され、それは全米アルメニア人委員会やアメリカ・アルメニア人委員会からの支援もとりつけた[13]。このような展示は、いまではMOTのどこにもみられない。同じように、教育と労働に関する下院委員会の小委員会のまえに行なわれる公聴会で、議員たちがショアー以外の虐殺も展示されるのか、とくに「アメリカ先住民の初期の処遇」が重視されているのかと質問したところ、それも約束された[14]。しかし、先住アメリカ人、ましてや先住アメリカ人の虐殺は、現在のMOTの出し物では扱われていない。それは寛容デートラインという、アメリカの寛容と不寛容の歴史の分水嶺となった何百もの事件、法律、判決、人物、書物、演説をリストした館内の壁にみられるだけである。それどころか、ガイドのひとりが博物館のさまざまな部門を紹介するとき明らかにしたように、「寛容センターは偏見に関するもので、〈ショアーの館〉はホロコーストに関するものである」[15]。いいかえれば、偏見には多くの種類と対象があるが、重大な虐殺の企てはホロコーストしかないというわけである。こうした立場は、高校生向けに企画されたMOTの教材によって強められている。そこでは、「虐殺」は、正しくは「ナチはすべてのユダヤ人を殺そうとした」という言明に一致することばであり、「差別」や「人種差別」は、正しくは「多数のアメリカ先住民が自らの土地を立ち退かされた」という言明に相関することばとみなされている[16]。名称を変更し、新しい展示物をいくつか設けることで、MOTは自らの範囲と主張をたえず拡大し、改変しようと試みているようにも思われる。しかし実際には、ほかの虐殺に関する展示をすぐに片づけることで、ホロコーストをふたたび中心に据え、その「人間の人間にたいする非人間性」のエピソードに比類するものはないと主張しているのである[17]。

MOTの資金調達と政治的沿革は、ホロコーストを中心化すると同時に脱中心化しようとするぎこちない試みを説明するだけでなく、そのほかのいくつかの特徴を理解するのにも重要である。まず、MOTのハイテクの娯楽報道的なデザインや様式は、さまざまな出自の若者たちにホロコーストの記憶と意味を伝えるという目的にかなっているが、その背景にはハリウッドの富と関与が部分的に潜んでいる[18]。つぎに、MOTは公的資金を要請したことで、想定外の非ユダヤ人と非ユダヤ的な問題を演出しなければならず、寛容センターはいまも主題と内容においてしばしば混乱したものとなっている。とはいえ、すでに示唆したように、これらの演出は資金提供者へのたんなる譲歩ではない。当初から、この博物館は現代の幅広い若者たち、とくにロサンゼルス地区のアジア系、黒人、ラティーノ住民の関心、様式、基準、テクノロジー習慣、注意範囲、リズムに配慮して設計されていた。これは、ほかのホロコースト博物館ではなされなかったことである。幅広い異文化交流的な魅力を得るために、この博物館の立案者たちは「だれもがわれわれを嫌っている、もうだれの助けも借りられない」という視点（これは神学校の片隅に置かれたホロコースト博物館では明白であった）を捨て、ユダヤ人の経験をちがうかたちに構築しなければならなかった。つまり、「われわれはもっとも痛ましい犠牲者だったので、不寛容の災難、民族的＝宗教的な憎しみ、偏見を代表し、それらに代わるものを推進しうる唯一の立場に立っている」ということである。こうした変化は、ホロコーストを外部者用に包装しなおすことを要求しただけではない。それは何世紀もの迫害によってつくられたユダヤ人の内向的で、偏狭で、対人恐怖症的な感性を、コスモポリタン的な意識をもち、さらには民族的および宗教的な憎悪、迫害、暴力に反対するグローバルな運動を指導する立場に変えることも必要としていた。(19) いいかえれば、リクード的な精神は、アメリカのユダヤ的リベラリズムの精神に道を譲らなければならなかった。ナチの虐殺の過酷な生存に根ざした視野は、普遍的な教訓となるために、ホロコーストの記憶の綿密な配置に変えられなければならなかったのである。このように変化するか、少なくともそのように見せかけるのに成功したとすれば、MOTはユダヤ人の経験をほかの抑圧された集団の経験と効果的に結びつけ、今日の先覚者と指導者としてのユダヤ人の地位を主張することもできる。最大の犠牲者として認識されるよりも、ユダヤ人は寛容の偉大な教師となりうる。同様に、そうした地位はユダヤ人に社会的および政治的な正義の問題に関して明白な権威を付与し、彼らの偏った特殊利益との同一化を弱めるだろう。寛容博物館が表明し遂行しているのは、こうした権威の付与とアイデンティティの希釈化なのである。

MOTの事業のあからさまな成功は、その歴史上、創設者にとっても最大の驚きであった。わずか一二年ほどで、博物館は四〇〇万人もの訪問者を受け入れた。年間およそ三五万人が来館し、そのなかには一一万人以上の子どもたちが含まれている。ユダヤ教の安息日で、アメリカではまず最大の入場者が見込まれる土曜日に閉館されることを考えると、この数字はよりいっそう印象的である。MOTは毎年、何百もの学校の見学旅行の目的地となり、寛容訓練が必要とみなされる警察その他の組織の「養成所」にもなっている。私が訪問したあるときなどは、陸海軍の学校の若者たちの団体が博物館を案内されていた。また、MOTは二つの姉妹施設も生んでいる。ひとつは二〇〇三年にオープンしたニューヨーク寛容センターで、これは「教育者、司法機関の役人、国家/地方政府の職員を対象とした、専門家育成のマルチメディア訓練施設」である。[20]もうひとつは現在建設中で、二〇〇九年に完成予定のエルサレム寛容博物館である。[21]

寛容博物館を訪れる

寛容博物館の四つの部門は、ロサンゼルスのピコ大通りとロックスベリー大通りの角にある、巨大で、威圧的で、厳重に警備された八階建てのビルディングのなかに入っている。もっとも有名で、多くの人々が訪れるのが、寛容センターと〈ショアーの館〉である。そのほかの階には、ホロコーストと第二次世界大戦に関する情報を収集したマルチメディア学習センターと、最新のマルチメディア施設である「われらの家族を見つける、われら自身を見つける」がある。また、特別なイヴェント、映画、講演、それにホロコーストの生存者による定例の証言のための大小の講堂もいくつかある。

ビルディングに入るためには、外にいる警備員に写真による身分証明をしなければならない。それぞれの部門の決められた入場時間を記した（来館者が一〇人程度の日でも）チケットを購入したあと、空港の保安用らしい金属探知機を通り抜け、所持品をX線検査装置にかける。建物内では、カメラも、ラップトップも、録音装置も、いっさい許可されないのだ。博物館に入るにあたっての厳しい検査と規制は、この事業にたいするおそらく暴力的な敵意を察知し、その危険にたえず警戒しなければならないかのようである。来館者はここで、寛容のパスワードが公開性や信頼ではなく、警戒、治安、監視、規制であるということに気づかされる(22)。

寛容センターと〈ショアーの館〉の入場は、一〇分間隔でずらされている。これは〈ショアーの館〉の各ジオラマで行なわれる視聴覚発表の長さに合わせたものである。ガイドは来館者に入場までにロビーの休憩室を使うようすすめ、ほとんどの訪問者は寛容センターと〈ショアーの館〉になんの設備もないことを知ると、それに従う。これから数時間がそこで費やされるのだ。トイレなし……これは非人間化の経験の模倣なのか、完全な監視の巧妙な手段なのか、寛容の敵にたいする治安維持という名目からみれば取るに足らない不便なのか(23)。あるいは、博物館を訪れる多くの中高生がトイレの落書きをつうじて自己表現したがる年齢集団だとすれば、博物館での体験に応える特殊なフォーラムを排除するための方法なのか[24]。さらにほかの可能性もある。いったん寛容センターと〈ショアーの館〉のなかに入ると、訪問者は入館するまえの外の主体性に戻ることを文字どおり認められない。そのような主体性は、完全に組織された、徹底的に集中させられる博物館での体験によって停止される。トイレは訪問者をガイドの絶え間ない監視の目から逃すだけでなく、博物館での全的経験を中断し、つかの間とはいえ、別の社会的＝感情的な世界への回帰を許してしまうのだろう。

マルチメディア・センターを除けば、博物館のすべての部門が、ガイドによって紹介される。ガイドが退くのは、ヴィデオ、来館者を歓迎または指示する録音、話すマネキン、上映室、自動ドアといった技術的な代替物が、案内人および語り手の役割を引き受けるときだけである。実際、ここが普通の博物館ではないと訪問者にまず気づかせるのは、館内マップがなく、その必要もないということである。いまこの瞬間に博物館のどこにいるかはわからない。なるほど、他者によって完全に組織され、統制された空間に下降するという感覚は、ホロコーストの時空体験を伝えようと意図したか、その技術を無意識に模倣したものなのかもしれない。しかし、そこで迷ったり、行方不明になったりする心配はたしかにない。つけ加えていえば、たいていの博物館とはちがって、ここでは介助案内もレンタルの音声案内も利用することができない。繰り返しになるが、案内は館内設備そのものに組み込まれているので、そのような申し出の必要もないのである[25]。それどころか、訪問者の博物館体験そのものが、メディア装置によって編成されている。たとえば、訪問者はたびたび寛容、差別、偏見について「考える」よう命じられるのだが、それらに関する思考もまた博物館によってほとんど引き受けられているのである。

指定された入場時間になると、入館者は案内所に集まり、ガイドは無言で建物の中心にあるグッゲンハイム様式の螺旋《らせん》スロープを降りるよう導く。ガイドは人々が下に集まるのを待ち、それから数秒から数分ほどかけて博物館の各部門を説明する。私が訪問したあるときのガイドは、あとで彼女自身ホロコーストの生存者であると明かしたが、「こちらには寛容部門とホロコースト部門があります。寛容部門は偏見について、ホロコースト部門はヒトラーの台頭とホロコーストを扱っています」と述べただけだった。[26] この区分はいくつにも解釈されうる。二つの主題は別ものである、前者が後者をもたらす、あるいは後者に比べれば前者は相対的に軽微である。しかし、こうした解釈は明らかに不正確でもある。なぜなら「偏見」は、寛容センターでとりあげられる、多くのアイデンティティにもとづいた暴力、たとえば、女性にたいする暴力、アメリカ史における奴隷制と虐殺、テロリズム、ルワンダやボスニアでの大量殺戮には、実際のところ対応しないからである。それにもかかわらず、これらは「偏見」として分類されることで、つぎにガイドが「人間の人間にたいする非人間性の究極の事例」として説明するものほど重大でも、悲惨でもないもののように思われてしまう。これはホロコースト学者のアルヴィン・ローゼンフェルトのような人々を悩ませている、ホロコーストの「相対化」を避けるためである。彼らはその特異性が「人権侵害、人種的および民族的マイノリティ、それに女性が受けている社会的不平等、環境破壊、エイズ、その他のあらゆるもの」[27] と関連づけられることで薄められるのを危惧しているのである。

また、ガイドはいつホロコーストの生存者の話を聞けるのか（通常は一日二回）、ホロコースト部門で要する時間の長さ（七〇分）、そして、その部門を途中で抜けることは勧められないということも伝える。それから、われわれは「幸福な多文化主義」の黒と白のイメージ、楽しそうなグループや家族のシーンを投影した広い回廊を通って、寛容センターの入口へと案内される。回廊を歩くとき、自分の影もそのシーンに映し出される。ガイドの説明によれば、「だれもが世界を動かし、変えていることを示すため」だという。寛容センターの入口で、ガイドは偏見の説明（「かならずしも否定的ではないが、外見にもとづいて人々を判断すること」）をすることもしないこともあるが、寛容についてはきまって説明される。それは「われわれのとは異なる慣習や信条を受け入れること」である。この偏見と寛容のありふれた定義のずれは、注目に値する。寛容は信条と慣習にかかわるが、偏見は外見にかかわる。おそらく、これは偏見の排除あるいは緩和さえも、寛容になるための前提条件ではないということなのだろう。むしろ、寛容は自分の偏見を管理する問題である。実際、われわれはまもなくつぎのように教えられる。だれもが偏見をもち、これからもそうである以上、博物館は偏見を寛容によって正すのではなく、そのもっとも有害な効果のいくつかを抑えようと試みている。偏見はなくならないかもしれないが、寛容への取り組みはそれを公然と口にしたり、それを危険ないしは有害なかたちで実行に移したりするのを妨げるであろう。

こうした博物館の原動力となった目的、つまり「われわれのとは異なる慣習や信条を受け入れること」の奇妙な説明は、その目的が反ユダヤ主義の特異性によってどれだけ完全に規定されているかを思い起こさせる。われわれは民族的および宗教的な憎しみだけでなく、人種差別、同性愛嫌悪、女性嫌悪につきものの苦しみも見せられるが、これらはすべて他人の「慣習や信条」を受け入れる問題に切り詰められる。このように、人種であれ、ジェンダーであれ、セクシュアリティであれ、エスニシティであれ、あらゆる社会的な危害や不平等のヴェクトルは「文化に還元され」、いいかえれば、慣習と信条のなかにあるとみなされる。ここでは、キリスト教ヨーロッパにおけるユダヤ教が寛容の問題のモデルとなり、寛容それ自体がアイデンティティ生産の政治の外部で、権力や不平等から切り離されて作動するものとして描かれている。それは「差異」に応じる問題でしかない。寛容センターに足を踏み入れるまえから、寛容は、第1章でくわしく説明した、古典的な本質化と脱政治化の作用をすでに遂行しているのである。

ガイドが寛容を説明すると、コンピュータの「水先案内人」が引き継ぎ、博物館に来た訪問者を「人並み以上」として歓迎する。それはわれわれを肯定的なステレオタイプで喜ばせてから、「ある種の人々」に関する一連の否定的な当てこすりを交えることで、さきほど感じられた他者への優越感が、あからさまな他者への侮蔑と表裏一体であることを思い起こさせる。ガイドはつぎに「偏見のある人」、「偏見のない人」と記された二つのドアを指さし、どちらかを選ぶようもとめる。しばらくするか、だれかが「偏見のない人」のドアを通ろうとすると、ガイドは「だれも完全に偏見をもたないわけではない」のだから、それは不滅の炎の化身のように永遠に閉ざされている、と説明する。このように演出されたイヴェントは、訪問者に自らを不寛容の加害者と認めるよう誘導するか、面目を失わせることを明らかに意図しており、だれもが寛容の問題では対等であるよう仕向ける。それによって、われわれは人類の堕落した状況の帰結を知り、偏見が他人を傷つけ、殺すこともある不寛容になるのをどう防ぐのかを学ぼうという気になるのだ(28)。

最初に立ち止まるのは、「ことばの力」というヴィデオ・モンタージュの前である。ここでは、ことばが人を励まし、勇気づけたり、人を怖がらせ、傷つけ、威嚇したりする能力をもつことが説明される。これは言語に内在する不安定な性質や解釈学的な困難を示唆しているが、ヴィデオの内容はそのような意味の開放性にともなう認識の複雑さや批判的熟慮の可能性を押しつぶしている。どのことばが人を励まし（「私には夢がある……」、「……われわれはすべてのユダヤ人を殺す……」）、どのことばが憎しみに満ち、人を威嚇するのか（「マシュー・シェパードは地獄に落ちる……」）を決定するのに、いかなる思考も必要とはされない。もっといえば、だれもが偏見に連座しているという当初の主張にもかかわらず、また、ことばの力には道徳的および政治的な両義性があるという想定にもかかわらず、ヴィデオは偏見の友と敵、兄弟愛をふりまく人と憎しみをふりまく人に分断された世界を描き出している。一方にはチャーチル、ケネディ、キングが、他方にはル・ペン、スターリン、怒れるパレスチナの子どもたち、憎悪集団の名もなきメンバーたちがみられる。だれもが偏見をもっているという教訓は、MOT全体に流れるマニ教的二元論によってすでに薄められている。寛容を相互行為、つまり差異を受け入れることとみなすと同時に、善と悪、文明の味方と敵を区別するものともみなす現代の寛容の言説は、こうした対立によって特徴づけられている。

ガイドはまだ離れず、訪問者をヴィデオから「アメリカの憎しみに立ち向かう」と記された壁に案内する。そこでは憎悪犯罪や憎悪集団の写真が展示され、下のほうにはヘイト・コムに接続されたコンピュータが設置されている。これは世界中の憎悪集団のウェブサイトの解説を集録した博物館の出し物である。[29] 訪問者は、現在インターネット上にある五〇〇以上の憎悪ウェブサイトの簡単な情報を調べるよう促され、何人かはそうしてみる。つぎにガイドは、一団を「ポイント・オブ・ヴュー・ダイナー」か

「ミレニアム・マシーン」に移動させる。前者はカウンターとブースを備えた一九五〇年代の食堂を再現した部屋で、後者は多くの座席が並べられた広い部屋であるが、いずれもヴィデオ上映を観賞し、それと電子的に対話するために設けられている。(30) それらの表向きの目的は、現代の論争や問題を紹介し、いくつかの基本情報や視点を提供し、訪問者自身の論争についての意見や問題の原因と解決についての見解を引き出すことである。

私が訪問したある日のポイント・オブ・ヴュー・ダイナーの課題は、ギャングの制服や記章を身につけたり、ひけらかしたりするのを制限する「ギャング禁止令」についてだった。そこでの論点は最大限の「自由」か、それとも「安全なコミュニティ」かという選択（ともいえないもの）として提示され、禁止令の反対者は自由の側に、賛成者は安全の側に分けられた。そして、それぞれの「視点」が弁士役によって一分間説明され、われわれはそれらの意見を聞くまえだけでなく、聞いたあとにも自分自身の立場を意思表示するようもとめられた。また、家族に父親がいること、放課後のプログラムを改善すること、あるいは学校の集会で元ギャングに話をしてもらうことが、ギャングの一員となって暴力をふるうのを思いとどまらせるのかどうかについても、意思表示するようもとめられた。議論は深くなく、「自由」（それ自体けっして定義されない）と「安全」の緊張関係も、だれの自由とだれの安全が問題となっているのかも、くわしく説明されることはなかった。意思表示に関していえば、結果は部屋全体に表示されるので、その主要な目的は自分の「見解」がどれだけマジョリティの意見に近い（もしくは遠い）のか、弁士役の一分間の主張が自分の視点にどのくらい影響を及ぼしたのかを発見することであるように思われる。

またある日のポイント・オブ・ヴューのヴィデオは、飲酒運転による事故でもっとも責任のある人物はだれか、未成年のドライヴァーか、両親か、酒屋の主人か、偽造IDを手に入れたガールフレンドかという問題と、自由な言論を重んじる社会ではだれが「憎悪発言」の帰結に責任をもつのかという問題を扱っていた。どちらも、おそろしく芝居がかった内容だった。前者のヴィデオは、高校生ドライヴァー向けの教育映画かと思われるほど、血、苦しみ、死、嘆きに満ちていた。後者のヴィデオは、差別発言にかっとした黒人の守衛が、それとは関係のない傍観者を思わず殺してしまうところで終わっていた。そのあとナレーターが登場人物たちに、責任はだれにあり、どう引き受けられるべきだと思うかとインタヴューするのだが、観客はここでも「インタヴュー」の前後で自分の意見を表明するようもとめられる。

これらのヴィデオには、いくつかの目立った特徴がある。まず、それらは教育目的を二分することで、寛容博物館のレトリックを説明している。一方で、ヴィデオは個人の主体性、思慮深さ、責任を強調するが、他方では、かなり教訓的で、道徳主義的である。こうした組み合わせをつうじて、それらは個人の思慮深さや意見の多様性の価値を強調すると同時に、感情に訴える劇的表現によって補完された、強い道徳的＝政治的な立場を押しつけている。未成年の飲酒は危険である、放任的な養育はまちがっている、だれもが犯罪もしくは起こりうる危険を食い止める責任をもっている、憎悪発言は暴力を誘発する、われわれは意図にかかわらず行為の帰結には責任をとらなければならないといった、そのひどく道徳主義的な立場は、MOTが促進したいと思っている社会的価値や道徳的規範には対応するかもしれないが、価値としての寛容が基礎づけられる、道徳的で熟慮的な自律性への尊重を体現するものではない。この矛盾は「双方向型の参加」によって回避されるが、それについてはあとで論じることにしよう。

これらのヴィデオの第二の特徴は、ホロコースト博物館の景観を含む、MOTのほとんどの展示がそうであるように、現実と虚構の境界線がおそろしくぼかされていることである。飲酒運転のヴィデオも、憎悪発言のヴィデオもつくり話だが、ドラマのあとで行なわれる登場人物との「インタヴュー」では現実と虚構がまぜこぜにされている。それぞれの視点を説明するとき、登場人物は明らかに現実のつもりで表現している。それと同じように、ヘイト・コムは現実のウェブサイトをまね、〈ショアーの館〉でホロコーストの生存者の手紙や日記を読み上げる役者は迫真の演技につとめ、一九三〇年代前半のベルリンのカフェに集《つど》う名もなき人形は、実際に晴れた午後のカフェで、やがてくるナチの時代をうわさしている人々に見えるようつくられている。とくにホロコーストの歴史家なら事実性と正確性にほとんどを賭けるというのに、どうして現実的なものと虚構的なものが絶え間なくぼかされているのか。ここで、われわれは最初の点に立ち戻る。つまり博物館の教育目的が、現実のあいまいさだけでなく、注意を引くドラマ的な指導の不十分さとも衝突する地点である。この衝突は、たんに観客が両義性、機微、複雑性をうまく処理することができないから生じているのではない。もちろん、博物館は全体として、そのような想定を働かせているようである。しかし、それ以上に、MOTは寛容の題目のもとで、他者への尊重を教え、偏見の表明から個人の責任回避まで、不適切なふるまいを悪魔化することを重要な目的としている。このように、たんなる「テイクホーム・メッセージ」を道徳的マニ教と結びつけようとするために、博物館は小さな、扱いやすい断片のなかでしか現実を展開することができない。ポイント・オブ・ヴュー・ダイナーについていえば、それは舞台を虚構のものとし、その架空の登場人物との、すなわち「インタヴュー」のあいだもずっと登場人物（完全に善人か完全に悪人か）のままでいる人々とのインタヴューを演出しなければならない。道徳的な勧善懲悪を成功させたいなら、それは現実の生活と現実の会話の予測不可能性と複雑性をすべて排除した、シナリオならびにシナリオに関する会話を演出しなければならない。しかし、それはインタヴューの概念が伝える思慮深い探究と反省という想定とともに多様な視点を差し出すことで、こうした道徳的な勧善懲悪を隠さなければならないのである。

とはいえ、こうした虚構化のアイロニーがみられるのは、ヴィデオの第三の特徴においてである。そこでは、ステレオタイプやクリシェがふんだんに盛り込まれている。その架空の登場人物は、まるで漫画に出てくるような人物である。心ここにあらずの奔放なシングルマザー、愚かで無責任なティーンエージャー、安っぽい労働者向けの酒屋の主人、食堂の思いやりのある黒人店主、ラッシュ・リンボウ〔ラジオのトーク番組のパーソナリティ。右寄りの過激な発言で人気を博す〕に追従する、口ばかりでかい愚かな白人の男どものグループ、いつもは穏やかだが、人種差別的な会話に激昂し、怒りのあまり銃を引いてしまう黒人の守衛。彼らが責任の問題をどう語るのかを知るのに、わざわざ「インタヴュー」する必要はまったくない。彼らの見解は、それぞれのステレオタイプによって予測がつくのだ。つまり、博物館はステレオタイプを壊すことを表向きは目的のひとつとしているのに、皮肉にも、差異を本質化することでそれをつくりだし、また勧善懲悪を唱えるためにそれを必要としているのである。

ポイント・オブ・ヴュー・ダイナーは、表層的に論争を仕掛け、それを現実世界の複雑性には対応しない立場にきれいに分割し、ステレオタイプを密輸し、どうでもよい問題について来館者の意見をむりやり引き出そうとする。他方、ミレニアム・マシーンでは、これらの短所がより巧妙に増幅されている。

ここでも、訪問者は広い部屋に入り、三、四人と同席するブースを選ばされる。それぞれの座席の正面には、ブースのモニターにつながった多項式選択用のコンソールがある。部屋が暗くなるにつれて、中央の巨大なスクリーンに、四つあるヴィデオのひとつが上映される。ヴィデオはそれぞれ女性の搾取、子どもの搾取、難民と政治犯、テロリズムについて扱っており、どれも同じようにはじまる。まず、われわれはこう語りかけられる。「これまで人々は善か悪か、知か無知か、寛容か憎しみか、同情か無関心かという選択を行なってきた。今日、われわれもそうした選択に直面している。だれもが世界をつくり、不正、人類にたいする犯罪、人権侵害に立ち向かう力をもっているのだ」。それから、その日の話題が紹介される。

女性への暴力についてのヴィデオでは、五つの事例がとりあげられている。第三世界における名誉殺人、女子割礼、性奴隷に引きつづき、アメリカにおけるレイプ、最後に家庭内暴力に焦点があてられる。それぞれのテーマが紹介される冒頭で、その事実問題についての質問が出され、観客はコンソールのボタンを押して複数の選択肢から解答を選ばされる。性奴隷はどれだけ搾取されているのか、レイプはどのくらいの頻度で発生しているのか。テーブルごとの総合結果がローカル・モニターに棒グラフで表わされ、それから解答が示される。解説のあと、ヴィデオのナレーターがこう問いかける。「どうして女性への暴力はなくならないのか」。一秒後、すぐにもうひとつの質問がつづけられる。「メディアが悪いのか」。驚くことに、われわれは近くの人たちと、この仮説について一分間議論するようもとめられる。なぜなら、「ここミレニアム・マシーンでは、あなたの意見がわれわれには重要」だからである。ミレニアム・マシーンのいう「われわれ」はヴィデオのディスプレイ端末なので、こうした要求は現代の参加民主主義の完全なパロディとなっている。つまり、それもまた無意味なくらい巧妙で、大量メールの名前と住所を自分だけのものと思わせることに腐心しているのだ。けれども、訪問者はたがいに向かい合って、その問題を熱心に議論する。そして、一分が経過して「イエス」か「ノー」を意思表示するよういわれると、従順にそうする。しかし、どちらの意見も尊重されるはずなのに、ミレニアム・マシーンはあらかじめ肯定的な答えを想定している。というのも、つぎの質問は「メディアは暴力的な内容を制限するよう強制されるべきか」、「女性への暴力行為についてはメディア制作者にも非があるとみなされるべきか」となっているからである。この問題をめぐるメディアの責任があらかじめ想定されているとすれば、その答えも「イエス」となるにちがいないと推測されるだろう。だが、これで一件落着ではない。われわれの答えが表にまとめられたあと、ヴィデオは締めくくりに、この問題を解決するには二つの重要な方法があると発表する。ひとつは「よく理解した」うえで、議員に自分の意見を知ってもらうことである。もうひとつは、そのような問題に関心をもっている、ヴィーゼンタール・センターのような非政府組織（NGO）に加わることである。要するに、女性にたいする暴力に反対し、そうした暴力を抑える手段としてメディア規制を支持するのであれば、ヴィーゼンタール・センターを支援しなければならないのだ。だれの手にも未来をつくる能力があるというオープニングの声明は、どうやら、そのような支援をもとめていたようである。そこでいわれる善と悪を見きわめ、不正や人類にたいする犯罪を告発する個人の力とは、つまるところ、議員にはメールを、ヴィーゼンタール・センターには小切手を送ることなのである。

ミレニアム・マシーンのテロリズムに関するヴィデオは、より明らかに政治的に論争的である。オープニングで、世界における善と悪の選択が各人のものであることを思い起こされたあと、九月一一日が紹介される。その日の事件は、われわれを新しい世界、恐怖で充満した世界に投げ込んだだけでなく、イスラエル、インドネシア、イギリスその他のところでの、数十年にわたるテロ攻撃とつながりのあるものとしても説明されている。これらとの関係から、アメリカは九月一一日をもって、ほかの国々が経験してきたものを免れなくなり、したがって「安穏ではいられなくなった」とされる。しかし、九・一一を際立たせているのは、たとえ声明がなくとも明白な政治目標があり、流血も目標を達成するのに必要なものに制限されていたテロ事件とは対照的に、その攻撃が「できるだけ多くを破壊し、殺戮することを目的としていた」ことである。さらにいえば、その標的はわれわれの政府ではなく、「われわれの生活様式、われわれの文明」であった。どうしてそうだといいきれるのか。ヴィデオではなにも説明されない。

それどころか、このような区別がつづけて論じられることもない。むしろ、ヴィデオはほかのテロリズムのエピソードを駆け足でめぐり、それらを単一の現象、つまり安全への脅威であると同時に文明への攻撃でもあるものとして、ひとまとめに扱っている。いかなる政治対立も、北アイルランドのカトリックとプロテスタントの、中東のパレスチナ人とイスラエル人の、あるいはチェチェンとロシアの政治対立も、けっして言及されない。テロリズムは、まるでそれ自体が目的であり、他人の生活様式を憎むか、たんに生活様式を理由に他人を憎む人々、つまり野蛮人によってのみ広められる目的であるかのように説明される。かくして、テロリズムは極端な不寛容の表現に還元される。彼らが殺戮にまでいたってしまうのは、「「自分」のとは異なる慣習や信条を受け入れる」ことができないからなのである。

つぎに、われわれはイスラエルがほかのどの国よりも、テロリズムや自爆テロに苦しめられていることを学ぶ。しかし、この事実についても、その政治的な文脈はいっさい示されない。むしろ、九・一一後のアメリカの苦しみや恐怖をイスラエルとの同一化と連帯に引き入れることが、ここでの目的であるように思われる。そして、観客はどの国際機関が自爆テロを非合法化したかと質問されたあと、それが国際的にも制度的にも非合法化されたり非難されたりしたことがないこと、そして信じられないことだが、それが戦争の正統な道具として現実に擁護されていることを学ぶ。こうして、イスラエルの苦しみから九・一一への線分が完成する。一方には自爆テロリストとその擁護者が、もう一方にはそのような攻撃の犠牲者がいるというわけである。

テロリズムに関するヴィデオは生物兵器にも言及している。「双方向」問答は、生物兵器が使われたことはあるか、どのくらいの炭疽菌でどれだけの人間が殺せるのかに焦点をあてている。映像は炭疽菌その他のきわめて毒性の高い物質をつくり、ばらまくのが簡単なことを説明し、文字どおり観客を震え上がらせる。生物兵器をめぐる議論が終わると（恐怖はまだまだつづくのだが）、つぎの議論の質問が唐突に差し出される。「最近のテロ行為のほとんどはイスラーム過激派によるもので、そのことが人種的プロファイリングの問題を提起している。自由はアメリカの大切な価値である。人種的もしくは民族的なプロファイリングは認められるべきか」。イスラーム・テロリストの「人種的」プロファイルについては、すなわち、どうして「人種」が急進的なイスラーム民族主義やテロリズムの指標となるのかについては、いかなる情報も提供されない。また、人種的プロファイリングが実際どのように機能し、だれがどこでそれを行ない、だれがどのようにそれを受け、それがどのような法律を停止もしくは撤回するのか、それがどのような付随的損害をともなうのかについても、まったく論じられない。人種的プロファイリングはたんなる道具として、テロリズムを防ぐのに有効かどうかという観点から提示されているのだ。しかし、ミレニアム・マシーンは「われわれの意見を尊重する」ので、われわれは一分間を与えられ、テロ行為を阻止するのに人種的プロファイリングは受け入れられるかどうかを議論し、それから意思表示する。そして、ヴィデオはテロリズムが「あちらの問題からこちらの問題に」なったことを思い出させながら、だれもがその問題で役立ちうる二つの方法を提示する。つまり、(一)「よく理解したうえで、あなたの考えを議員に伝えること」(人種的プロファイリングはよいということか)、そして(二)「ヴィーゼンタール・センターのような団体に加わること」である[31]。

しかし、ヴィーゼンタール・センターの役割は、ミレニアム・マシーンによって提起された問題だけを解決することではない。それぞれのヴィデオは、最後にセンターの政治的プロジェクトを世界のいかなる惨事にも反対するものと位置づけ、本格的な論争をほかのところにも仕掛けている。いいかえれば、ヴィーゼンタール・センターは、一連の政治対立、政策論争、さらには戦争の当事者ではなく、不正にたいして正義、過ちにたいして正しさ、悪にたいして善、テロリズムにたいして寛容と文明を支持するものとして、率直に表現されているのだ。ここにおいて、脱政治化する寛容の言説がどのように「戦術化」され、さらには武装化されているのか、その一方で、脱政治化それ自体がそうした動きをおおい隠すのにどのように役立っているのかをみることができる。寛容な見解と寛容な世界の提唱は、どうみても政治的な立場を推進するときの隠れ蓑である。そのような立場は寛容という題目によって清められ、その対立物は不寛容、暴力、野蛮、偏見、憎悪のブラシで塗られる。これからみるように、こうした戦略は寛容センターのほかの出し物でもきまって現われている。

だが、つぎに移るまえに、寛容センターに入ってから、ずっと気になっていた問いに答えなければならない。すなわち、あの模擬参加はなんだったのか、いったいなぜ意思表示したり、ボタンを押したりするのか、つまらない投票、知識テスト、意見の要求によって、なにが得られるというのか。これらの仕掛けは、部分的には、ニンテンドー、ゲームキューブ、そしてタッチ・スクリーンで育った世代の注意を引き、持続させることを目的としているように思われる。それらはこうした技術的表現手法にもとづいてつくられているので、関心をもたなかった若者も、自分とは関係のないもの、あるいは自分の想定を揺さぶりかねないものに注意を向けるのかもしれない[32]。また、それらの双方向的な要素は、多元主義的な世界における政治参加のミニチュア体験、自分の意見は大事だが、他人の視点もそうであることを学ぶ、小さなステップとなることを意図しているのだろう。

けれども、寛容センターで観客が頻繁に、しかし結局はなんの関連もなく意見や選択をもとめられるのには、もうひとつの理由がたしかにある。MOTで過ごしたある午後の終わり、訪問者たちは、感覚的に強烈で、感情的で、かろうじて認知的で、とりわけ周到に整えられ、語られた経験に没入していた。博物館は広角音響の巨大スクリーン、実物大のジオラマ、通り抜けできる模型を使って、強制収容所空間の経験を訪問者に伝えるだけではない。それは「ことばは人を殺す」から「ふつうの人々に責任がある」、「二度とふたたび」まで、この経験のもつ意味も伝えている。つまり、訪問者は感覚的および感情的な負荷をかけられながら、同時に強烈な道徳的＝政治的な教訓主義の受け手となっているのだ。とはいえ、すでに指摘したように、博物館の表向きの運営原則は、人間の尊厳、個性、差異の尊重である。

この方針は、少なくとも個人の思索と反省を重んじるふりをしなければならない。ＭＯＴの根本的な難題は、まさにここにある。博物館の題目が異なる信条や慣習の尊重、それ自体人間の本質とされる差異の尊重だとすれば、いかにして道徳的および政治的な合意をつくり、しかも教説的になりうるのか。すなわち、差異の寛容、多元的な視点、個人の思索を肯定しながら、いかにして万人を正しい道徳的、政治的な立場に導きうるのか。差異と多様にある視座のコスモポリタン的な評価から、いかにして普遍的な真理と特定の政治的立場への支持がもたらされるのか。

合意を形成するのは、むずかしいことではない。ロス暴動であれ、ホロコーストであれ、それらに関する出し物は、たんに情報を提供しているだけというふりをしながら、情報をかなり加工し、解釈している。いくつかの事実が選び出され、強調される一方で、そのほかの決定的な情報が無視される。完璧で公正な歴史という幻想がつくりだされる。物語のなかに道徳主義が巧妙に、ほとんど気づかれずに隠される。恐怖が誘発され、動員される。犠牲化の換喩的な連鎖が確立される。敵の悪魔化がたくみに演出される。さらには、「寛容の博物館」という事業そのものが、無垢と善性、寛大さと公平さ、平和的共存を実現するための権力政治からの離反という推測を伝えている。「博物館」というマントは、その内部の政治を隠すひとつの鍵である。博物館は行動したり、説教したりするのではなく、たんに知識や価値あるものを所蔵し、展示するところだという一般的な思い込みを、それは利用しているのだ(33)。しかし「寛容」というマントも、その出し物や展示の政治的加工、政治的立場の宣伝、観客どうしの政治的合意の形成を隠すのに等しく重要である。これらのマントは二枚重ねにされ、不透明な帳《とばり》として機能している。もしこの事業が別の名称で、たとえば、政治社会紛争研究センターとか時事博物館と呼ばれていたとすれば、観客はそのコンテンツの政治的加工にもっと警戒したかもしれない。

しかし、繰り返していえば、政治的合意を形成しないふりをしながら、そうするだけでは不十分である。むしろ、ＭＯＴは自らの政治的立場を押しつけ、訪問者を教化するときも、個人の思索や多元的な視点を尊重していることを強く見せなければならない。このため、ＭＯＴは熟慮と思索への招待をまきちらすのだが、それらはどれも実質的というよりも形式的なものばかりで、その政治的プロジェクトを頓挫させるようなものはない。われわれは無数の取るに足らない質問に意思表示するようもとめられる。「メディアは女性にたいする暴力の一因となっているか」（組織化された家父長制的宗教、性別役割分業、貧困の女性化、軍事主義的な国民国家、人種差別と失業、制度化された男性支配も、その一因となっているのではないか）。ＭＯＴは論争を提案しながら、そのかたわらでは関係のない問題にも脱線する。「父親が家庭にいること、学校の集会でギャングの元構成員に話をしてもらうことは、生徒がその構成員となるのを防ぐのに重要なことか」。ＭＯＴは人種的プロファイリングのようなむずかしい問題を提起するが、それについての聡明な意見を形成するのに必要とされる知識や考察の手がかりは提供しない。ＭＯＴは三〇秒のサウンドバイトで、ギャング禁止令を擁護もしくは非難する弁士役、あるいはロス暴動についてのさまざまな民族集団のメンバーの、さまざまな視点を提供する。ＭＯＴはわれわれに、ロス暴動のどの出来事、どの集団、どの行動にいちばん怒りをおぼえたか、それは警官か、略奪か、それとも陪審員の評決かと、まるでわれわれの怒り自体がどこかしら重大問題であるかのように問いかける。ＭＯＴはロス暴動、特定の憎悪集団、あるいは論争の視点について「もっと知るためにクリックしよう」と呼びかける。とはいえ、選択肢は限られており、この「もっと」は似たような小さな記事か、似たような三〇秒インタヴューだけである。

とりわけ、MOTはわれわれの思考、学習、参加が不可欠であるとたえず主張する。ミレニアム・マシーンのヴィデオはどれも、よく理解したうえで自分の意見を有力者たちに知らせることの重要性を強調することで締めくくっている。ロス暴動についての出し物は、スクリーン上で燃やされる「考えろ」ということばで終わっている（けれども、なぜ、なにを考えることになるのかは明らかにされない）。また、現代の民族間の暴力と反ユダヤ主義に関する映画『われらの時代に』は、「われわれはなにを記憶してきたというのか」という問いかけで終わっている。思考し、自分の意見を提示するようもとめる、これらの絶え間ない、しかし空虚な命令は、つぎのような事実をあいまいにするのに役立っている。つまり、あらかじめ政治的また知的に咀嚼されていないもの、レヴェルを下げていないもの、虚構化されていないもの、クリシェやサウンドバイトに収まらないものは、MOTにはほとんどないという事実である。実際、それは訪問者に「考える」よう促しながら、現実にはそれとは正反対に近いこと、すなわち、MOTが説明する現実と価値を疑わずに受け入れ、MOTで教えられるとおりに正しく考えることを促している、と結論するのもむずかしいことではない。また、この考えろという命令は、一方では思考と寛容の、もう一方では無知、偏見、原理主義の比喩的な連想を利用している。寛容で文明化された人々は自分で思考するが、頑固で野蛮な人々は本能、指導者、群集、習慣に従っているだけである。第6章と第7章で論じるように、こうした連想の組み合わせは、寛容な世界観とそれを保証するとみなされた政治的＝法的装置を、それをもたない人々に押しつけることも正当化する。結局のところ、これは彼らに考えるよう、したがって自由になるよう強制しているだけなのである。

個人の思索と視点に関心があると見せかけ、寛容を思慮深さに、偏見を愚かさに結びつけることは、寛容センターのほかのところでも繰り返される。訪問者はミレニアム・マシーンを離れ、このセンターの主要な展示物をあしらった長いホールに入る。技術的にいえば、そこではいろいろなものを閲覧《ブラウズ》することができる。ある壁には「責任を引き受けること」と題された一〇点の注釈つきの写真が大きく展示されている。「夜を取り戻せ」行進、「寛容の旗」をつくっている生徒たち、反ユダヤ主義の暴力事件に一丸となって抗議するモンタナの市民、ホームレスを支援するプロジェクト、セサル・チャベスの誕生日をカリフォルニアの祝日と制定するセレモニー、クー・クラックス・クラン〔KKK〕が街を行進するごとに寛容の募金を行なっている「プロジェクト・レモネード」という団体、世界のどこかで戦っている集団に訴えかける「平和の種」の青年キャンプ、都会のユダヤ人と黒人の若者たちを結びつける「分かり合い運動」、一九九〇年のアメリカ障害者法の署名活動、アンネ・フランクとズラータ・フィリポヴィッチ〔内戦下サラエヴォでの過酷な日々を少女の視点からつづった「ズラータの日記」で有名〕を学ぶロングビーチの高校生たち。このコレクションは正義をもとめる各地の活動を感動的に描写しているが、これらの場面がどのように結びついているのか、またどうして寛容という題目にあてはまるのかはわからない。（セサル・チャベスが農場労働者のために勝ち取ろうとしたのは「自分のとは異なる慣習や信条の受け入れ」だったのか。組合闘争それ自体を奇妙にもそのように分類することは、ある種の人種差別によって可能となったのか。すなわち、それは全米農場労働組合がおもに褐色の労働者を組織しており、この展示の制作者たちの考えでは、そのことが組合としての地位よりも重要だとみなされたから可能になったのか。「寛容」は全米自動車労働組合〔UAW〕の目標としても構想しうる題目なのか。そうだとすれば、この展示にUAWが登場することもあるのか。同じように、「夜を取り戻せ」行進は、暗闇での男性の女性にたいする寛容を促進することを目的としているのか。男が女性をレイプするのは、女性に偏見をもっているからなのか、それとも「女性の慣習や信条を受け入れる」ことができないからなのか。あるいは、この行進が寛容の戦いであるのは、女性という印づけられた従属集団が暴力にさらされているからなのか。そうだとすれば、平等な賃金や生殖にかかわる権利をもとめる行進も、寛容の闘争とみなされうるのか。）このコレクションは、いくつかの正義と平等の闘争を寛容の闘争とすることで、ある種の人種差別や性差別を広めているだけではない。それはつぎの二つ以上のものが問題に含まれるときは、かならず寛容が呼び出されうることを示唆してもいる。（一）浅黒い肌、（二）マイノリティの文化ないしは宗教、（三）社会的従属あるいは周辺化、（四）暴力あるいは極端な収奪（ただし、パレスチナ人は例外である）。それと同時に、社会正義の題目とは対照的に、寛容の題目は政治的次元だけでなく、両義性や複雑性も争点からいっさい排除しているようにも思われる。一方には誤り／暴力／不寛容、他方には正しさ／共存／寛容があるというわけである。

ＭＯＴの脱政治化は、世界をより寛容な場所にする「責任を引き受けた」日常の市民たちを合成的に描き出すことで、この展示の中心にあるものをよりいっそう重要なものとしている。それは「九・一一後のテロとの戦い」と説明された、イラクかアフガニスタンに駐留するアメリカ軍兵士〔ＧＩ〕たちの写真である。このような写真が出し物に加えられることで、アフガニスタンやイラクにたいする戦争は、人並みの賃金と労働条件をもとめる全米農場労働組合の闘争、性的暴力にたいする女性たちの抵抗、自分たちの町でのネオ・ナチやＫＫＫの活動にたいする市民の抗議と結びつけられる。なにがこれらを寛容の戦いとして修辞的に統一しているのか。なにが労働の搾取、貧困、テロ、そして性的、人種的、反ユダヤ主義的な暴力を、アメリカがイラクやアフガニスタンで戦っているのとまったく同じ悪の構成要素としているのか。これらはそれぞれアメリカ的な文脈のなかで戦われているにもかかわらず、イラクやアフガニスタンで戦われている合成的な悪を表現しているのかもしれない。ミレニアム・マシーンでは、テロは礼節と文明への攻撃であり、九・一一は「われわれの生活様式」への攻撃であるということを学んだ。そうだとすれば、テロと戦っている人々は、ここでイラクやアフガニスタンのアメリカ駐留軍が行なっているといわれるように、自らの生活様式のすべてを野蛮な敵から守っているのだろう。寛容の「責任を引き受ける」という描写の文脈のなかで、こうした主張は寛容を文明的な生活様式と等しいものとみなし、その両方を中東におけるアメリカの軍事的展開の正当化に結びつける効果をもっている。逆にいえば、それはテロ、アメリカがイラクとアフガニスタンで戦っているもの、そして不寛容を等しいものとみなしている。GIたちがここで展示されたほかのイメージと容易に結びつけられるのは、こうした論理をつうじてのみである。それに従うかぎり、中東におけるアメリカの軍事行動の帝国的な側面も、その行動にたいするヴィーゼンタール・センターの明らかに無条件の支持も、認識されることはないだろう。また、この論理をつうじて、「だれもが偏見をもっている」という共犯意識は、善き人々と悪しき人々がいる、善き体制と悪しき体制がある、戦いには善き大義と悪しき大義があるという、マニ教的な世界観にふたたび取って代わられるのである。

「責任を引き受けること」の向かい側の壁では、寛容デートラインが展示されている。これは一六〇七年から今日までのアメリカ史上の事件、法律、人物を、「不寛容はなくならない」と「寛容をもとめて」というカテゴリーごとに網羅的にリストしたものである。人種的および宗教的なマイノリティ、女性、同性愛者にとっての挫折は前者に、躍進と成功は後者に入れられる。リストの範囲は膨大だが、その表象は驚くほどランダムである。たとえば、奴隷の規則、先住民保留地、ドレッド・スコット〔一九世紀の黒人奴隷。解放をもとめて裁判を起こすも敗訴〕、ロバート・ケネディの暗殺、ルイス・ファラカン〔黒人組織「ネーション・オブ・イスラーム」の指導者〕のユダヤ教は「卑しい宗教」という発言は、すべて「不寛容はなくならない」にまとめられている。奴隷制に反対したクエーカー教徒、権利章典、税にたいするソローの抗議、ハリエット・タブマンの地下鉄道〔南部諸州の黒人奴隷を北部諸州およびカナダに亡命させた一九世紀の支援組織〕、一九一八年にフランスから最高の武勲を与えられたアフリカ系アメリカ人部隊、反中傷同盟によるユダヤ人の擁護、サンドラ・デイ・オコナーの最高裁判所への任命、ロサンゼルスの黒人市長の選出、アレックス・ヘイリーの『ルーツ』は、すべて「寛容をもとめて」のもとにリストされている。ここでは「寛容」の前進と形式的平等の達成、あるいは法に後押しされた差別と暴力のエピソードを区別しようとは試みられていないのだ。さらにいえば、寛容デートラインは、おそらく博物館のなかでも、もっとも注目されない展示物だろう。なぜなら、それはリストされた多くの項目について実際にじっくりと勉強し、予備知識をもっていなければならず、また派手でも双方向的でもなく、ただホールの全長に沿って書き連ねられているだけだからである。寛容デートラインは博物館の政治をおもに担うというよりも、一部の寄付者や来館者が気にするかもしれない、ほかでは扱われなかった集団もしくは事件に言及するための場所なのではないだろうか。

訪問者はより派手な展示物のほうに引き寄せられるようで、一六のスクリーンに映し出された『私には権利がないというのか』という公民権運動のヴィデオに目が行ってしまう。このヴィデオは、一九六〇年代前半について少しでも知っている人々には陳腐に思われるだろうが、そうでない人々には感動的なのかもしれない。しかし、「アメリカの経験からみた人種差別と偏見の歴史」に焦点をあてるという寛容センターの約束にもかかわらず、このヴィデオがアフリカ系アメリカ人の物語を奴隷制からではなく、人種隔離からはじめているのは注目に値する。これは人間の人間にたいする非人間性を立証するエピソードとして、奴隷制がホロコーストに匹敵しうるからなのか（同じような疑問は、三〇〇年以上のアメリカ史における先住アメリカ人の処遇についても生じる）。それとも、奴隷制は映画や高度な写真技術に先立って存在していたので、このハイテク博物館にとっては公民権運動のほうがより扱いやすい題材とみなされただけなのか。それでは、白人男性がすべての黒人と白人女性の行動を規制するために行なった、あのリンチという特異な形式のテロについてはどうなのか。たしかに、黒人差別《ジム・クロウ》の撤廃とアフリカ系アメリカ人の公民権の獲得は、アメリカの人種史における重要な出来事ではある。しかし、ヴィデオは今日にいたる差別の歴史の過酷さ、執拗さ、遺物をとらえてはいない。こうした点で、そして黒人と白人の活動家たちの協力を表現した「勝利をわれらに《ウィ・シャル・オーヴァーカム》」という力強いテーマのせいで、このヴィデオは過度にロマン化された「アメリカの経験からみた人種差別と偏見の歴史」を描き出しており、博物館のホロコースト部門に収められたユダヤ人の歴史の物語とは著しく対照的である。

　つぎは、一九九二年のロサンゼルス暴動に関する出し物である。これは打ち砕かれた不正義の壁での感涙から、自らの隣人や近くの韓国系の隣人を襲撃、略奪し、白人のトラック運転手を殴打し、数日間、警官がその地域に立ち入れないほどロサンゼルス警察を震え上がらせた、黒人たちのイメージにたいする困惑へと、われわれを移動させる。この暴動は、思い起こせば、複数の白人警官がひとりのアフリカ系アメリカ人を暴行しているのが偶然ヴィデオテープに撮られ、その後、問題の警官たちが陪審員によって無罪とされたことで引き起こされたものであった。しかし、ここで解説される事件の概要では、この暴行と評決については、いずれも簡単に紹介されているにすぎない。むしろ、ここでの焦点は、解説も説明もされない扇情的な映像に収められた、暴動それ自体である。これは多くの訪問者、とくにこの事件をあまり知らない若い人々、南カリフォルニアあるいはアメリカ合衆国以外の人々を当惑させるにちがいない。また、ここでは重層的に決定される集合的な憤怒の誘因ではなく（「ロサンゼルスの状況」について断片的に知りうるものもあるが）、黒人の憤怒そのものが前面に押し出されており、これと同じ表現をユダヤ人その他の白人について想像することはむずかしい。ポイント・オブ・ヴュー・ダイナーのように、訪問者は「評決と評決後の暴力、あなたはどちらに怒りをおぼえたか」、「この暴力は正当化されるか」といった問題について「意思表示」するチャンスを与えられる。だが、彼らは回答の根拠となる十分な情報を与えられてはいない。また、繰り返していえば、彼らの回答にどのような意味があるのかもわからない。

寛容センターの最後の出し物は、『われらの時代に』と題された短編映画である。ほかのほとんどのヴィデオ上映と同じように、これも分割スクリーンやモンタージュ、つまりＭＴＶ世代に訴えかけるだけでなく、分析的で論争的な組み立てよりも、イメージ先行的で換喩的な連想を重視した映像技術をふんだんに駆使している。ここでは、ボスニア、ルワンダ、ヨーロッパやアメリカの憎悪集団、テロ、憎悪犯罪、外国人嫌悪、同性愛嫌悪のすべてが、それぞれ同じ悪の現象として関連づけられている。もっとも、この分割された複数のスクリーンはある種の開放性を帯びており、説教じみてもいないので、観客にひとつの立場を押しつけるというよりも、たんに現代の憎しみと暴力の事例を示しているだけのようにもみえる。

しかし、『われらの時代に』には物語が、それも特異な物語がある。ヴィデオはつぎのような声明からはじまる。「第二次世界大戦が終わったとき、つまりナチズムから民主主義を防衛した六年間の戦いののち、われわれアメリカ人は、自分たちが人種差別、反ユダヤ主義、ファシズムにたいする偉大な道徳の十字軍の勝者であることを知った」。（ある国民がどうして道徳の十字軍に加わっていたことを回顧的に知りえたのかは、ヘーゲル的な歴史記述によってしか説明されないだろう。もっとも、今日でもこれと同じ歴史記述が、帝国の戦争を文明の野蛮にたいする戦争として説明するために呼び出されているのだが。）語り手はつづけていう。「われわれアメリカ人は、抑えられない憎しみが大規模な暴力になることを知った。われわれはまた、国外で人種差別と戦うつもりなら、国内でもそれと戦わなければならないことも知った」。これらの声明は、アメリカの戦後のイデオロギーや政策の奇妙な説明でもある。つまり、当時はここでは言及されないマッカーシズムが国民を襲い、冷戦が第三世界での容赦ない一連の介入やクーデタを許していたのだ。ヴェトナム戦争は、そのなかでも最長かつ最悪のものだったにすぎない。つぎに、ヴィデオはわれわれが（ここでの「われわれ」は全世界か、少なくとも西洋のどちらかである）第二次世界大戦の教訓をきちんと生かせなかった悪のエピソードとして、ボスニア、コソヴォ、ルワンダへと移っていく。ボスニアの悲劇は「過去の侮辱や危害にさかのぼり」、その「憎しみが暴発した」民族紛争として説明されており、思ったほど脱政治化され、脱歴史化されているわけではない。ルワンダの虐殺では、そうした試みはまったくみられない。スクリーンは荒廃と死のシーンで満たされ、その説明はもっぱら嘆いているだけである。映画の最後は、ユダヤ人、同性愛者、黒人を標的とした、憎悪集会、落書き、若者の集団のコラージュである。そのあいだ語り手はさまざまな偏見をあげていき、締めくくりにぞっとするような口調でこう問いかける。「われわれはなにを記憶してきたというのか」。

こうした特異な歴史記述と歴史のほかにも、この映画はそこで描かれる政治的な暴力や紛争の原因を憎しみそれ自体の噴出に、すなわち、ある種の包括的な民族的、文化的、人種的、性的な外国人嫌悪にみいだしているように思われる。それは政治的あるいは社会的な権力による敵対の構築と動員を明らかにすることも、また憎悪発言と民族浄化やジェノサイドのような国家政策を区別することもない。むしろ、前者は後者に容易にエスカレートする、それは同じ内容物からできている、外国人嫌悪的な憎しみは大規模な迫害や暴力の素材であるということを、この映画はそれとなく主張しているのである。第二次世界大戦の「民主主義の守護者」は人種差別、反ユダヤ主義、ファシズムにたいする偉大な道徳の十字軍に、知らないうちに加わっていたというオープニングの主張と結合しながら、この映画は文明と野蛮、民主主義とその敵、自由で寛容な人々と頑固で原理主義的な人々との対立をめぐるもうひとつの教訓となっている。ここからジョージ・W・ブッシュの、世界規模の自由と民主主義のための天啓によるミッションまでは、ほんの一歩である。

『われらの時代に』は〈ショアーの館〉に入るまえの最後に立ち寄るところでもあり、寛容センターと〈ショアーの館〉の継ぎ目として機能している。というのも、それは第二次世界大戦の教訓に焦点をあてながら、さまざまな種類の憎悪発言（落書きを含む）、憎悪犯罪、憎悪集団が、戦争、民族浄化、ジェノサイドとともに、すべて同じ組織の一部であると主張しているからである。かくして、ホロコーストは忘れてはならないだけでなく、けっして消えないものにもなる。つまり、それは市民的自由の制限から戦争まで、多くの先制行動と防衛を正当化する亡霊となるのである。

〈ショアーの館〉に移るまえに、ヴィーゼンタール博物館の寛容センターの地位と目的をめぐる問いと、どうしてナチのユダヤ人の処遇が「人間の人間にたいする非人間性」の歴史において比類なきものとして扱われるのかという問いを、簡単に再検討しておこう。すでに指摘したように、寛容センターの計画は公的資金を合法的に調達するのに明らかに役立った。つまり、それは州および連邦の資金の配分をめぐる公聴会で証言された逃げ道であった[34]。しかし、寛容センターは人種的、宗教的、民族的な憎しみ、また女性嫌悪や外国人嫌悪を、人種的あるいは民族的に強く同一化しているかもしれないが、世間慣れしておらず政治的でもない訪問者、とくに若者たちにとって重要なものとみなしている。もちろん、それは現代のさまざまな憎しみや差別の標的を結びつけ、さらにそれらを反ユダヤ主義やホロコーストといった一見かけ離れた問題と結びつけるためである。ＭＯＴの副館長であるメイ師は、連邦の資金提供に関する議会の聴聞会において、こうしたアプローチを明言していた。「ユダヤ人であろうとなかろうと、あらゆる境遇の子どもたちと訪問者にもっとも手を伸ばすためには、彼らの関心や彼らにたいする脅威にも目を向けなければなりません。まさに二〇世紀の分水嶺となったあの出来事を示すだけでは、教育プログラムとしては十分ではないのです。それは彼らには関係のないことですから[35]」。もっと限定していえば、寛容センターは現代の人種的マイノリティや移民たちの経験をアメリカのユダヤ人の経験に結びつける。そして、それらを憎しみと不寛容という題目のもとにかき集めることで、ホロコーストの勉強をユダヤ人でない人々や若い世俗的なユダヤ人にとっても身近なものとする。それは反ユダヤ主義をほかの民族的あるいは人種的な憎しみに関連づけ、現代の若者と四分の三世紀前のナチ・ドイツの出来事との時間的および空間的な隔たりを埋めるのに役立っているのである。この点で、寛容センターは天才的なひらめきというほかない。それが〈ショアーの館〉の前座となっていなければ、何百万もの若者たちがヴィーゼンタール・センターでホロコーストの物語を学ぶことはなかっただろう、といってもかまわない。

寛容センターは世界中のユダヤ人を憎しみと暴力の犠牲者として、イスラエルをテロの一方での加担者であるにもかかわらず、そのもっとも過酷な犠牲者として突出して扱っている点でも重要である。これにたいして、アラブ人およびアラブ系アメリカ人はそのようなものとしては扱われず、もっぱらユダヤ人を憎む人々、人種的プロファイリングの潜在的な候補者、「名誉」を理由に妻の目をくり抜いたり、石で打ち殺したりする野蛮な男たち（これはミレニアム・マシーンの女性にたいする暴力のヴィデオで説明されていた）として現われるだけである。これらが組み合わされるとき、イスラエルはショアー後のユダヤ人の祖国としてだけでなく、野蛮な地での文明の灯台としても、満場一致の同情を得られる舞台を整えられる(36)。

博物館で言及される、その他のいくつかの紛争の言説的構成にならえば、イスラエル＝パレスチナ紛争は、ルワンダのフツとツチのように民族的な敵対心や憎悪、あるいはボスニアのセルビア人とムスリムのように宗教的＝民族的な衝突によって引き起こされたものとして描かれたかもしれない。しかし、これらのモデルはいずれも敵対する二つの対等な民族というものを想定しており、それゆえ中東の紛争を野蛮にたいする文明の道徳十字軍というよりも、たんなる悲劇とみなすことになる。また、それらはイスラエル／パレスチナの対立を、憎悪と敵意が寛容に置き換えられうる事例として構成することにもなる。だが、イスラエル＝パレスチナの戦いに、寛容という痛み止めの軟膏はふさわしいとはみなされない。なぜなら、寛容は野蛮人にまでは広げられないからである。そもそも、彼らはあなたがたの生活様式の、サイモン・ヴィーゼンタール博物館の存在そのものが例示する、寛容を内包した生活様式の敵なのである。

中東についてのMOTの露骨なささやきと声高な沈黙のなかで、最近のイスラエルの災難はユダヤ人の歴史をつうじた状況と連続したものとして、すなわち、ユダヤ的であるという理由だけで敵に苦しめられるものとして暗示されてもいる。イスラエルとその政策もしくは行動にたいする敵意については、それ以外のいかなる文脈も提示されない。ユダヤ人はたえず寛容を必要とすると同時に、寛容な世界を提唱する者として説明される。それどころか、彼らは寛容を必要とするがゆえに、その兵士となり、その最終的な勝者となって現われる。寛容センターはそうした戦いと勝利を例示している。ユダヤ人が自らの差異のためにつねに迫害されてきたのだとすれば、彼らはなぜ異なる民族や国家が「許容」されなければならないのかを、ほかのだれよりも知っていることになる。このように偏狭な地位からコスモポリタン的でポスト普遍主義的な世界観を抽出する推論は、寛容センターを〈ショアーの館〉に結びつけるもっとも重要な成果のひとつである。つぎの重要な成果は、このコスモポリタニズムを利用してイスラエル＝パレスチナ紛争についての凝り固まった見解を隠蔽することである。

その受難が普遍的でコスモポリタン的な英知へと変えられるにつれて、ユダヤ人とイスラエルは野蛮にたいする文明、憎悪にたいする寛容の闘争の最前線に立つようになる。こうした理由から、ホロコーストの比類なき恐怖を描こうというプロジェクトは、それをあえて「不寛容」という控えめにもみえる題目のもとか、少なくともそばに置こうとする。いずれにしろ、そのような題目によって、イスラエルはホロコーストに向かい合ったユダヤ人の例外主義や、ユダヤ人らしさそのものに依拠しなくても擁護されうる。そのためには、ユダヤ人を文明、人間性、礼節、寛容な秩序の防衛者とみなし、逆にイスラエルの敵をこれらの価値の敵とみなせばよいのである。こうした言説はユダヤ人と西洋のキリスト教徒を同盟させるだけでなく、ユダヤ人を野蛮な〈他者〉にたいする西洋の価値の防人として入隊させ、西洋をたんなる罪悪感や純粋な戦略的支持ではない理由からイスラエル防衛の任務に就かせる。それはかつてのユダヤ人のナショナリズム、同族意識、パーリアの地位を、普遍主義、コスモポリタニズム、西洋の文明的な価値の保護と拡大というプロジェクトの中心に置き換え、そして寛容が周辺的な人々や弱者のためにつくられたとはいえ、結局は文明化された人々のために、そうした人々のあいだでしか存在しないということを明らかにしているのだ。

しかし、MOTはいかにしてホロコーストを、寛容センターで扱っているアイデンティティにもとづいた暴力の挿話や標的に、関連づけられると同時に区別されるものとして形成しているのか。修辞的には、寛容センターはホロコーストを不寛容や人種的な憎悪の連続体の一部、その究極の事例、そのもっとも恐ろしい実例として規定している。けれども、〈ショアーの館〉は六〇〇万人のユダヤ人の殺害を劇的に分離している。それは寛容センターの対象と比較することもできなければ、その解釈あるいは熟慮と同じ技術、言語、規則で扱うこともできないのだ。こうした区分は、これら二つの部門のあいだの表象技術、舞台設定、内容の重みの著しい変化にみられる。寛容センターは憎悪や暴力の瞬間的で断片的なシーンを提示するだけで、それらの歴史、文脈、原因はほとんど言及されない。そこでは、ほかの人のために、ほかの人について語ることはだれにも許されず、また自己表現の問題にもそれほど関心が示されているようではない。たいていの場合、そこでの説明は当事者によるものではなく、いかなる視点も主張せず、その題材にたいする多様な反応を引き出すふりをしているだけである。いくつかの出し物は不用意で明らかに通俗化されており、そこで提供される情報も視聴者が自由に手に入れられるものがほとんどである。これとは対照的に、〈ショアーの館〉の編成と様式は、ホロコーストはそのすべての物語が語られ、ユダヤ人犠牲者の視点から権威的かつ網羅的に語られなければならないということを明示している。そして、それは中断、脱線、視聴者側の選択なしに、また論争や多元的な視点を演出することなく詳細に伝えられる、単一の物語として確立されなければならない。

　したがって、寛容センターと〈ショアーの館〉のあいだでは、博物館のデザイン、教授法、観客の立ち位置の劇的な変化が生じている。〈ショアーの館〉に入場すると、双方向メディアや情報の閲覧、いくつかの展示の取捨選択は存在しない。それどころか、双方向性は舞台から観客への一方的な働きかけに変わっている。また、さまざまな時代、場所、紛争の多様性の断片的なシーンも、提起された問題の歴史や文脈にたいする無関心もなくなっている。さらには、紹介されたどの題材も、いくつもの信頼しうる視点があるという解釈的にも分析的にもむずかしい問題を含んでいる、と想定されることもない。入口の自動ドアが入場のためにさっと開き、その六五分後に出口の自動ドアで解放されるまで、われわれは絶え間なく語りかけられ、隅々まで周到に配置された体験にさらされ、またあらゆる陳述が確信をもって伝えられる。ゆっくりと吟味してみる問題や説明も、くわしく検討してみる資料や注釈もない。自分の「パスポート」（後述）に記載された子どもの運命をたどる情報のほかには、読むべきものはまったくなく、それゆえ読書が開きうる主観的、個人的な反省もいっさい生じない。その代わり、〈ショアーの館〉内での経験は連続的かつ全体的で、われわれを包囲し、充満させている。沈黙も、質問のための休止も、訪問者が別のもっと多くの情報をもとめたり、自分の視点を意思表示したり、複数の角度から問題を考察したりする地点もない。ここでの説明は公平かつ正しいものとして提示されており、意味の伝達と受容における解釈の複雑さを見せかける、演出された反対意見さえ欠いているのである。

これらの変化は、すべてどのように達成され、正統化されているのか。すでに述べたように、〈ショアーの館（Beit Hashoah）〉はガイドによっても、博物館の印刷物でも翻訳されていないが、〈ホロコーストの館〉を意味している。ヘブライ語に精通している人にとっては、これは「beit hamidrash（研究所）」や「beit haknesset（集会所もしくは祈禱所）」を換喩的に暗示するかもしれない。つまり、「beit」はたんに居住するだけでなく、集合することも指示しているのである。(37)このように、ヘブライ語でホロコーストについて学ぶための集会所を思い起こさせる行為は、その事業に学術的な賛助を与えると同時に、〈ショアーの館〉を、寛容センターを構成する多元主義的な意見の世界とは隔たったところに設置し、寛容の核心にある信条の相対主義から分離している。(38)「beit hamidrash」からの学術性の指示は、〈ショアーの館〉の内容に真理の価値を付与している。「beit haknesset」からの、そしてヘブライ語のみの使用による宗教性の指示は、それらの内容を聖なるもの、さらにはヘブライ語を話す人々、つまりユダヤ人だけのものとしている。総じていえば、これらの連想は外部の反論や視点を封じながら、〈ショアーの館〉の妥当性を確立しているのだ。われわれは重大な歴史的エピソードの真実を学ぶために、聖なるユダヤの地に客人として招かれる。これは寛容センターの世俗的で、相対主義的で、折衷的で、結局のところ深みのない空間からの根本的な離脱である。もちろん、おざなりな訪問者が、その断絶に気づかないこともあるだろう。その場合は、寛容センターの開かれた多元主義的な言説実践が、そこでの正統化の影を〈ショアーの館〉にまで落とすことになるかもしれない。

また、〈ショアーの館〉のはじまりから、われわれは寛容の生徒、偏見をもった個人、討論の参加者、複雑な社会環境のなかの利害関係者というよりも、ホロコーストの経験の「証人」として呼びかけられる。しかし、それは通常の意味での証人ではない。一方で、われわれが見るものは、現実的というよりも演出されたものである。他方で、舞台と観客の一般的な隔たりは、出し物のデザインや性質によってかなり縮小されており、その演出が重要なところで意識されないようにしている。

〈ショアーの館〉は一連の等身大のタブローやジオラマからできており、話す人形、ナチ時代の記録映像のクリップ、日記や手紙の朗読を呼び物にしている。物語は、入口間近のオープニング映像で、ユダヤ人街の「甘く、魅力的で、美しい生活」を構成していた「苦難のなかの陽気さ、歌声、笑い声」をロマンティックに描いた「かつての世界」からはじまり、ヒトラーの権力掌握をつうじて、ユダヤ人の迫害、隔離、追放、そして最終的には絶滅へと劇的に高まっていく。この物語の進行とともに展示物を移動し、時代を追うにつれて、映画はタブローに代わり、そしてタブローは観客の空間に移っていく。瓦礫や捨てられた所持品が、われわれの立っている部屋にころがっている。つまり、われわれは最終的にシーンのなかに完全に組み込まれてしまうのだ。その出し物は、有刺鉄線でおおわれた強制収容所のような空間、大人や健康な人と子どもや老人、それに虚弱な人を分離する入口、でこぼこでざらっとしたセメントのフロアへの文字どおりの下降とともに頂点に達する。冷たい、洞窟のようなガス室の空間に出ると、そこでは役者たちが収容者や生存者のことばを長いあいだ朗読し、収容所のイメージを喚起させている。この地点で、われわれはもはやホロコーストのたんなる証人ではなく、その経験の内部にいる。もちろん、この「経験」はつくりものである。しかし、〈ショアーの館〉の出口にある来館者ノートのひとつに、こう記されているのを見つけても驚きではない。「ホロコーストについてはいくつか読んでいましたが、それをじかに見たことはありませんでした」。

　われわれは〈ショアーの館〉の入口で、ユダヤ人の子どもの写真のついた名刺大の「パスポート」を受け取り、その子どもの運命を戦争の推移にあわせて順次チェックしなければならない。これもまた、われわれをメディア表現の観客どころか、たんなる証人以上のものにしようとしている。それぞれの訪問者にユダヤ人の子どもの役を割り当てることは、犠牲者と同一化すること、とりわけ、その子どもをつうじて、その子どもになって恐怖、苦しみ、喪失を感じることを目的としている。その子どもは自分自身なのだろう。われわれが歳をとっているとしたら、自分の子どもなのかもしれない。いずれにしろ、われわれは無関係な観察者なのではなく、その行為に部分的に溶け込み、自分自身の経験の証人となることをもとめられているのだ。ある訪問者は、来館者ノートにこう書いている。「私の［パスポートの］子どもが死んだ。そのときの気持ちがわかるようになりました」。

　このようにして、後期近代の特徴である現実的なものと仮想的なもの、事実的なものと虚構的なものの融合は、利用されると同時に、歴史の客観性と正確性の名のもとで非難される。もっといえば、〈ショアーの館〉ではホロコーストが訪問者によって目撃されるだけでなく、体験されるものとしても制作されているのだが、そこには権威を確立し、解釈の問題を排除しようとする重要な真理の戦略が含まれている。歴史家のジョーン・W・スコットが論じているように、なにかを経験することが真理への確実かつ直接的な接近方法だとみなされる認識枠組みでは、なにかを目撃ないしは体験するという事実が解釈や批判的分析の必要をイデオロギー的に排除しているのだ(39)。現前の形而上学がある出来事を見ることと現実に起きたことを知ることを同一視しているのなら(「私は知っている──私はそこにいた」)、実際になにかを体験することも、そのような知識の疑う余地のない起源となるだろう(「私は知っている──それは私に起きたことだ」)。目撃することと体験すること。たとえ演出されたものだとしても、この展示はそうした両方の視座を組み合わせることで、その物語の権威を二つの方向から固めているのである(40)。

とはいえ、〈ショアーの館〉の出し物が歴史的エピソードの模造であるとすれば、その本物との正確性、忠実性は、いったいどのように保証されているのか。第一段階は、いま述べたように、われわれを証人として位置づけることであった。視座、解釈、視点の問題を排除する第二の重要な装置は、無名の語り手が最初のタブローで紹介する〈歴史家《ヒストリアン》〉、〈調査官《リサーチャー》〉、〈設計者《デザイナー》〉と称される三つの人形である。これら等身大のジョージ・シーガル風の人形が〈ショアーの館〉での仮想的なガイドとなり、それらの分業体制は最初のジオラマである程度くわしく言及される。この詳細な説明で修辞的に目立つのは、いかにしてホロコーストの正確な再構築がなされたのかを解説するとき、公開性がもっともらしく主張されていることである。これは〈歴史家〉が「資料、日記、手紙を研究し、ほかの専門家と相談し、実際にそこにいた人々と話し合いながら、その事実を立証した」人物として描かれていることからも明らかである。[41] また、一次資料と二次資料、照会、インタヴューといった歴史を再現する題材について簡潔だが網羅的に説明することで、視座、解釈、傾倒、物語の構図といったものが見落とされていることにも注意しておこう。むしろ、ここでは事実だけが立証され、提示されているというわけである。

ここでは〈ショアーの館〉をくわしく説明することはしない。寛容センターと同じように、それはいくつかの点では目的を達成している。ヒトラーの台頭や第三帝国のユダヤ人政策についてほとんどなにも知らない人々にとっては、〈ショアーの館〉はこれらの問題のわかりやすい手引きとなっている。[42] それはホロコーストの恐怖と規模をたんにほのめかすだけでなく、一九三〇年代と一九四〇年代前半のヨーロッパのユダヤ人に起きたことに、ほとんどの世界の目を向けさせなかった反ユダヤ主義の存在もまた強調している。ワルシャワ蜂起に捧げられた印象的なジオラマと〈歴史家〉の講釈は、ユダヤ人は受動的で、増大する迫害、隔離、収容、絶滅にもかかわらず「羊のように殺戮された」という観念の誤りを指摘している。また、それは比較的ささいな形式の偏見としてはじまったものが、いかにして大規模な迫害や虐殺にふくれあがるのかも解明している。けれども、こうした教訓はあの対位法的な主張によってうやむやにされる。すなわち、反ユダヤ主義は歴史的に連続し、地理的に遍在する唯一のものであり、ショアーは積極的な迫害とそのように持続する世界規模の反ユダヤ主義との融合を表現しているのだから、そのほかの形式の民族的憎悪や宗教的迫害とは異なるという主張である。もっといえば、「われわれのとは異なる信条や慣習の受け入れ」としての寛容が、どうすればショアーを防ぎ、広範囲に及ぶとされたユダヤ人の苦境にたいする無関心を防ぐものとなったのかもはっきりしない。展示そのものが明らかにしているように、たんにユダヤ人の信条や慣習を受け入れられなかったということだけでは、ホロコーストの土台を形成した経済的逼迫、特定人種のスケープゴート化、人種の純血性をめぐる不安、そして帝国の野望やファシズムの世界観の問題はとらえられない。また寛容それ自体も、ある民族全体にたいする攻撃と戦うのに十分積極的な態度ではない。MOTの定義によれば、寛容は教義でも命令でもなく、原理であり実践である。だが、いずれにしろ、それはある主権国家が他国の事件に介入する根拠とはならない。

結局のところ、このホロコースト館の戦略的な題目は、さまざまな訪問者を呼び込むのには効果的だけれども、「二度とふたたび」という目標を達成するには不十分である。したがって、この超現代的な博物館には、古いおなじみのユダヤ人の運命論が漂っている。それはこの博物館の中心的な逆説を説明してもいる。訪問者は、すべての個人に歴史をつくる力と責任があるとたえず思い起こさせられる一方で、そうした力を国家とNGOに譲るよう仕向けられる。ここには民衆の力を肯定、つまり信頼するものはなにもない。同じように、われわれは思慮深さをたえず要請される一方で、実際には自分の力で考えるとは思われていない。そしてとりわけ、寛容が理想ないしは希望とされる一方で、堅固な国境と重装備の検問所が必要とされるのが現実である。これはまさに、自由が民主主義の存在理由かもしれないが、結局は安全に屈してしまうようなものである。

もうそろそろ、トイレに行ってもいいだろうか。

脱政治化としての寛容と寛容の脱政治化

寛容博物館は、寛容という題目によって偽装された政治を広めるだけではない。それはまた寛容の政治、つまり規範および権力の言説としての寛容の操作が偽装される手段にほかならない、脱政治化の言説も広めている。したがって、そのプロセスは自己増強的である。道徳的言説としての寛容は、MOTの特定の政治的な支持や立場をおおい隠すために作用するだけでなく、紛争ならびに不平等や支配の局面のより包括的な脱政治化も遂行しているのである。

第1章で論じたように、寛容の言説によって達成される脱政治化の効果には、いくつかの要素がある。第一に、不寛容の問題とされた政治的対立は、不平等や支配を個人的な偏見もしくは敵意として再構成する。こうした脱政治化は、政治的に生産された問題を個人化すること、また原因を態度に帰することをつうじて発生する。個人が紛争の行為主体として扱われ、態度が紛争の源泉として扱われるにつれて、権力は見えなくなる。偏見のある個人がさまざまな社会的、経済的、政治的な害悪の原因となり、寛容な個人がそれらの解決となる。

第二に、政治的対立がこのように個人の態度に還元されることで、紛争それ自体が存在論化される。寛容が必要とみなされる主体の属性と位置は歴史と権力によって構成されているのに、それらは分析の対象から外される。ある主体の従属と周辺化を生み出し、従属集団間の敵対性を生み出している、経済的および政治的な秩序、そして宗教、文化、性、ジェンダーの言説もそうである。したがって、たとえば、黒人差別《ジム・クロウ》を保証し、再生産している複雑な社会的、経済的、政治的な力は、人種隔離や公民権運動についてのＭＯＴの説明には現われない。むしろ、人種隔離は法に支えられた頑迷な態度として現われるのであって、それゆえ平等な態度の立法運動によって反対されるといわれる。

第三に、こうした権力と歴史の消失は、紛争、暴力、従属の源泉だけでなく、それらの主体形成の能力も見えなくする。今日使用され、またＭＯＴでも流通している寛容は、社会的差異を自然なもの、人間を差異にたいして生まれつき不信と偏見をもって対応するものとみなしている。特定のアイデンティティがどのように生産され、支配と特権の拠点とされているのかという歴史的、政治的、政治＝経済的な分析がなければ、差異それ自体が不寛容をもたらしているように思われる。また、そうした公式は、差異をなにかしら包括的なものにも変えてしまう。このような帰結は、どうしてＭＯＴがアイデンティティの領域（ジェンダー、セクシュアリティ、人種、エスニシティ、宗教、文化）と紛争の領域（ボスニア、同性愛嫌悪の暴力、ロサンゼルス暴動、家庭内暴力、ルワンダ、エチオピア）をでたらめに動き回っているのかを説明するのに役立つ。差異を偏見の原因、偏見を不正義の原因、そして寛容を偏見の危険を抑えるものとみなす、それぞれ連動した一般化によって、重大な政治的および歴史的な分析が放逐されるだけでなく、驚くべき範囲の現象が同じ説明の題目と同じ正義のプロジェクトにかき集められるのだ。その説明は使いものにならないくらい薄っぺらで、その正義のプロジェクトは一貫した政治的な綱領ないしは公約というよりも、たんに道徳的な呼び声でしかない。

第四に、こうした差異の混合は、その置き換えを助長する。たとえば、全米農場労働組合の闘争が寛容のもとに含まれるのは、その経済的正義のプロジェクトがたまたま褐色の身体に結びついていたからである。このような混合は、宗教、文化、エスニシティ、人種のとくに致命的な互換性を可能にする。この互換性は分析のずさんさ、あるいはユダヤ教のモデルをほかのすべてのものに拡張する効果だけに還元されるわけではない。むしろ、信条と慣習が血や表現型から導き出されるほど、アイデンティティが存在論化されたとき、それらのカテゴリーは代替可能になる。こうした存在論化は、寛容の候補とされる人種的差異が「自分のとは異なる信条や慣習の受け入れ」という寛容の定義に内包されることを、道理に反して理解可能にするものである。それはまた、宗教から人種への転倒も許している。これはミレニアム・マシーンのテロに関するヴィデオが、イスラームのテロリストの攻撃の直後、人種的プロファイリングは容認されうる保安手段かどうか、と視聴者に問うときにみられる。そこで暗示されているのは、ある表現型もしくは外観の人々は生まれつき特定の信条に従っており、またその信条はなんらかの悪魔的な慣習を生み出すかもしれない、ということである。文化、エスニシティ、人種、宗教のすべてが包括的な差異の問題の一部とみなされ、アイデンティティそれ自体が存在論化されると、こうした論理の連鎖が可能になる。

けれども、このように人種から信条や慣習を導き出すことは、MOTがほかのところでステレオタイプ化と定義し、寛容の敵と非難していることである。もっといえば、差異の自然化と混合は、それが是正すると称している人種差別、性差別、同性愛嫌悪そのものに刻みついている。MOTはアイデンティティを、それを生産する権力の効果、つまり女性と男性であれ、韓国系と黒人であれ、同性愛者と異性愛者であれ、ユダヤ教徒とキリスト教徒であれ、あらゆる〈われわれ〉と〈彼ら〉を生産する効果というよりも、むしろ存在論的なものとみなしている。こうした論理は、差異を敵対の本来的な根拠とみなすことで、それが嘆かわしいと主張する部族主義を肯定している。しかし、これは「自分のとは異なる信条や慣習の受け入れ」としての寛容という定義が、人種やジェンダーといった、それを崩しかねないカテゴリーを扱うときも耐えられるようにする論理でもある。差異が自然で深いものだとすれば、はっきりと宗教的あるいは文化的な形態をとらないものでも、信条や慣習として描かれる。それゆえ、人種やジェンダーも深い差異の拠点とみなされ、まったく異なる信条や慣習の土台となる。その過程において、性差別と人種差別は、敬意をもって「差異」を扱うこと、その奇妙さにもかかわらず人間的な尊厳を認めることの不履行に還元される。このように従属と支配、ヘゲモニーと周辺化を根本的に脱政治化して説明することで、差異をめぐる自然な不信が人間の歴史の原動力となるのである。

一方で、このような脱政治化はあまりにアメリカ的で、あまりに後期近代的なものなので、サイモン・ヴィーゼンタール・センターだけを責めることはできない。それは現代アメリカの（非）政治文化の基礎となっている生地で、その展示物をつくっているだけである。その一方で、本章では、MOTがこの生地を使って自らの政治的アジェンダを隠していると主張し、それが特定の脱政治化の言説を活用するとき逆説的にも政治的に配慮しており、その言説を無自覚あるいはナイーヴというよりも、むしろシニカルなほど戦略的に展開していることを指摘した。私はこうした目的性を条件つきで擁護し、MOTによる政治的プロジェクトのための寛容という脱政治化する題目の動員には、狡猾さと不器用さ、無自覚な適応と意図性の両方があることを示したいと思う。すなわち、自らの政治的課題のために脱政治化の言説を必要としているかぎり、MOTはこの言説の内部から完全に生み出されているというよりも、むしろ、それを意図的に行使し、また注意深く操縦しているのである。博物館はいくつかの点では腹立たしいほど首尾一貫していないかもしれないが、その展示物のなかで知的あるいは政治的に不注意なもの、自己矛盾したものはまったくない。それらは自らの政治で失態を演じることも、自らを解体したり暴露したりするような誤りを犯すこともない。また、それらは脱政治化を利用し、弱い政治参加の観念を助長するけれども、どこに権力があるのか、ある主張を行なうのに、どのように歴史を提示すればよいのかを知らずにつくられているわけでもない。MOTは権力と政治についての、さらには歴史の政治についての、みごとな狡知を表現しているのだ。

けれども、寛容の言説はMOTにときおり問題を引き起こすので、注意して扱わなければならないのも事実である。たとえば、寛容の言説が可能にするエスニシティ、人種、文化の融合、それが促進する「紛争の文化還元」は、ナチスによって脚色され、利用されたユダヤ人の人種化と戦うためには避けられなければならない。実際、〈ショアーの館〉では、〈歴史家〉は早い段階で、人種化がヒトラーのもとでのユダヤ人の運命を決めたと説明している。「文化は吸収され、宗教は変えられるかもしれないが、人種は排除されるしかないのだ」[43]。また語り手は、ヒトラーによるユダヤ人の悪魔化と迫害が、たんに反ユダヤ主義的であるだけでなく、ユダヤ人を人種とみなすという完全に間違った人種化によって助長されたと主張している[44]。このように、ユダヤ人を扱うさいには、人種、宗教、文化、エスニシティの区別、それらを融合することの重大性に細心の注意が払われている。だが、それは「イスラーム原理主義」テロリストの攻撃を防止する人種的プロファイリングの議論とはまったく矛盾している。〈ショアーの館〉はユダヤ人の人種化をはっきりと非難し、ナチの言説と実践に暗示された人種化にはひどく敏感であった。それにもかかわらず、MOTはテロについて語るときは、ムスリムを不用意にも人種化している。

ミレニアム・マシーンの女性への暴力に関する映画でも、注意深い注釈が重要な局面でなされている。語り手はあるところで、女子割礼は「宗教的ではなく、社会的な慣習」であると説明している。この注目すべき主張は、いくつかの目的に役立っているように思われる。第一は、女子割礼に反対することは宗教的不寛容の行為ではない、と立証することである。第二は、女子割礼への関心がユダヤ教の男子割礼の慣習、その正統派の女性の剃髪の必要に及ばないようにすることである。これらの宗教的慣習は、寛容のマントによって守られている。第三に、社会的なものは宗教的なものだけでなく、文化的なものからも区別される。なぜなら、文化もまた寛容の言説での地位を獲得しており、MOTの寛容の定義によって網羅されるからである。つまり「社会的なもの」は、いかなる神聖な地位ももたず、とくにだれのものというわけでもなく、したがって寛容の保護を必要とする信条や慣習を含まないものとして、かなり注意深く選定されているらしい。ある慣習を宗教的、民族的、文化的なものというよりも、むしろ社会的なものとして規定することは、それが深い差異から生じたものではなく、それゆえ外部者によって異議を申し立てられ、また安全、苦痛、社会的な効用と損失、あるいは包括的で漠然とした人間の尊厳という観念を含んだ考察によって判断されうる、ということを示唆している。

つまり、現代の寛容の言説においては、ある慣習を非難し、非合法化し、追放したい場合は、それを社会的あるいは政治的なものとしてカテゴリー化しなければならない。その一方で、ある慣習を守りたい場合は、それを文化的なもの、できれば宗教的なものとして分類しなければならない。もちろん、これらのカテゴリーは、ＭＯＴがほのめかすように固定されてはいない。ある人にとっての社会的なものは、別の人にとっては文化的ないしは宗教的なものかもしれない。たとえば、子どもへの体罰、妻への殴打、中絶のタブー、火葬、婚外交渉、特定の動物を食べること、同性愛の忌避などがそうである。さらに、アメリカでは、男子割礼が宗教的、衛生的、「文化的」、審美的といった理由から行なわれている。これはＭＯＴが、女子割礼は宗教的というよりも社会的な慣習である、という言明のなかで固定しようと試みたカテゴリーを横断する能力をもった慣習のよい例である。

寛容という脱政治化の言説を利用しながら、その表現を注意深く操縦するのに、どれだけの政治的意識が展示物に注ぎ込まれているのか。ＭＯＴには、そのことを明らかにする別の契機もある。たとえば、寛容センターは真理の問題を遠ざけ、多様な視点の尊重を前面に立てていたが、〈ショアーの館〉は客観的であると同時に犠牲者の経験と一致する、安定した、異論の余地のない真理を必要としていた。この必要は〈歴史家〉や〈調査官〉の解釈から、双方向メディアの放棄、解釈学を超えた真理の宝庫としてのホロコースト生存者の生出演まで、多くの仕掛けを機敏かつ慎重に活用することで充足されている。同じように、ホロコーストの物語への関心を引き出すために、寛容センターと〈ショアーの館〉のあいだには連続性が立てられていたが、その連続性もまた認識論や視点のレヴェルだけでなく、容認される共犯性を構成するもののレヴェルでも切断されなければならない。寛容センターはわれわれにあまり頑固にならず、偏見との戦いにもっと責任をもつよう説得しながらも、われわれの偏狭で先入観にとらわれた性質を最初から容認している。したがって、それは自らが解明しようとする問題の永続性を容認し、ある程度それに依存している。寛容センターの目的は、偏見が根絶され、もはや差異が紛争の火種とならない世界ではない。むしろ、それはむずかしい差異や視点にうまく対処し、どうにか秩序を保つよう努めることなのである。これとは対照的に、〈ショアーの館〉は、すべての反ユダヤ主義はホロコーストでなくとも悲惨な帰結をもたらすので、ゼロ・トレランス政策が必要だということを立証するために機能している。最初はうわさ、悪口、偏見だったものが大量殺戮的なプロジェクトに高じうるという思想によって組み立てられた物語は、反ユダヤ主義のありとあらゆる表現を不吉なものとする。これはホロコーストを現代のイスラエルの擁護に関連づける物語であり、それをユダヤ人国家の外見上の必要が生じた歴史として位置づけるものとは異なっている。すべての反ユダヤ主義の表明が、すべてのユダヤ人の生存にとって差し迫った危険となるためには、ホロコーストの亡霊が、あらゆる反ユダヤ主義的なスローガンや図像、イスラエル国内のあらゆるテロ行為、さらにはイスラエル国家の正統性へのあらゆる異議申し立てのなかに潜んでいなければならない。こうした論理によって、ユダヤ人の寛容とイスラエルの寛容はまったく同じものとなり、反ユダヤ主義とイスラエルにたいする異議申し立てもまったく同じものとなる。

要するに、MOTはそれが依拠する偽装行為によって、まさに卓越した政治的偉業を達成している。個人の態度、偏見、差異、憎しみ、容認を強調するために政治的語彙や不平等、支配、植民地主義の分析を避けた、文化的に親しみのある言説にたよることで自らの政治を隠し立てすること。ヴィーゼンタール・センターは、だれも非難できない価値だけを広めているように思われながら、ある政治的な立場を演出するために、典型的にアメリカ的で、伝統的にリベラルな政治や制度権力の普及をたくみに利用している。そして、不寛容は感情を害したり自尊心を傷つけたりするだけでなく、文字どおり人を殺すという教訓的なメッセージがうまく伝えられているとすれば、それはさしあたってホロコーストの記憶をよみがえらせることで、「二度とふたたび」が、たったひとつの意味、対象、現代との関連性をもちつづけるよう保証しているからであろう。寛容博物館の創始者であるハイアー師は、一九八三年に、教皇ヨハネ・パウロ二世にこう語っていた。「ユダヤの民がまた別の『最終解決』の犠牲者となることは二度とありません。われわれはイスラエルの〈国家〉という恩寵を賜ったのですから(45)」。

第6章　寛容の主体——なぜわれわれは文明的で、彼らは野蛮人なのか

原始人は……抑えがきかない。思考がじかに行動へと移るのだ。

——ジークムント・フロイト『トーテムとタブー』

もし不寛容とナルシシズムが結びついているのなら、ひとつの直接的で実践的な結論はこうなるだろう。ほんの少し自分自身を愛さないことを学ぶだけで、われわれは他人を愛せるようになる。

——マイケル・イグナティエフ「ナショナリズムと寛容」

集団はなにが真理で、なにが誤謬であるのかについて疑いをもたず、さらに、それ自体の大いなる強さに気づいているので、権威に従順であると同時に不寛容でもある。それは力を重んじ、弱さの形式とみなされる優しさにはほとんど動かされない。それが英雄にもとめるのは強さであり、暴力

でさえある。集団は支配され、抑圧されること、そして自らの主人を恐れることを望んでいる。基本的には、それはまったく保守的であり、いっさいの革新や進歩を心底嫌悪し、伝統を限りなく尊重しているのである。

——ギュスターヴ・ル・ボン、フロイト『集団心理学と自我分析』での引用

［サウジアラビアで働いているアメリカ民間人の］殺害は、われわれが直面している敵の邪悪な本質を表わしている。やつらは野蛮人なのだ。

——ジョージ・W・ブッシュ大統領、二〇〇四年六月一八日

近年、文化は寛容および不寛容の枢要な対象となってきた。こうした展開は、部分的には、リベラルな民主主義社会の変化を反映している。というのも、後期近代の住民の移動や同化にたいする文化的差異の肯定の結果、これらの社会はしだいに多文化的になっているからである。しかし、それはマフムード・マムダーニが政治対立の「文化還元」と呼ぶものにも結びついている。「平和で市民的な生活を好む人々と、テロに傾きがちな人々を分かつ線分といわれるのは、もはや市場（資本主義）でも、国家（民主主義）でもなく、文化（近代性）なのである」(1)。マムダーニは、サミュエル・ハンチントンとバーナード・ルイスが、文化の概念を善と悪、進歩と反動、穏健と暴力を分かつ政治的な分割線の地位にまで高めた、とみなしている。一九九〇年の論文「ムスリムの憤怒の起源」のなかで、バーナード・ルイスは「文明の衝突」という命題を提起し、ユダヤ＝キリスト教文明とイスラーム文明と呼ばれるものの

関係を説明した。そして、その数年後に、ハンチントンはこの命題を一般化し、「文化のビロードのカーテン」が冷戦の「イデオロギーの鉄のカーテン」に取って代わったと主張したのである[(2)]。

国際政治であれ国内政治であれ、対立や内紛が文化の衝突として説明されるとき、寛容は二つの理由から重要な用語として現われる。ひとつは、いくつかの文化は寛容なものとして描かれながら、そのほかの文化はそうではないということである。すなわち、寛容は特定の文化にのみ有効であると理解されるかぎりにおいて、それ自体文化に還元されているのである。もうひとつは、紛争を文化に還元することで、文化的差異そのものが寛容もしくは不寛容の実践の（唯一のではないにせよ）突出した拠点に変えられていることである。もし文化がリベラリズムによって抑制されないとすれば、それらの境界線は本来的に暴発しやすいものとみなされるだろう。したがって、文化的なものとして表現される紛争を説明し、その処方を書くための語彙の基本用語となるのは、平等、解放、権力分有といったものではなく、むしろ寛容なのである。

第1章で論じたように、紛争や差異を文化に還元することは、それらを言説的に脱政治化するだけでなく、その当事者たちを特定のかたちに、リベラリズム内部の矛盾した、しかしおなじみの作用が展開されるかたちに配列することにもなる。つまり、非リベラルな国民は「文化」によって支配され、命令されると思われているが、リベラルな国民は単一もしくは複数の文化を所有すると考えられている。いいかえれば、マムダーニが政治のイデオロギー的文化還元と名づけたものは、すべての紛争や差異を画一的に文化へと還元しているのではない。そうではなく、「われわれ」は文化を所有するが、「彼ら」は文化によって所有されている。われわれは文化をもつが、彼らは文化である。もっといえば、われわれは民主主義だが、彼らは文化だというわけである。このような非対称性は文化と個人の道徳的自律性との対立に依拠しており、そこでは文化それ自体がリベラリズムによって支配されないかぎり、前者が後者を圧倒すると思われている。そして、こうしたリベラル化されない文化と道徳的自律性との対立から派生する論理は、リベラル化されない文化と自由、リベラル化されない文化と平等という、さらなる一連の対立を分節化している。本章では、そうした論理の見取り図を示すことで、いかにして、なぜリベラリズムは自らを文化的に中立で、文化的に寛容である能力において無比であるとみなし、非リベラルな「文化」を野蛮に向かいがちであるとみなしているのかを明らかにすることにしたい。

リベラルな寛容が、特異な個人の信条や行動とは対照的に、集団の実践に適用されるとき、そこでは宗教的、文化的、民族的な差異が、自然または生来の敵対の拠点であるということが明白な前提とされている。寛容はこうした敵対を管理あるいは緩和し、平和的な共存を実現する道具とみなされている。しかし、リベラルなパラダイムのなかでは、このような前提はすでに多くの問題を回避している。まず、なにが集団を結合させているのか。いいかえれば、なにが集団を内部では拘束的で、外部には敵対的なものとしているのか。また、どうして文化、宗教、エスニシティにもとづいた集団アイデンティティは、そのほかの種類の差異にもとづいたものとは対照的に、不寛容の本来的な拠点とみなされているのか。リベラルな社会のなかでは、いかなる文化、宗教、エスニシティが、自らの境界線を重視するあまり、内に閉じこもり、外に反発すると思われているのか。相対的に連帯的な内部と本来的に敵対的な外部を構成するこれらの拠点には、なにが埋められているというのか。人間存在を相対的に原子化された、競争的で、貪欲で、不確実なものとみなすリベラルな説明を前提とすれば、どうして共通の信条や慣習がそうした厄介さを克服するための拠点とされているのか。いかなる種類の信条がわれわれを拘束すると考えられているのか。そして、その拘束は信条それ自体の本質のなかか、信条にともなう情動の秩序のなかにあるなにかをつうじて実現されているのか。いいかえれば、社会契約の拘束力と文化や宗教の拘束力の関係はどうなっているのか。なぜ社会契約は、下位国家的な集団の敵対の大きさを縮小するのに十分ではないのか。(3)

要するに、どうしてリベラルな理論によれば、多文化主義は寛容を呼び出すことで解決される政治問題とみなされているのか。そして、その解決のために、寛容はいかなる世俗的な場所から、つまり文化や民族にとらわれない場所から発せられると思われているのか。これらはリベラルな、近代主義的な、合理主義的なパラダイムからは、答えることも、適切に公式化することもむずかしい問題である。この困難は、部分的には、リベラルな理論の方法論的個人主義が、熟慮的合理性を身体的な場所や構成的な実践から取り出し、引き離すことで、個人化された主体という形象をつくりだしたことに由来する。自らの対立物として非理性を立てるこの合理性の公式は、デカルトが精神を身体的、歴史的、文化的な存在から分離したことを前提としている。ロック的、カント的、ミル的、ロールズ的、それにハーバーマス的な見方によれば、合理性は身体性や文化的な場所を超越し、もっといえば卓越しており、合理的思考はなんらかの信条や慣習を構成する身体性から切り離されている。熟慮的合理性が「文化」や「主観性」とは別の意味をもつためには、個人は彼または彼女が思考することを選択するという想定が働かなければならない。この選択するという行為が、文化、宗教、さらには民族的な帰属との随意的な関係の可能性を開いている。また、それは主体の合理性がこれらのものから独立しているという想定も支えている。というのも、それらは構成的というよりも、文脈的な要素として指定されているからである。しかし、選択をもたらす熟慮的合理性が、自らの文脈を離れる主体の能力をともなっているとすれば、個人化それ自体が、そうした独立を可能にする、推論その他のことを行なう意志を仮定していることになる。つまり、個人化の構想は、一方では合理性によって、他方では意志の観念によって可能とされる。それらはともに、自律的なリベラルな主体をつくっているのである。

こうした公式を代表する理論家は、もちろんカントである。彼にとって、知的、道徳的な成熟は「他人の導きなしに自らの悟性を」使用することにある[4]。合理的な議論や批判、とくに批判の合理性は、人格の道徳的自律性、つまり他者からの独立、すべての権威からの独立、そして理性それ自体の独立を前提とする自律性の兆候であるだけでなく、その基礎でもある。このような視座からみれば、あまり個人化されていない人格、社会理論家たちが有機体説的アイデンティティと呼ぶものをもった人格は、十分に合理的でもなければ、十分に意志の支配下にあるわけでもないものとして現われる。すなわち、合理性と意志によって構成されたものとしての個人化された主体というリベラルな公式は、それら両方の未発達ゆえに個人化されていない対立物をつくりだしている。合理性と意志を欠いているとみなされる有機体説的な存在にとって、文化と宗教は浸透しやすく、権威的である。宗教としての文化、文化としての宗教といった等式は、そうした存在だけにあてはめられる。これとは対照的に、リベラルな存在にとっては、文化と宗教は「背景」であり、「出入り」自由で、それゆえ主体を構成するというよりも、主体に外在するものとみなされているのだ。

この物語はさらにこうつづけられる。個人化をつうじて、支配の形式としての文化と宗教は退位させられ、人間の自己支配に取って代わられる。しかし、それらの退位そのものによって、リベラルおよび有機体説的な秩序における文化と宗教の意味も変えられてしまった。リベラルな社会では、文化は主体の「背景」として、つまり加入もしくは脱退したり、熟慮したりすることのできるものとして位置づけられている。（これによって、合理的選択理論はリベラルな社会の、ただしリベラルな社会だけの社会理論の形式として、知的に一貫したものとなる。）逆からいえば、文化や宗教による支配だけでなく、それらによる主体構成もまた有機体説的な秩序と同一視されるとすれば、そのような支配や構成は自律的な個人の出現とともに消えると想像されるだろう。実際のところ、自律性が意味しているのは、それらの消滅にほかならないのである。リベラルな主体にとって、文化とは食べ物、衣装、音楽、生活様式であり、偶発的な価値である。権力としての、とくに支配としての文化は、たんなる生活様式としての文化に取って代わられた。個人に優位した文化は、「無情な世界の安息所」としての家庭というリベラルな理想化にならって、個人の慰めや楽しみの源泉としての文化にかたちを変えた。それと同じように、圧制、暴政、あるいは非合理性や暴力の源泉としての宗教も、個人が君臨するところでは、選択としての、そして慰め、慈しみ、道徳的導き、道徳的信頼の源泉としての宗教に変化すると思われている。ブッシュ大統領の政治問題に関する祈禱、外交政策について話し合われる過激なキリスト教団体との定例の会合、さらには、中東での軍事作戦は神によって祝福されており、ムスリム原理主義者のアラーへの（危険な）献身とはまったく異なっているという彼の個人的な信念は、こうした図式のもとで容認される。ブッシュの信心深さは彼の熟慮と決断の強さや道徳的導きの源泉として描かれるが、アラーの帰依

者はそうした推論に必要とされる個人的な意志や良心をもたないと決めつけられるのである。(5)

このように個人化された形象に、リベラリズムは道徳的自律性という名称を与えた。それはリベラルな寛容の原理の唯一基底的な価値を構成するものとして、寛容の理論家たちによって広く認められている。(6)スーザン・メンダスが述べているように、「自律性をめぐる議論は、とくにリベラルな寛容擁護の議論として言及されることもある」。ウィル・キムリッカによれば、「リベラルは寛容を支持する人々としてよく定義されるが、それは寛容が自律性の促進に不可欠だからである」。また、バーナード・ウィリアムズによれば、「実践としての寛容がそれ自体価値であるという観点から擁護されうるとすれば、それは善、とりわけ個人の自律性という善についての実質的な意見に訴えなければならないだろう」(7)。しかし、自律性は寛容が促進しようと試みるリベラルな善なのだが、寛容は自律的な個人によってのみもたらされうるものとしても理解されている。つまり、それは法の命令というよりも、市民からの申し出であることになんらかの意味があるのだ。したがって、寛容はそれが促進するものをあらかじめ必要としている。逆にいえば、同意しがたい行動や信念に耐える行為としての寛容は、リベラリズムのなかでは、個人化されない主体、非リベラルな主体には無効であるとみなされる。それゆえ、寛容な世界の形成は、文字どおり世界のリベラル化を必要としている。これはウィル・キムリッカからトマス・フリードマンにいたる、リベラルな民主主義体制の理論家、批評家、政治関係者たちによって是認されている公式である。マイケル・イグナティエフが論じているように、「個人主義の文化だけが集団アイデンティティの支配と、それにともなう人種差別を解決すると信じられる」。そして、彼はこうつけ加えている。『寛容』教育の本質的な課題は、人々が自分を個人とみなし、他人もそのようにみなすよう手助けすることである」(8)と。

カントは、こうした公式に同意する現代のリベラルな理論家たちの礎石としての役割を果たしているが、その一方で、フロイトは、寛容なリベラルな自己と不寛容な有機体説的な〈他者〉というイデオロギーに興味深い貢献をなしている。寛容に関心をもった多くのリベラルたちは、暗示的であれ明示的であれ、フロイト的な前提を自らの研究の核心に据えるか、一種の権威づけのように、彼の名前を自らの議論のなかに折り込んできた。フロイトが提示したのは、とりわけ、つぎのような問いについての説明である。なぜリベラルな秩序だけが、個人を肯定するなかで、たんに寛容を啓発し、実践するだけでなく、寛容が不可欠であると理解された多元主義的な信条構造を促進することもできる、唯一の体制類型として代表されるのか。これについて、フロイトは個人化された西洋人の「成熟した」、すなわち「発達した」地位を認めているけれども、個人と集団のあいだに存在論的な、もしくは永続的な区別を立てているわけではない。フロイトの見解によれば、個人化された主体はいつでも有機体説的な形態に退行しうるのであって、そうした場合は適切な個人化に欠かせない要素を手放すことにもなる。それゆえ、強力な集団アイデンティティは、成熟した、個人化された精神に対立するものというよりも、むしろ、そのような精神から退行したものとみなされる。フロイトは集団を不合理で、危険なものとして病理化するときでさえ、合理的な個人を有機体説的な主体とは根本的に異なる、不変の文化的偉業として認めているわけではない。

したがって、以下では、フロイトの思考を批判するとともに、寛容についてのリベラルな思考を批判するために活用することにしよう。一方で、フロイトの進歩的な歴史人類学的な物語、つまり、寛容でリベラルな秩序は人間の「成熟」の最高段階を代表しており、文明と同一視されるという物語は、とくにそのような主題が現代の寛容の理論家たちのなかで明白な場合は、批判的に解釈されるだろう[9]。いいかえれば、フロイトによる個人化と個体発生的および系統発生的な成熟との同一視、そして結束あるいは有機体説と原始性あるいは退行との同一視は、現代の寛容論争を組み立て、それをリベラルな帝国主義に組み換えている、文明化の言説をとらえるための基礎となるのである。その一方で、フロイトによる集団の偶然性をめぐる理解、つまり、集団の基礎は本質的な形式というよりも感情にあるという理解は、近代のリベラルな理論や文化的寛容の実践のなかで働いている、「血と帰属」の存在論化を脱構築するのに有益である[10]。

フロイト

フロイトの『文明とその不満』と『トーテムとタブー』[11]は、いかにして人間は性的対抗や原初的攻撃に根ざした自然な反社会性と仮定されたものを克服するのかを説明したものとして、たいてい読まれている。これらの物語は、いかにして人間は永遠に争うことをやめ、ともに生きるようになったのかを説明しており、それゆえ、フロイトが自然状態から社会契約にいたる、つまり本能の原初的な充足から(昇華を経て)文明をもたらした本能の抑圧にいたる人間の変異を解説したものとして読まれてきたのである。しかし、フロイトが叙述した社会性へと向かうわれわれの奮闘には、これとは矛盾するもうひとつの流れがある。それは、いかにして人間は原初的な敵対関係から相対的な平和状態に移行するのかという問いではなく、いかにして人間は有機体説的なアイデンティティ、つまり集団から文明化された個人に移行するのかという問いにかかわるものである。この二つの物語は同じものでもなければ、完全に調停されうるわけでもない。実際、それらは「原始人」をめぐって、二つの異なる比喩を提示している。孤独な未開人と従順な部族的追従者。この後者の形象は『集団心理学と自我分析』[12]の課題とされるが、『文明とその不満』でも影のように現われている。そして、ほとんどのリベラルな寛容論争の基礎にみられるのは、この形象をめぐる物語であり、子どもじみた原始的思考からリベラルなコスモポリタニズムへと「個体発生が系統発生を反復する」その軌跡である。こうした論争が実際にはフロイトに言及していないとしても、それはなにが集団を拘束し、なにが原始性と文明の兆候とみなされ、いかなる緊張が個人と集団のあいだにあり、有機体説的な社会のどこが危険で、内に抑圧的で、外に脅威となるのかについてのフロイトの説明に接近している。これらの説明はともに、寛容をリベラルな主体とリベラルな秩序にのみ有効なものとしてつくりだし、その両者の危険な対立物にたいする優位性をかたちづくっている。また、それらは有機体説的な秩序をリベラルな寛容の自然な限界として、その推定上の不寛容ゆえに許容しがたいものとして規定してもいるのである。

　フロイトが『集団心理学と自我分析』のなかで自らの課題としたのは、集団心理《マッセンプシコロギー》（これは「大衆心理」とも「群集心理」とも翻訳されるが、いずれも本来的に侮蔑的な訳語である）を、彼が一生をかけて解明してきた個人の心理からの離脱というよりも、それと合致するものとして説明することであった。フロイトはこの問題を研究しているほかの人々とはちがって（彼らについては、同書の最初の章でくわしく考察されている）、集団の行動や感情を個人の情動とは異なる欲望の構造から生じるものとしては扱わなかった。ここでの彼の関心は、自分が長年にわたって理論化してきた精神の基本構造を実証することに加えて、個人を分析と行為の原基的な単位として肯定し、そうすることで集団を没個性化や心理的退行の危険な条件として病理化することであった。それゆえ、フロイトは最初から規範的に取り組み、成熟、個人化、良心、抑制、文明を一方に並べ、それらを幼児性、原始性、抑えられない衝動、本能、野蛮と対立させている。このような並置と対置は現代の寛容の言説にも通じるものである。

とはいえ、フロイトの原始的な集団と文明化された個人という対比は、未分化の大衆から自省的な個人への変異をそのまま物語っているわけではない。周知のように、人間の幸福、満足、自己愛のすべてが文明の祭壇に供えられていく『文明とその不満』のドラマを動かしていたのは、個人の本能の抑圧であって、集団の解体ではなかった。フロイトにとっては、つねに個人だけが存在する、すなわち、個人は存在論的な先験命題であり、かつ文明化の目的である、ということもできよう。集団は原初的でもなければ、自然なものでもなく、また安定したものでもないのだ。それにもかかわらず、フロイトの「原初的な相互不信」や自然な「性的対抗」(13)についての主張は、相対的に持続する組織化された構造をもつ集団（これは『トーテムとタブー』のなかで描かれた、トーテム制の複雑な協定をつうじて獲得されるものである）であれ、より偶発的で構造化されていない集団（これは『集団心理学』のなかで診断されたものである）であれ、なんらかの社会的結合を導き出している。人間は「群棲する動物」ではなく、「群族をなす動物」である。集団心理に関するほかの理論家たちについてのくわしい批評の最後で、フロイトはそう述べている（『集団心理学』六八頁）。群棲する動物は、近さへの本能的な親密感、原初的な群居性をもっているが、群族をなす動物は、他者の複雑な必要、他者との対抗、他者による危害、そして他者への攻撃を調停する、外在的な組織原理によって構成されているのである。

それでも、フロイトは、ほかの一九世紀ヨーロッパの思想家たちのように、「原始的な」民族を個人主義というよりも、むしろ部族主義の原理によって組織されたものとみなしている。フロイトにとって、個人化は文明化の動因であり、かつ兆候でもあるが、集団は一時的なものであれ、持続的なものであれ、すべて野蛮の条件を意味している。いいかえれば、有機体説的な秩序は、文明化される以前の社会関係や主体編成だけでなく、文明化の要求が弱められるか減らされるかした、脱文明化されたものも表わしているのである。こうした理由から、フロイトは集団心理の起源をめぐる分析ではギュスターヴ・ル・ボンやウィリアム・マクドゥーガルと対立したが、この仲間の心理学者たちに、彼もまたともに理解したいと思っていた問題を説明させている。すなわち、「組織化されない」集団の精神状態は「原始人と子ども」のそれになぞらえられるということである（一一三頁）。ル・ボンによれば、「たんに組織化された集団の一部をなしている事実だけでは、人間は文明の階段をいくつか降りることになる。孤立していれば、彼は洗練された個人であるかもしれない。群集のなかにあれば、野蛮人、つまり本能によって行為する存在となる。人間には原始的存在の衝動性、暴力、獰猛さ、さらには熱狂や大胆さがあるのだ」（一一二頁）。マクドゥーガルによれば、集団の行動は「平均的な成員の行動というよりも、むしろ不慣れな状況のなかで、手に負えない子どもや、粗野で激しやすい未開人が見せる行動のようなものである。そして最悪の場合、集団は人間存在というよりも、野生動物のようにふるまうのだ」（一一四頁）。

かくして、フロイトのなかには、分析上の先験的な個人主義（孤独な未開人）と、有機体説（原始的な部族主義者）から近代的な個人化された人間への変異という植民地的な歴史記述との逆説がみいだされる。未開人は本能の抑圧を欠いた非人間的な動物だが、原始人は個人化と合理性を欠いた人間の幼児である。こうした逆説は、これまで言及したフロイトのいくつかの文献に散見されるだけでなく、文化と寛容をめぐる現代の多くのリベラルな議論にもみられる。このフロイトの逆説を調停するものがあるとすれば、それは個人の先験的な地位にかかっているのだろう。退行した人間、個人化されない人間は、集団へと退行しているのではなく、集団によって、より本能的な精神状態へと退行している。そして、彼の没個性化は、他者との関係ではなく、彼自身の本能との関係から生じている。彼は発達した超自我がもたらす、意志や熟慮の独立を欠いているのだ。集団のなかの人間は、たんに融合しているのではない。フロイトはそうした「伝染説」には、はっきりと異論をとなえていた。むしろ、集団のなかの人間は、集団の外にあるなにものかへの共有された愛着と、共有された欠如、つまり低次もしくは不在の超自我の両方を帯びている。彼は自分自身の熟慮や良心によって導かれることはない。彼は自由な意志と合理性によっては、すなわち、個人化されたリベラルな主体の二つの決定的な特徴によっては組み立てられていないのである。

このようにみれば、二〇〇四年三月のファルージャの暴徒によるアメリカ人民間人四名の残忍な殺害と公開の焼却は、その一カ月後に暴露された、アメリカ軍がアブグレイブで編み出した拷問の場面に重ね合わされる。いずれも、道徳的に麻痺した集団の熱狂という状況のなかでの、個人の熟慮、良心、抑制の崩壊として解釈されうるだろう(14)。とはいえ、これらの重なり合いは、それぞれの行為が明らかにされた二つの国民についての、たがいに異なる評価を許してもいる。たとえば、ブッシュ大統領は、ファルージャの事件やニコラス・バーグの斬首が「敵の本当の性質」を証明していると主張する一方で、アブグレイブでの拷問は「われわれの国に奉仕する男たち女たちの性質」を表わしてはいないと主張することができた。[15]しかし、この問題を論じるまえに、集団の束縛が合理的な熟慮や道徳的な良心を取り消すというリベラルな信念の根拠を検証することにしよう。

そのためには、フロイトが『集団心理学と自我分析』で語っている物語に立ち入らなければならない。フロイトが方法論的および社会的な個人主義を支持しているとすれば、その集団心理の分析は、どうして特定の集団編成が、その成員のあいだに、動物のような、激しやすい、精神的に欠陥のある行動を誘発し形成するのかを考察するまえに、いかにして集団そのものが可能となるのかという問いからはじめる必要がある。すなわち、原初の対抗や原子化は、どのように克服されるのかということである。これは人間を拘束する衝動、つまりエロスによってしかなされない。他者への愛だけが、社会的な敵対や対抗を引き起こす、原初的なナルシシズムに挑戦しうるのである。しかし、集団のきずなが成員相互のたんなる愛にあると想像することに、フロイトはただちに警告を発している。そのように想像することは、われわれの原初的な利己心だけでなく、フロイトがショーペンハウアーを援用して「ヤマアラシ問題」とみなしたものを回避することにもなるだろう。この問題はつぎのように展開される。たくさんのヤマアラシが寒さを感じ、たがいの暖かさを利用しようと集まってくる。ところが、近づきすぎると、たがいの針を感じ、危険を察知するので、ふたたび離れようとするが、そうするとまた寒さに苦しむことになる。フロイトによれば、「ある困難から別の困難へと行ったり来たりさせられる」この運動は、人間の欲望を比喩的に表わしており、愛の本来的な両義性に結びつけられる動揺を説明しているという（四一頁）。エロスもまたわれわれを他者との近さに駆り立てるが、その近さゆえに、われわれはひどく傷ついたり、苦しんだりさせられる。とはいえ、そこで他者から離れてしまうと、寂しさや恐ろしい孤立感にさいなまれることになるのだ[16]。

したがって、人間集団の現象を説明するためには、この二つの受け入れがたい危険、つまり、他人に傷つけられやすい近さと無防備感をもたらす孤立のあいだの動揺が、どのようにして、ほどよい近さに克服されるのかを説明しなければならない。いかにしてわれわれは、たえず群れをなすヤマアラシになるのか。その答えは、集団内のエロスの動態ではなく、各人をリビドー的に拘束する外部のもの、たとえば、指導者や理想によってなされる集団の構成のほうにある。集団は、集団の外にあるものにたいする愛か、その理想化（これらは明らかに同じである）のなかでの相互の同一化から形成される。しかし、それを共有する人々を現実に拘束するような、この同一化の性質はどのようなものなのか。『集団心理学』のなかで、フロイトは愛における三つの種類の同一化を特定している。「第一に、同一化は対象との感情的な結びつきという原初的形式をとる。第二に、それは退行的なかたちで、いわば対象を自我に投影することをつうじて、対象とのリビドー的な結びつきに取って代わる。第三に、それは性的本能の対象ではない、だれかほかの人と共通の性質を分かち合っているという新しい認識とともに現われる。この共通の性質が重要になればなるほど、こうした部分的な同一化はより成功したものとなり、それゆえ、新しい結びつきの始まりを表わすことになる」。そして、フロイトは「集団の成員相互の結びつきは、この［第三の］種類の本質のなかにある」という仮説を立てている（五〇頁）。かくして、われわれは共通の性質を認識することによって、この場合は指導者への愛か、外部にある理想によって集団の成員へと束ねられる。しかし、彼の仮説によれば、なぜこうした状態での他者との同一化が強いきずなをもたらすのかを理解するためには、つぎに「惚れる《ビーイング・イン・ラヴ》」という心理現象を知らなければならない。

　それでは、惚れるとはどういうことか。フロイトのおなじみの物語によれば、はじめに性的欲望がある。われわれが愛と呼ぶものは、この欲望の禁止から導き出される。子どもの親にたいするものであれ、大人の恋人や友人にたいするものであれ、愛は目標を禁止されたエロスである。目標の禁止は、リビドー・エネルギーの移動もしくは迂回を引き起こす。愛の場合、そのエネルギーは対象の理想化へと向かう。しかし、フロイトが説明しているように、理想化それ自体はたんなる対象への敬愛ではない。むしろ、それは自らの善の理想を他者に投影することによって、愛されたいという欲求を充足しようとする方法である。それゆえ、理想化は愛する主体の自我理想が愛の対象に投影される回路を含んでいる。このような投影が「惚れる」という感情をもたらす。そして、そのような感情が自我自身の愛、つまり自己理想化の欲望を満たしているのである[17]。

　要するに、愛される人の理想化のなかで、その対象が必然的に「性的に過大評価」され（あばたもえくぼ）、相対的に批判されなくなるのは、われわれ自身のナルシシズム的なリビドーが、その対象へと流れ込んでいるからである。この愛という情動の二つの源泉、つまりエロスの禁止と愛する主体自身の自我の満足が、どのように結合するのかについて、フロイトはこう説明している。

> もし感覚的に暗示するものが、多少とも効果的に抑圧され、除外されるならば、対象はその精神的な長所ゆえに感覚的に愛されるようになるという錯覚がもたらされるだろう。ところが、それに反

して、これらの長所は実際には感覚的な魅力によって与えられただけなのかもしれない。
ここで判断を誤りやすいのは、理想化のせいである……。そこでは、対象が自分自身の自我と同じように扱われており、それゆえ惚れている場合には、かなりの量のナルシシズム的なリビドーが対象へと流れ込んでいる、とみなされる……。愛が選択される多くの形式では……対象はわれわれ自身の達成されない自我理想の代用として役立っている。われわれが対象を愛するのは、それが自分自身の自我のために到達しようと努力してきた完全さを埋め合わせるからである。そして、われわれはこのように迂回しながら、それを自分のナルシシズムを満たす手段として調達したいと思っているのである。(五六頁)
理想化は、目標の禁止によって引き起こされたナルシシズム的な投影である。しかし、フロイトがいうように、このナルシシズムの経験は、「性的過大評価の低減をつねにともなう」たんなる性的充足よりもはるかに自我を陶酔させるので、理想化はきわめて極端なものになりやすい。理想化が激しくなるにつれて、それがもたらすナルシシズム的な満足も高まり、ついには愛する主体の自我理想を完全に追い越すようになるだろう。「[愛する主体の]自我はしだいに引っ込み、謙虚になり、対象はしだいに崇高で、貴重なものになる。そして最後には、対象は自我の自己愛をすべて手に入れ、その自己犠牲が自然な帰結として生じるようにするのである」(五六頁)。
ここに、ひとりひとりの集団成員の、指導者あるいは理想への愛の秘密がある。もともとエロスによって駆り立てられていたので、そのようなものへの(性的ではない)愛は、その愛される対象の激しい理想化へと発展する。つまり、自我自身のナルシシズムの充足としてはじまったものが、自我理想それ自体に取って代わり、また自我を飲みつくすほど理想化された対象に終わってしまうのである。この後半の動きは、集団心理学ではおなじみの、個人の判断や良心の深刻な衰退という現象を説明している。

抽象的な理念への崇高な献身と見分けられないほど、自我が対象に「献身する」ようになると同時に、自我理想に割り当てられた機能はまったく働かなくなる。その主体性によって行使される批判は、沈黙する。対象が行ない、要求するものは、どれも正しく、非の打ちどころがない。良心は、対象のためになされるどのようなことにも適用されない。愛の盲目のなかでは、犯罪さえも後悔されない。こうしたすべての状況は、つぎのような公式のもとで完全に要約されうる。対象は自我理想に取って代わるのである。（五七頁）

ひとりひとりの集団成員の、指導者あるいは理想に向けられる愛の性質は、このようなものである。しかし、なにが集団成員をたがいに束ねているのか。とくに愛における原初の対抗というフロイトの仮説を前提とすれば、隔絶した人物や理想を愛するこれらの個人は、いかにしてたがいに結びつくことができるのか。ここで、フロイトは同一化に立ち戻っている。集団とは、自らの自我理想をひとつの同じ対象に置き換え、そうすることで自らの自我のなかでたがいに同一化する個人の集まりである。集団の凝集性は、ひとりひとりの自我理想が共通の対象に置き換えられるか、それに吸収される度合いにかかっている。そのように凝集することで、集団は愛の対象と自我理想を共有するだけでなく、なにかしら

共通の自我のようなもの、たんなる社会契約では生み出されないほどの「共通我」となるのである。(18)

集団はその外部にあるものに惚れるという集合的な経験にもとづいており、そのことが愛する人々のあいだに、相互の対抗というよりも、相互の同一化をもたらしている。愛の対象の隔絶した、あるいは抽象的な性格は、いかなる集団成員であれ、その対象を現実には、したがって独占的には所有しえないということを保証している。(19)性的ではない愛の性質は、その理想化を不朽のものにするだけでなく、こうした不可能性を担保してもいるのである。また、性的ではない愛は、指導者をめぐる愛と理想をめぐる愛の持続的な振幅も許容している。集団は、特定の人格から分離されうると同時に、特定の人格をつうじて維持される理想化によって束ねられている。この人格はつねに抽象的で、理想化されたままである。なぜなら、理想化を引き下げる性的成就は、ここでは起こらないからである。

このように、愛と同一化を集団の基礎とみなすことで、フロイトは二つの重要なことを説明したと思っている。それは、(一)われわれが生まれながらに対抗的で反社会的であるとすれば、すなわち、われわれがヤマアラシであるとすれば、いったい集団はどのようにして存在しうるのか、(二)なぜ集団は退行した精神状態を表わしているのか、すなわち、なぜ集団行動は、高度に教育された文明的な人々のあいだでさえ、一時的に群衆行動となるのか、ということである。前者に関していえば、われわれの生まれながらの対抗性は、外部の対象もしくは理想への愛を原動力とする、集合的な同一化をつうじて解消される。われわれは現実にたがいを愛しているのではなく、たとえ到達しえない対象への愛を生きる方法だとしても、そのような愛として経験される同一化をつうじて束ねられているのである。後者に関していえば、フロイトにとって、惚れるということは、なんらかの退行、世界からの退却と境界感覚の喪失、つまり卑屈さと奔放さの状態を、本来的にともなっている。さらに、惚れるということは、個人の自我理想の喪失、良心とそれが支える禁止の喪失をともなってもいる。集団としての集団ではなく、そのひとりひとりの成員が、集団の外にあるものにたいして、このような状況にある。集団成員のたがいの愛との集合的同一化が、こうした状態を高じさせ、また集団のきずなの基礎となっているのだ。

フロイトの集団形成の理論は、ファシズムはいうまでもなく、ナショナリズムについても考察するのに、かなり示唆的である。しかし、この物語をくわしく述べてきたのは、そうした説明的な価値のためではない。むしろ、有機体説的な社会の本来的な不寛容や危険をめぐるリベラルな表現のなかで、この物語の前提と解釈がどう働いているかを明らかにするためであった。『集団心理学』のなかで、フロイトは文明化され、個人化された主体というイデオロギーを尊大に表明し、集団および集団アイデンティティを病的なものとみなしている。集団のきずなを愛と同一化の動態にもとづかせることで、集団の魅力は、合理性、良心、衝動の抑制からの退行として描かれる。集団が危険なのは、それがこのような特質をもち、また個人化された主体の、フロイトのことばでは、文明の要求によって「征服」されなければならない主体の、文字どおりの抹消を意味しているからである。[20]

ほかのところでは、フロイトは文明、本能の抑圧、成熟を、個体発生と系統発生という二つの観点から関連づけているのだが、もっぱら『集団心理学』では、これらの比較的なじみのある換喩の政治理論的な意味合いをくわしく検証している。本来的に、有機体説的な社会は、リベラルな個人主義の社会ほど文明化されない。なぜなら、没個性化は、合理的な熟慮や衝動の抑制を妨げる、リビドー的に負荷された精神構造を表わしているからである。こうした公式によれば、個人化は本能の抑圧、良心、そして自制能力の効果であり、それらの兆候であるとされる。その一方で、集団は抑圧を解除された人間の状態を表わしており、それゆえ本来的に危険なものとされる。ぎりぎりの精神状態、たがの外れた情念、だまされやすいこと、衝動にかられやすいこと、怒りっぽいこと、極端なものの見方、権威への盲従。フロイトは、ル・ボンやマクドゥーガルに依拠しながら、これらを集団の特徴とみなしているのだ（『集団心理学』一一三〜一一五頁）。

また、フロイトは有機体説的な社会を問題ともみなしている。なぜなら、そこでは、愛は私的な家族の領域のなかに適切に閉じ込められず、公的あるいは社会的な領域において作用するからである。このような社会は公的な情熱のもつ危険を表わしている。文明の指標である合理性と個人化がもたらされるためには、愛は家庭の空間に封じ込めなければならない(21)。文明化された愛がそのように飼いならされた愛だとすれば、神や宗教にたいするものであれ、民族や文化にたいするものであれ、いかなる種類の情熱的な愛着も、それが文明と文明化された状態を表わす自律的な個人を危険にさらさないためには、私的なものとして脱政治化されるか、抽象的な形式の愛国主義にとどまらなければならない。つまり、文化は私的というよりも公的であるとき危険なのである。これはリベラルな国家と非リベラルな国家を区別し、より重要なことに「自由な」社会と「原理主義的な」社会を区別するのに欠かせない公式である。集団の成員として自らの個性を犠牲にする利己的な個人からはじめることで得られたのは、合理的で自制的な主体、したがって適度に自由な主体としてのリベラルな個人の評価であった。フロイトによる集団の病理化が、その残忍で危険な行動だけでなく、その人をとりこにする力、その支配をつうじた構成にも及んでいたことを思い起こせば、この軌跡は明らかになるだろう。「集団は支配され、抑圧されること、そして自らの主人を恐れることを望んでいる」(一五頁)。集団を束ねているものがその外部にあるものへの奴隷的な献身であり、そこでは生まれつき利己的な個人が自らの個性の重要な部分を捨てることが必要とされているとすれば、フロイトは集団の成員であることをうまく定義していたことになる。すなわち、集団の成員であることは、熟慮、自己決定、良心に根ざした個人的自由を、自らを支配するものにたいする愛の祭壇に捧げることにほかならない。強い社会的なきずなというのは、つねに支配の効果であり、没個性化された、したがって抑圧を解除された状態への危険な退行の兆候としてしか現われないものなのである。

とりわけ、フロイトは有機体説的な社会を使って、主体が成熟した個人ほど良心に縛られたり、文明化されたりしない条件を示している。そこでの主体は良心に縛られていないので、いいかえれば、自我理想が外部の理想や指導者に委ねられているので、個人化されることもない。原始性への退行が、超自我にもとづく自己抑制からの後退であるとすれば、「文明」は自制的な個人の延長線上に位置づけられる。それは、一方では指導者や理想によって、他方では抑圧されない本能によって本来的に支配された集団の衰退と、軌を一にしているのである。たがいの、そして権威にたいする個人化は、個体発生的で系統発生的な「幼児性」が投げ捨てられ、本能の抑圧、熟慮、良心、そして自由が手に入れられることを表わしている[22]。このようにみれば、アメリカ人保安作業員にたいするファルージャの歓喜した群集の暴力は、リベラリズムの不在を象徴しているようにも思われる。すなわち、こうした暴力はリベラルな民主主義体制への転換そのものに抵抗しており、それゆえ、そのような転換をなんとしても必要としている秩序の例外というよりも、むしろ法則であるように思われるのである。実際、そこでの暴力は、ジョージ・W・ブッシュの新しく発見された解放の神学、つまり、世界をより安全なものにするだけでなく、他者にとって善きことでもあるという名目のもとで、不自由な世界を解放するという使命を正当化することになった[23]。というのも、その説明によれば、リベラリズムが存在しないことは、たんに抑圧されているだけでなく、とても危険なことでもあるからである[24]。これとは逆に、アメリカ人によるアブグレイブでのイラク人の拷問や恥辱は、たんなる逸脱とみなされた。ブッシュは、「彼らは私が知っているアメリカ人ではない」といった。また、イギリスの首相トニー・ブレアは、「われわれはそのようなことをしでかすどころか、むしろ終わらせてきたのだ」と語った。これは暴力の源泉をたくみに逆流させ、それをイラクの政治文化のせいにしながら、西洋の占領者の性格からは締め出そうとする公式である[25]。

こうした議論が暗示しているのは、個人は啓発され、保護されなければならないが、あらゆる種類の集団アイデンティティは、それらが個人の自律性の不在と文明の崩壊という社会の危機を表わしているかぎり、封じ込められなければならないということである。有機体説的な秩序は、リベラリズムの根源的な〈他者〉であるだけでなく、文明の「内なる敵」および文明にたいする敵ともみなされる。もっとも危険なものは、この両者をつなぐ国境横断的な編成体である。それは、一九世紀にはユダヤ教であり、二〇世紀には共産主義であり、そして今日では、もちろんイスラームだというわけである[26]。

寛容の統治性は、それが文明化の言説をつうじて流通するにつれて、有機体説的で、非西洋的で、非リベラルな〈他者〉を封じ込める役割を担うようにもなる[27]。すでに指摘したように、現代の文明化の言説では、リベラルな個人だけが寛容の能力をもつと認められ、寛容それ自体が文明と同一視される。非リベラルな社会や実践、とくに原理主義的と名指されたものは、容赦なく本来的に不寛容であるだけでなく、潜在的にも不寛容であると説明される。というのも、それらは文化や宗教によって支配されると同時に自律的な個人の価値を奪う、つまり、宗教的あるいは文化的な命令によって個人の自律性を妨げると推定されるからである。こうした等式から、リベラリズムは寛容の個人的、社会的、統治的な実践をもたらしうる唯一の政治的合理性として現われ、それと同時に、リベラルな社会は許容しうるものと許容しえないものの仲介者となる。リベラリズムによる寛容の促進は、個人の自律性を評価することに等しい。他方、原理主義に関連づけられる不寛容は、個人を犠牲にした文化と宗教を評価することに等しい。このような秩序がリベラルな視点から不寛容とみなされるのは、そうした犠牲のためである。

これらの論理は次章でよりくわしく説明されるが、いずれもカントの道徳的自律性の文法とフロイトの集団の病理化にみられた個人と集団についての前提を共有しており、リベラルな秩序における自律性について二つの特殊な想定を内包している。ひとつは文化からの主体の自律性、つまり、主体は文化に先行し、自由に文化を選択することができるという観念である。そして、もうひとつは文化からの政治の自律性、つまり、政治は文化の上位にあり、文化から自由であるという観念である。ここでは、それらの概略を示すことにして、それらの作用と意味については第7章で検証することにしよう。

「文化《カルチャー》は、英語のなかでも数少ない、もっとも複雑なことばのひとつである」。レイモンド・ウィリアムズは『キーワード』の「文化」の項目を、このように書き出している[28]。彼によれば、この用語が名詞として現われたのは一八世紀になってからで、一般に使われるようになったのは一九世紀の中ごろからであった。もともと、この名詞はおもに文明の同義語として用いられており、人間の世俗的な発達のプロセスを記述したものであった[29]。しかし現代では、文化は四つの広範なカテゴリーの意味を帯びている、とウィリアムズは述べている。それは、(一)耕作《カルチャー》するという動詞から派生した、農作業との古くからの同義的な関係にさかのぼる物理主義的用法、(二)「文明」とほぼ同じで、知的、精神的、審美的な発達の一般的なプロセスを指す用法、(三)民族、時代、集団ごとの、あるいは人類全体の生活様式を示す人類学的な用法、そして(四)芸術および思想の遺産または活動の総体を表わす用法である[30]。

ウィリアムズは、これらの意味は今日あまり区別されないとあっさり述べているが、現代のリベラルな民主主義の言説における文化の問題設定を理解するためには、それらの混合をよりくわしく吟味しなければならない。もし文化が物質的なプロセス、共通の生活様式、きわだって人間的な知性と精神の能力の発達、そして、それらの能力から生まれた最高の価値ある産物を表わしているとすれば、リベラリズムはこうした意味の複雑さそのものによって、実際のところ悩まされることになるだろう。一方で、リベラルな社会は、自らを文化と文化の生産の世界史的な頂点を代表するものと一般にみなしている。その一方で、リベラリズムは、自らをいかなる意味の文化の命令からも個人を解放するもの、いいかえれば、あらゆる意味の（複数の）文化への関与の度合いを自分で決める、個人の道徳的および知的な自律性をもたらすものと想定している。高尚な芸術、知識の獲得として説明されたものであれ、民族によって異なる「生活様式」として説明されたものであれ、リベラルな社会における文化は、選択され、私的に享受される、対象化可能な財と広くみなされている。今日の多文化的な学校で、「自分の文化を分かち合うこと」（一般的には、食べ物、祭日の儀式、舞踏芸術を共有すること）、「他人の文化を敬うこと」（一般的には、他人の食習慣、祭日、衣装様式を尊重すること）がよく語られるのは、そうした理由からである。しかし、この説明では、リベラリズムは文化を公共財あるいは公的なきずなとしても扱うことができない。リベラルにとって公的に共有された文化という観念にもっとも近いのは、一般に「国民文化」か「市場文化」である。前者は特定の国民の歴史、社会風俗、思考の習慣のゆるやかな結合を伝え、後者は皮肉にも、個人の選択を凌駕し、生活や生存を条件づける農作業、つまり耕作を表わした物理主義的な意味の文化に戻っている。また、一部のリベラルな理論家たちは「西洋文化」ということばを使っているが、それはリベラリズム、キリスト教、市場によって組織された生活や思考の習慣をほとんど暗示している。

文化をリベラルな主体の、端的にはリベラルな国家の外にあるものとして概念的に位置づけることは、政治哲学者のセイラ・ベンハビブが多文化的なディレンマの解消のために提起した、一連の規範的な条件によって例証されている。普遍的尊重、平等主義的相互性、自発的な自己帰属、脱退と結社の自由。

これらはいずれも、外部から文化をとらえて処理する能力を前提としたものである[31]。ベンハビブは文化の要求にたいして、文化の枠組みを壊さずに個人の自律性を尊重する制限を設けようと試みているのだ。たしかに、それは賞賛に値する努力ではある。しかし、そのような基準に従って文化の要求を評価し、制限するためには、文化はどこか文化とは関係のない場所から認識され、抑制されうるものとしてとらえられなければならない。これと同じように、ベンハビブはマイノリティの文化的要求を制限することについても、それが自らの成員にたいしてもつ「権利」の観点から論じている。「習俗のコミュニティは、その子どもたちから人類の蓄積された知識や文明的な偉業を奪う権利をもたない。……それはほかの人類と共有された形式の知識のそばで、自らの生活様式の基本原理を子どもたちに伝える権利をもつのである[32]」。繰り返していえば、権利という言語そのものが、さまざまな当事者、この場合は文化と個別の形式の文化的知識を隔離する能力を暗示している。そして、この能力は自律的で文化に先行するカント的な主体に依拠しており、そのような主体だけが文化の要求を判断し、また主張することができるのである[33]。

こうした理由から、現代の幅広い寛容の理論家たち、たとえば、バーナード・ウィリアムズ、ジョセフ・ラズ、マイケル・イグナティエフ、ウィル・キムリッカ、それにロールズ派やハーバーマス派の人々が、暗示的であれ明示的であれ、つぎのように論じているのは驚くことではない。すなわち、寛容な世界観は、個人化を非常に価値あるものとして実行し、集団アイデンティティよりも個人を重視している国民や社会にのみ有効である、と。もちろん、これらの理論家たちも、今日「文化」という言語で指示される集合的アイデンティティが、人間存在にとって重要であることは認めている。しかし、リベラリズムが個人の自律性と熟慮の合理性の両方を保証する世俗主義と結びついているかぎり、それは問題でもある。文化は個人にたいするローカルな要求を表わしており、それゆえ個性や自律性を弱めるというだけではない。それは文化とは関係がないとされた公正としての正義という関心から、文化的個別主義を克服しようとする公共的合理性の企図もまた蝕んでいるのである。ベンハビブのような熟議民主主義の理論家は、国民国家が提供するものを超えた文化的帰属とアイデンティティを認めようと努力し、「公共政治文化」から「背景文化」を切り離すことを「制度的に不安定で、分析的に耐えられない」試みとして却下している。しかし、そのようなときでさえ、彼女は「道徳的、政治的に対等とみなされた個人間の自由で理性的な熟議」をもたらす一連の規範、メタ規範、原理を、民主主義の基礎として主張してもいるのである。(34)

もっとも重要なことに、たとえリベラルにとって集合的アイデンティティが集団の危険性を表わしていたとしても、リベラリズムは集合的アイデンティティを完全に廃絶することなく、集団の危険性を解決したものを代表している。リベラリズムの誇りは、どうすれば集合的アイデンティティの渇望と攻撃的な傾向を少なくし、そうしたアイデンティティを個人に私的に享受させられるのかを発見したことにある。この解決策には、宗教と文化が私的なものとされ、リベラリズムそれ自体の文化的および宗教的な次元が否認される、一連の法とイデオロギーの相互作用が含まれている。文化と宗教は、家族がそうであったように、私的で、私的に享受され、イデオロギー的に脱政治化される。そして、家族のように、それらは政治的人間《ホモ・ポリティクス》と経済的人間《ホモ・エコノミクス》の「背景」として位置づけられる。文化、家族、宗教はすべて、権力、政治、主体生産、規範の拠点というよりも、「無情な世界の安息所」として公式化される。このようにして、文化は主体を構成するものとして理解されるのではなく、アヴィシャイ・マルガリートとモッシエ・ハルバータルの表現では、人が「権利の対象とする《ハヴ・ア・ライト・トゥ》」ものとなる[35]。

文化を個人の外にあり、個人の背景をなし、個人が「選択し」、自らの権利の対象とするものとして位置づける、これらの分析上の作用は、たんに個人の自律性を確実なものとするだけでなく、文化が法や政治に浸透したり、それらを支配したりするときには、それを本来的に抑圧的なものとみなしてもいる。リベラリズムでは、個人が文化や信仰を所有し、それに接近すると理解されている。文化や信仰が、彼または彼女を所有しているわけではない。このちがいは、それぞれの事例で、どちらの実体が統治していると思われるのかにかかっている。すなわち、リベラルな体制では主権的な個人、原理主義的な体制では文化や宗教である。それと同時に、リベラルな法体系とリベラルな国家も、文化と宗教から完全に自律したものとして認められている。これら二つの形式の自律性、つまり個人と国家の自律性は、重要なことに、たがいに関連づけられている。リベラリズムは、文化的および宗教的な権威からの国家の自律性を表明することで、他者そして国家権力からの個人の自律性を法的に保障するものとみなされている。リベラルな政治と法は、宗教に関してだけでなく、文化に関しても世俗的で、それらの上にあり、それらとは離れたものとして自らを表現している。こうして、リベラルな法体系は（法の決定がときに「国民文化」や「支配的な文化規範」の基準をほのめかすとしても）文化とは関係のない、しかも文化的に中立的なものとなる。いいかえれば、リベラリズムは文化を政治権力から切り離しうるもの、政治権力を文化にとらわれないものとみなしているのだ。これらの同じような作用をつうじて、リベラルな法原理は普遍的なもの、文化は本来的に個別的なものとして表現される。文化の政治への従属は、個別的なものの普遍的なものへの従属として正統化されるというわけである。また、それらをつうじて、リベラルな民主主義体制の原理も、文化帝国主義的になることなく、普遍化可能なものとなりうる。これらの原理は普遍命題でもあるので、個別の文化を「尊重する」ことができるというわけである。逆にいえば、非リベラルな秩序は、それ自体で、個人化されない人類の危険性だけでなく、個別主義、原理主義、そして不寛容の罪を表わすことにもなるのだ。

　リベラリズムが自らの内部で政治と文化を区別し、それらをもっともらしく分離しつづけなければ、自律的な個人という虚構も、その想像上の反対物、つまり根本的に脱個性化され、文化や宗教によって拘束された、原理主義的な秩序の従属者という虚構も長つづきすることはない。別の方向から、より脱構築的な文法に従ってみれば、文化や宗教によって支配されたものとしての原理主義的な〈他者〉というリベラルな構築によって、リベラルな法体系は、文化が統治と形式的に重ね合わされるときにかぎって、それを権力の形式として言説的に構築することができる。ほとんどの非リベラルな体制は、このように言説的に表現されているのだ。したがって、リベラルな秩序をその〈他者〉から区別するうえで、文化からの国家の自律性は、文化からの個人の自律性と同じくらい重要である。非リベラルな政体は、文化もしくは宗教によって「支配された」ものとして描かれる。リベラリズムは法によって支配されたものとして描かれ、文化はそれとは別の空間、つまり脱政治化された任意の空間に割り当てられる。このようにして、個人の自律性は文化による支配と対置され、主体は自らの自律性を、文化をつうじてではなく、文化に逆らって獲得するとみなされる。文化は個人の自律性と背反しており、それゆえ、リベラルな国家によって遠ざけられ、また抑制され、無力化され、私的なものとされなければならないと思われているのである。(36)

文化からのリベラルな法体系の自律性、そして文化からの自発的かつ主権的な主体の自律性という二重の想定のもとで、リベラルな法体系は寛容を唯一促進するものとして、またリベラルな政体は寛容の対象を唯一仲介しうるものとして位置づけられる。第7章でより広範に論じるように、寛容はリベラルな個人によって「選択された」とみられる、ほとんどすべての文化的、宗教的な慣習には適用されるが、文化や宗教によって支配されたとみなされるすべての体制、さらには戒律としての文化によって押しつけられたとみられる慣習には保留されるかもしれない。この論理は、リベラルな秩序のすべての法的実践から野蛮という標識を剥ぎとり、不寛容と思われる非西洋的な慣習や体制にたいするリベラルの攻撃を正統化するのに効果的である。そして、この論理は、そのような攻撃が含意している文化帝国主義を否認することも認めている。なぜなら、リベラルの攻撃は法の支配と権利および選択の不可侵性によって正当化されるからである。これらはいずれも、リベラルな言説では、普遍的で文化にとらわれないものとして指定されているのだ。こうした論理は、寛容と許容しがたいものをめぐる、あらゆるリベラルな論争のなかにみられる。しかし、それを簡潔に表明したのはジョージ・W・ブッシュであった。彼は二〇〇二年の対アフガニスタン戦争の開始にあたって、こう宣言した。「われわれは今回の戦争において、世界を永遠の平和をもたらす価値へと導く、大いなるチャンスを手にした……。われわれは自分たちの文化を押しつけるつもりはない。しかし、アメリカは人間の尊厳にかかわる交渉の余地のない要求を、つまり法の支配、国家権力の制限、女性の尊重、私有財産、自由な言論、平等な正義、そして宗教的寛容を、これからも譲歩することはないのだ[37]」。これらの「交渉の余地のない要求」は、アメリカからではなく、個人が優先される、人間の尊厳という逆説的にも超越的もしくは神聖な場所から出されており、それゆえ、文化的なものとして描かれたり、国家あるいは国民の主権によって条件づけられたりしたものではない[38]。むしろ、それらは文化から独立し、文化に関して中立的で、いかなる政治体制にも汚されない普遍的な政治原理として提示されている。重要なことに、それらは文化からの主体と国家の自律性を前提としているのだ。そして、それぞれの要求なるものは、その同一性が確保される、暗黒の〈他者〉を描き出してもいる。「法の支配」は、武力、宗教的指導者、文化的習慣による支配と対置される。「国家権力の制限」は、絶対主義、文化や宗教といったほかの権力と結びついた国家権力と対置される。「女性の尊重」は、文化や宗教による女性の侮辱、また興味深いことに、女性の平等とも対置される。「私有財産」は、集団所有、国家所有、公有財産と対置される。「自由な言論」は、統制され、買収され、抑制され、制限された言論と対置される。「平等な正義」は、差別的な正義と対置される。そして「宗教的寛容」は、宗教的原理主義と対置される。これらの暗黒の他者は、たがいに換喩的に関連づけられることで、リベラリズムの推定上の対立物である野蛮の存在を表示している。また、このような構築は、リベラリズムはこれらの暗黒の他者とは本来無関係である、それらはもっぱら非リベラルな体制や文化のものである、さらには、リベラリズムが広まらないところでは文明も広まらない、といったことも暗示している。

本章では、リベラルな思想にみられる有機体説的な秩序をめぐる不安の考察を手がかりに、フロイトの集団アイデンティティの理論を検証しながら、高度の個人化を特徴とする秩序の文明的な優位性についてのリベラルな想定を分析してきた。フロイトの物語は、リベラルな思想がどうして有機体説を原始的思考、とくに自制心、良心、本能の抑圧、合理的熟慮の能力をもたない主体と同一視しているのかを明らかにした。ここで指摘してきたように、こうした有機体説は、「文化」、「宗教」、「民族的アイデンティティ」による支配と同一視されている。それにたいして、リベラルな法体系は、これらのものが支配することはないということ、世俗的な国家と自律的な個人がそれらの力を奪い、それらをふさわしい場所に置いたということを示している。

自律性の価値を肯定すると同時に国家の世俗主義を聖化するリベラルな寛容は、自制的な個人にのみ有効な美徳として、世俗的な国家にのみ有効な政治原理として、個人化された主体とそうした主体化を促進する体制にのみ適切に差し伸べられる善として理解されている。逆にいえば、有機体説と有機体説的な慣習にとらわれた人々は、寛容を評価することも、寛容を実行することも、寛容を付与されることもないと推定されている。寛容の統治性は、許容しうるものの最低基準として、主体の形式的な法的自律性と国家の形式的な世俗主義を提示する。そして、こうした自律性と世俗主義の脅威とみなされるすべてのものを、許容しがたいものとして印づけるのである。

このような論理は、後期近代の国境横断的な住民移動がもたらした、リベラルな政体における下位国家的なアイデンティティの噴出によって異議を申し立てられている。寛容はそうした異議申し立てを管理するために動員されるが、しかし、その呼び出しはリベラルな普遍主義の論理の崩壊を告げるものとしても作用している。寛容は、支配的な「社会構成的文化」のなかに存在し、それと衝突する「文化的」、「民族的」、「宗教的」な差異をうまく処理する方法として呼び出される。これらの差異が現われ、公的生活のなかに噴出するとき生じる紛争は、たとえば、フランスのムスリムの少女たちがスカーフを着用して公立学校に行けるかどうかとか、女子割礼や重婚は北アメリカでも行ないうるかどうかといった、たんなる政策問題だけを提起しているのではない。むしろ、そうした紛争はリベラルな法体系や公的生活の普遍的ならざる性格、つまり、その文化的次元を暴露しているのである。

こうした暴露は、寛容の言説によって、つぎのいずれかの方法で管理される。差異は非リベラルな性格から危険な、したがって許容されないものとして指定されるか、たんに宗教的、民族的、文化的な、したがって政治的要求の候補ではないものとして指定されるかの、どちらかである。非リベラルな政治的差異であれば、それは許容されない。もし許容されるとすれば、それは私的なものとされ、政治にはいっさいかかわらない、個人的に選択された信条もしくは慣習に変えられなければならない。寛容はこのように、いま揺らいでいる世俗主義を代補するものとして機能している。とはいえ、リベラリズムの推定上の没文化主義にたいして差異の異議申し立てが噴出し、寛容がそれに対応するために動員されるという事実は、リベラリズムの文化主義を拒否するのではなく、むしろ、それを肯定し、生産的に活用する、もうひとつの政治的な可能性を示唆している。

タラル・アサドは、「文化的あるいは民族的マイノリティ」という現代用語についてのふとした寸評のなかで、今日のリベラルな法体系の純粋願望を崩すもうひとつの漏れ口をみいだしている。リベラリズムの内部では、マジョリティとマイノリティは政治に関係する政治的な用語である、とアサドは述べている。したがって、それらは「差異を解決するための政体構成上の装置を前提とする」。もちろん、寛容の言語は、そのようには差異に接近しない。アサドはつづけて、「文化的なマジョリティとマイノリティについて語ることは、それゆえ、イデオロギー的な混交を仮定することである」という。「それはまた、ある文化の成員は特定の政治的に画定された場所にきちんと帰属するが、そのほかの文化（マイノリティの文化）の成員はそうではない、と言外に主張することでもある」(39)。リベラリズム内部での、こうした文化的なものと政治的なもののずれを認識するか主題化しなければ、寛容はそれを処理するものとして、すなわち、政治的なもののなかに噴出したものを文化的、宗教的、民族的な要求とみなして、ふたたび脱政治化するものとして提示されるだろう。繰り返していえば、リベラリズムの普遍主義的な自己表象が潜在的な危機にさらされたとき、寛容はその代補として現われる。また、その場合の対抗策はリベラリズムを放棄したり拒否することではなく、むしろ、その機会を利用して、リベラルな体制を文化的および宗教的な世俗主義という誤った構想の反省へと開き、そしてリベラリズムが慣例的に自らの構成的外部であり、自らの敵対的な〈他者〉であるとみなしてきたものとの遭遇によって変化する可能性へと開くことである。このように開かれるためには、道徳的自律性と有機体説、世俗主義と原理主義という対立が脱構築されなければならない。それは多言語的な西洋だけでなく、多言語的なイスラーム世界にとっても必要なことである(40)。

これらの脱構築的な作用をつうじて、リベラリズムは、それ自体つねにすでに混交的であることをより自覚したものとして構想され、促進されうるだろう。個人性から有機体説を、政治原理、法、政策から文化を分離することはできないが、それはひょっとしたら価値のあることなのかもしれない。かくして、リベラリズムは、より穏健で、その帝国的および植民地的な衝動を抑制しうるだけでなく、それが切望する多文化的な正義もまたなしうるものとなる。とりわけ、それはわれわれと彼らという断固たる危険な対立には、あまりとらわれなくなるだろう。リベラルな民主主義の旗のもとで帝国を正当化してきた重要な根拠のひとつは、こうして失われるのである。[41]

第7章　文明化の言説としての／における寛容

文化が限りなく多様である一方で、人類の思想や信条が出会い、平和的かつ生産的に発展する、ひとつのグローバルな文明が存在する。意見の異なる者への寛容、文化的多様性の祝福、基本的な普遍的人権の主張、どこであれ、人々がいかに統治されるべきかについて発言する権利によって定義されなければならないのは、文明なのである。

――コフィ・アナン国連事務総長、二〇〇〇年九月五日

自国の歴史の、そして文明世界の歴史の重大な時期に、われわれはここに集まっている。その歴史の一部はほかの人々によって書かれてきたが、残りはわれわれが書き記すだろう……。そして行動することで、この新しい世紀には、文明的なふるまいの境界線が尊重されることを、無法者の体制に知らせるのだ。

——ジョージ・W・ブッシュ大統領、二〇〇三年二月二六日

アメリカと西洋には、これらの［イスラームの］国々に潜在的なパートナーがいる。彼らはわれわれに、闘争をそれにふさわしいところへと動かすのを支援してもらいたいと願っている。つまり、それはイスラームとの戦いではなく、その精神的メッセージやアイデンティティにたいするイスラーム内部での戦いであり……未来と過去との、発達と未成熟との、狂った陰謀説の提唱者と合理性の信奉者たちとの戦いである。……この内なる戦いはアラブ人とムスリムのみが勝利しうるのだが、われわれはこれらの進歩的な人々を公然と励ますことができる。

こうした呼びかけに果敢にも応じた西洋の指導者は、実際のところ、オランダの政治家ピム・フォルタインだけであった……。フォルタインはオランダへのムスリムの移民を疑問視したが……それはムスリムに反対したからではなく、イスラームが啓蒙や宗教改革を、つまり、西洋において国家と教会が分離され、近代性、民主主義、寛容が採り入れられるにいたった予備的な段階を通過していないと思ったからである。

フォルタインは同性愛者でもあったので、とても寛容を必要としていた。そして、彼のムスリム移民への呼びかけは、こうであった。私は寛容でありたいと思っているが、あなたがたはどうなのか。あなたがたの文化は権威主義的で、同化を拒み、わが国のリベラルな多文化的エートスを脅かすものなのか。

——『ニューヨーク・タイムズ』論説委員、トマス・フリードマン、二〇〇二年六月二日

テロとの戦いは人権のための戦いである。

——ドナルド・ラムズフェルド国防長官、二〇〇二年六月一二日

すべてのテロリストは文明と戦っている……。だからこそ、アメリカは人間の自由の拡大を支持しているのだ。

——ブッシュ大統領、二〇〇四年五月一八日

現代西洋では、リベラルな寛容の言説が「原理主義的な」社会から「自由な」社会を、「野蛮なもの」から「文明的なもの」を、有機体説的、つまり集団的なものから個人的なものを区別している。これらの組み合わせは同義的ではなく、寛容の言説によってまったく同じように適用されているのでも、その言説からまったく同じような反応を呼び起こしているのでもない。とはいえ、前章で論じたように、それらはたがいの構成において、そして西洋とその〈他者〉の構成において支え合っている。ひとつの組み合わせでも存在すると、それはかならず換喩的に作用し、そのほかのものを暗示するようになる。なぜなら、これらの組み合わせは、一般に、たがいに有機的に関連するものと思われているからでもある。かくして、原理主義が野蛮の温床と理解され、個人性を否定しないまでも弱めるものとみなされるように、主権的な個人を生産し、その価値を維持することは、野蛮を水際で防ぐのに不可欠であると理解される。しかし、一方でリベラルな自律性、寛容、世俗主義、文明を結びつけ、他方で集団アイデンティティ、原理主義、野蛮を結びつけることには、重大な策略がある。本章では、その策略の操作をたどる

ことにしたい。

文明化の言説

政治的実践としての寛容はつねに支配者によって付与され、それが無力な人々に保護や編入を申し出るときでさえ、つねになんらかの支配を表わしている。そして、個人的美徳としての寛容も、同じように非対称的に構造化されている。倫理的な寛容の態度は気高いが、そのような気高さの対象はかならずより低いものとして描かれる。変人、頑固者、あるいは文字どおりの無法者が、寛容をつうじて許容もしくは黙認されるときでさえ、寛容を施そうという声は、その対象に帰される性質とは著しく対照的である。「私は寛容な人間だ」という表明は、品のよさ、礼儀正しさ、忍耐、寛大さ、コスモポリタニズム、普遍性、広い視野を思い起こさせるが、寛容を必要とする人々は、無作法で、見苦しく、執拗で、偏屈で、気むずかしく、しばしば卑劣か、少なくとも視野の欠けたものとして現われる[1]。寛容について思索するリベラルは、ほとんどつねに、自分たちがそうだとは思われないものにうまく対処することについて述べている。彼らは広場で鼻をつまむ貴族と同一化しているのであって、その悪臭を放つ人々とではないのだ。

歴史的、哲学的にみれば、寛容は、自由が一般にそうであるように、資格、権利、あるいは本質的に平等主義的な善としては、ほとんど論じられない。むしろ、寛容はだれかを抱きこむことで平和を維持すると主張する、編入的な実践として要求されている。それゆえ、寛容のひそかな願い、いまだ存在しない普遍的に実践される中庸、寛容の美徳が必要とされないほど文明化された人間性への願いは、許容する者の許容される者にたいする性格学上の優位性を繰り返し主張する、寛容の規範的な側面とはなじまない。

これらの寛容の修辞的な側面に注目すれば、それはたんに権力の非対称的な断線であるだけでなく、その作用のなかで身分、階級、文明の尊大さを伝えているようでもある。本章では、このように伝えられるものについて、文明化の言説としての寛容の論理を考察しながら検証することにしよう。「文明化される」とみなしたものを一般に印づけ、そして西洋に優位性を付与する、こうした文明化の言説の二重の機能は、交差することもあるが、それぞれ異なる二つの権力機能のなかで、寛容それ自体を生産している。つまり、それは寛容を、西洋文明の優位性を定義するものの一部として、そして、いくつかの非西洋的な慣習もしくは体制を許容しがたいと印づけるものとして生産しているのである。これらの寛容の言説が文明化の枠組みのなかで作用するとき、それらはともにリベラルな政体による特定の慣習、民族、国家にたいする非リベラルな処遇を正統化する。それらは許容しがたいと印づけられたものにたいする攻撃を、その攻撃者の「文明的な」地位を汚すことなく支持するのである。

九月一一日の直後、ジョージ・W・ブッシュはこう主張した。「文明と文化と進歩のすべてを憎むやからは……無視することも、譲歩することもできない。彼らとは戦わなければならないのだ(2)」。寛容という文明の灯台は、文明の外にいる人々、そして文明に対立する人々まで照らすべきではない。むしろ、寛容が抑制している暴力こそが、こうした脅威に対処する唯一の手段であり、したがって自己を正当化するものとなる。また、ブッシュは二〇〇二年の二月に、アメリカは「野蛮なふるまいの魔の手から人々を解放するだけでなく、来るべき時代に、世界をより平和的なものにしうる戦争を遂行する、歴史的なチャンス」(3)を手にしている、と宣言した。これをさきほどの発言と組み合わせると、文明と野蛮という対立のもとで、いかにして帝国的な軍事行動が、文明、進歩、平和というマントによって隠されているのかを理解するのは、むずかしいことではない。そのような対立のなかで、文明が大切にしている寛容は、野蛮のなかに自らの限界、また野蛮のアイデンティティが画定される限界をみいだすのだ。

しかし、文明は複雑なことばで、さらにより複雑な系譜に位置づけられる。『オックスフォード英語辞典』〔OED〕によれば、それは一八世紀以後、「文明化する、あるいは文明化される行為やプロセス」を指し、また「人間社会の発達または進歩した状態」(4)を表わしてきた。レイモンド・ウィリアムズは『キーワード』のなかで、「文明は今日一般に、組織的な社会生活の完成された状態や条件を説明するものとして使われる」が、もともとはプロセスに関係したもので、現在も進行中であることを意味する、と述べている(5)。こうした文明の静的ならびに動的な意味は、近代性についての進歩主義的な西洋の歴史記述のなかで、たやすく調停されている。つまり、個人と社会はより民主的で、理性的で、コスモポリタン的な方向を着実に進むものとして描かれているのである。かくして、文明はヨーロッパ近代の達成、経験としての近代化の約束された成果、そして重要なことに、地球の「文明化されざる」部分へのヨーロッパ近代の輸出という帰結を、同時に表現することになる。一九世紀中ごろから二〇世紀中ごろまでのヨーロッパの植民地の拡張は、はっきりと文明化のプロジェクトとして正当化されていた。そして、それはマナーや習俗を規制するのはもちろん、社会秩序、法の支配、理性、それに宗教の贈り物

を魔法のようにとりだしていた。(6)

とはいえ、文明ということばは、それに触れたすべての主体に、ヨーロッパの基準を切望させる植民地支配だけを表わしているわけではない。非ヨーロッパ系のエリートやさまざまな反植民地闘争は、ヨーロッパの支配に異議を唱え、ときには真っ向から対立するために、文明という概念をつくりかえていた。また、前世紀には、学界および民間の言説のなかで、文明をめぐる観念が多元化されるようにもなった。アーノルド・トインビーからフェルナン・ブローデル、そしてサミュエル・ハンチントンにいたるまで、動機はさまざまだが、ヨーロッパとは異なる、さらに近代性とは異なる文明を探り出そうという試みが、いっせいになされた。そして、文明は価値、文学、法体系、社会組織からなる、構造化された「生活様式」をより広く定義するものとなった。

文明についての多元的な説明は、しかしながら、文明にたいする多元主義的な感性と同じではない。サミュエル・ハンチントンの命題、世界の異質で通約できない文明として名指されたものは、たがいに一触即発の状況にあるという有名な議論は、文明ということばに含まれる西洋の優位性が、こうした多元化によって否定されるのではなく、むしろ隠蔽されうるということを十分に明らかにしている。ハンチントンは、西洋文明が「価値あるのは、それが普遍的だからではなく、個人的自由、政治的民主主義、人権、そして文化的自由の価値を啓発する唯一のものであるからだ(7)」と主張しているが、この文化相対主義へと向かうと思われるしぐさは、相互の尊重という原理として具体化されるわけではない。むしろ、ハンチントンの西洋文明の独自性に関する議論は、西洋内部の多文化主義にたいする不寛容の基礎とされている。周知のとおり、ハンチントンは「多文化的なアメリカは不可能である。なぜなら、非西洋的なアメリカはアメリカではないからである。……国内の多文化主義はアメリカと西洋を脅かしているのだ」と論じている。[8] 同じく重要なことに、ハンチントンは『文明の衝突と世界秩序の再構成』を、「単数形の文明」と呼ばれるものの最近のもろさについての警告で締めくくっている。「世界的にみて、文明は多くの点で野蛮に屈しつつあるように思われる。そして、これまでにない現象が、つまりグローバルな暗黒時代が、人類に降りかかるかもしれないと想像されるのである」。ハンチントンはつづけて、こうした危険は世界規模の法と秩序の崩壊、グローバルな犯罪の波、増大する薬物中毒、家族の全体的な弱体化、信頼と社会的連帯の衰退、民族間、宗教間、文明間の暴力の高まりにおいて明白であるという。それでは、なにが「グローバルな道徳的退行」と呼ばれる、このような暗黒の怪物を呼び出しているのか。それは法の支配を文明の規範として確立し、「奴隷制、個人にたいする拷問および不道徳な虐待」に反対してきた、西洋の権力の凋落にほかならない。[9] したがって、ハンチントンが、すべての文明は野蛮という許容しがたいものと戦うために団結しなければならないと主張するときでも、その戦いを導きうるのは西洋の価値だけである。野蛮を水際で防ぐためには、西洋をふたたび文明の決定的な本質として中心化し、地球を統制しようとする西洋の企てを正統化しなければならないのである。

ハンチントンは、世界がいま陥りつつある野蛮は西洋の凋落に起因しており、また文明間の相互の協調は西洋固有の寛容という価値にかかっている、と論じている。これらの二つの主張が組み合わされるとき、西洋は「単数形の」文明と、文明は寛容と、そして不寛容で許容しがたいものは非文明的なものと、はっきりと連鎖的に同一化される。ハンチントンの懸命の打ち消しにもかかわらず、これらの同一化が生じるということは、文明化の言説が政治的現実主義によってほとんど完全にねじ曲げられているときでさえ、おそらくはそのようなときだからこそ、リベラルな寛容の理論にどれだけ影響力をもっているのかをもっぱら表わしている。

また、ハンチントンの著作は、たとえ文明が複数形で表現されるときでも、それが示す対立物はつねに野蛮であるということも明らかにしている。野蛮人《バーバリアン》はすべての非ギリシア人を指した古代ギリシア語から派生していることが思い出されるだろう。ローマの台頭とともに、その意味はしだいに帝国の外の人々を表わすようになった。イタリアのルネサンスでは、野蛮人はルネサンスが及ばないと想像された人々、つまり非イタリア人を定義していた。したがって、専門的には、野蛮人は「異邦人、話し手とは異なる言語や習慣をもつ人」である。しかし、見落としてはならないのは、この異邦性がつねに帝国および文明の帝国的な定義と比べて確立されてきたことである。そうした理由から、ＯＥＤでは、第二の意味が提示されている。すなわち、野蛮人の条件は「……文明の柵《ペイル》の外に」いることである。柵（これは一六世紀のアイルランドにおけるイングランドの植民地管轄権の範囲を指すことばであった）の外にいることは、たんに地理的な境界を越えるだけでなく、文明が及ばないということ、その天蓋から外れるということでもある。それゆえ、異邦人としての野蛮人という古代の意味から、その現代の語義にいたる道筋をみるのは、むずかしいことではない。ＯＥＤでは、野蛮人の第三、第四の意味が「粗野で、野性的で、非文明的な人。……教養のない人、すなわち文物に共感を抱かない者」と並べられている。(10) まもなくみるように、スーザン・オーキンはいくつかの非リベラルな文化的慣習を野蛮なものと名指しながら、リベラルな秩序のなかにはいかなる「野蛮な」慣習もみいだせないでいる。いいかえれば、彼女は、異邦人から未開人、そして野獣へといたる野蛮人の語源学的な移行を完全になぞっており、また、その移行にともなう植民地的あるいは帝国的な支配には目を向けていないのである。繰り返していえば、こうした移行は、中東での軍事行動を野蛮にたいする文明世界の戦いとみなす、ジョージ・W・ブッシュのお決まりの説明も裏書きしている。「一刻の猶予もない。イラクでは、文明世界の敵が文明世界の意志を試そうとしているのだ(11)」。

文明の柵を越えることが文明には許されないことでもあるとすれば、寛容と文明はたがいを内包するだけでなく、両者の外にあるものを共同で定義し、ともに新しい国境横断的な統治性のより糸となるだろう。特定の慣習を許容しえないと宣言することが、それを非文明的なものとしてスティグマ化することであるように、文明化されないことは、許容されないことであり、野蛮人になることである。文明の内部にあるものは、許容しうるものであり、そして寛容なものである。しかし、その外部にあるものはどちらでもない。かくして、たとえ文明が多元的に定義されたとしても、寛容の言説は西洋をふたたび文明の基準として中心化し、寛容は西洋の優位性の記章だけでなく、西洋の支配を正統化する外套としても機能する。また、本章のエピグラフのひとつで、コフィ・アナンが世界のすべての文化を、「グローバルな文明」と名づけられた、リベラルな政治用語によって運営される討論会場に召集しなければならなかったのも、そうした理由からである。これらの多様な文化が文明的なものとしての地位を獲得し維持しうるのは、それしかないというわけである。

寛容教育

ハンチントンによれば、西洋は自らを価値づけることで自らを救い、文明的な寛容のグローバルな実践を展開することで世界を救うとされるが、後者の実践は差異を許容し、原理主義を回避することの価値について他者を啓発することを必要としている。こうした公式に従えば、寛容は教育的に達成されるものとみなされる。それは、南部貧困法センターの「寛容教育《ティーチング・トレランス》」プロジェクトという名称に記されているとおりである[12]。あるいは、国際寛容ネットワークのK・ピーター・フリッチェは「寛容は学習されなければならない。人は寛容たりうるよう変えられなければならず、そうした能力の要素を促進することが寛容教育のもっとも重要な課題のひとつである[13]」と語っている。また、現代の寛容の哲学者であるジェイ・ニューマンも、宗教的寛容に関する書物の序文で、同じように表明している。「不寛容はあらゆる憎しみの起源のなかで、もっとも執拗で、もっとも狡猾なものである。それは文明の障害、野蛮の道具のなかで最大のものであろう」。ニューマンによる不寛容の矯正法はなにか。それは教育である。そして、彼はそれを「文明化のプロセス」と同一視している[14]。ニューマンの議論は無知で偏狭な憎悪者とコスモポリタンな教養人という二項対立に強く支配されており、彼自身、いかなる種類の教育が必要とされるのかは説明するまでもないとすら感じているほどだ。知識と思考はそれだけで部族的な熱狂を取り払い、それを反省的な個人と取り換える原動力となるというわけである[15]。

寛容は教育されなければならないという観念は、不寛容を差異にたいする「土着的」もしくは「原始的」な対応として分節化する。これは第6章で考察した、寛容と個人化の等式と合致する。「寛容教育」のレトリックでは、敵意や不寛容は、啓蒙的な近代人よりも幼稚で、公式の教育を受けていない、とりわけ個人化されていない人々のものとされる。こうして「頑固者」は「無知」と結びつけられ、通俗ジャーナリズムでは、現代の東ヨーロッパ、ルワンダ、エチオピアの民族紛争を表現するのに「原始的な血の確執」とか「太古からの反目」といった語句が用いられる。第5章で論じたように、これらはともに寛容博物館の「われらの時代」のヴィデオでみられたものであった。また、イスラーム急進派の暴力も、別の通俗ジャーナリズム的な語句によって、前近代的な感性の帰結として描かれる。ここで作用しているのは、コスモポリタンな西洋人のおなじみのオリエンタリズムの物語である。それによれば、西洋人は先住民よりも啓蒙されているので合理的かつ穏健である。そして、その合理性と穏健さは寛容から生まれ、また寛容をもたらすものと理解されている。この物語では、バリー・ヒンデスが論じているように、差異それ自体が世俗化され、西洋の個人、知識、自由の観念に結びつけられた進歩主義が原理主義化されているのである(16)。

先住民、狂信者、原理主義者、それに頑固者は、寛容を約束した社会が克服しなければならないものである。許容する側からみれば、これらの形象は前近代的であるか、少なくとも近代性のなかできちんと洗われなかったのだろう。『ニューヨーク・タイムズ』のイスラームに関する論説のなかで、トマス・フリードマンはそのような公式を際限なく繰り返している(17)。それは西洋の文明的な優位性を支えているのが、実際には西洋文明そのものではなく、西洋と近代性との、とりわけリベラリズムとの同一化であり、もっといえば、西洋の目的としてのリベラリズムの同一化であることを思い出させる。

先住民、狂信者、原理主義者、それに頑固者を共通の葉でつつんでいるのは、彼らが偏狭で、同質的で、疑問を許さない、啓蒙されざる世界に生き、よそ者、疑問、差異にたいしては敵意を抱いた存在だという想定である。これは彼らが宗教上の正統派であっても、有機体説的な社会の成員であっても、あるいは急進的なリバタリアンであっても変わらない。したがって、「寛容学習」はひどい不公平、絶対的なアイデンティティ、偏った愛着を脱ぎ捨てることをもとめる。このプロセスは支配の特権ではなく、より拡大した、よりコスモポリタンな世界観の効果として理解されている。また、その言説のなかでは、寛容を学習する目的が、平等や他者との連帯に到達することではなく、他者に耐える方法を身につけることであるというのも注目に値する。そのような方法は、自らのコミュニティとの関係やアイデンティティの主張を弱めることで、すなわち、リベラルな多元主義者となり、マイケル・イグナティエフによれば、その結果「それぞれの生き方を尊重し」、「ほんの少し自分を愛さないことで他人をより愛する」(18)ことのできる人々に加わることで習得されるというわけである。本質化された差異の、自然とみなされた対立を克服するものとしての寛容は、教育と抑制から生まれる。というのも、それらは社会契約にもとづき、民族主義その他の共同体的な同一化を弱めるものだからである。このように公式化されることで、寛容の評価と実践は、西洋の優位性をたしかなものとすると同時に、西洋が支配、植民地主義、冷戦をつうじて第二世界および第三世界を歪めてきた効果を、先天的な敵意として書きなおすことで脱政治化し、また、これらの効果にさらされた人々を西洋の文明化のプロジェクトを必要とするものとして描き出してもいるのだ。

このように差異にたいする敵意を自然なもの、原始的なものとみなす概念化を支えているのは、第6章で明らかにしたように、合理的な個人は「有機体説的な社会」の成員よりも本来的に穏やかで、礼儀正しく、先見の明があり、したがって寛容だという想定である。トマス・フリードマンは、こうした見解をあからさまに宣伝し、もっとも広く読まれている人物のひとりである。マイケル・イグナティエフは、それをより巧妙に提唱している人物のひとりである。イグナティエフにとって、人種差別や民族に根ざしたナショナリズムは「集合的アイデンティティの罠にとらわれた」結果であり、その治療法は「個人的な生を追求する手段」、とくに成功や達成にいたる個人的な道のりにある。[19] たとえば、イグナティエフが「個人主義の文化だけが、集団アイデンティティの支配と、それにともなう人種差別を解決すると信じられる」とか、「『寛容』教育の本質的な課題は、人々が自分を個人とみなし、他人もそのようにみなすよう手助けすることである」と論じていたことも思い出されるだろう。また、イグナティエフによれば、われわれはこのような見方をつうじて、集団の呼びかけを構成している「抽象化の手続き」に逆らって、「すべてが特異性のなかにいる、ありのままの、現実的な個人」という真理に接近すると理解されている。[20] いいかえれば、われわれはそれをつうじて、人間の本来あるべきすがたに接近するのである。かくして、イグナティエフの分析では、個人はきわめてヘーゲル的な先験命題、つまり存在論的には真理だが歴史的には未完のものとなる。そして、この個人が個人として育まれ、報われるにつれて、その集合的アイデンティティはしだいに個人主義、とくに個人の自我の強さによって蝕まれ、切り捨てられ、寛容な世界への展望はより大きなものになる。こうした等式は、リベラリズムを、真理であるがゆえに優位なものと仮定し、寛容を、完全に、正当に個人化された社会、人間存在の核となる真理に到達した社会の兆候と仮定しているだけではない。第6章で考察したように、それは自らを没文化的であると同時に反文化的なもの、文化を超越すると同時に文化に対立するものとみなす、リベラリズムの自己表象を引き出してもいるのである。

寛容の付与と差し止め

一般に、寛容はそれを必要としない人々から、それを必要とする人々に付与される。そして寛容は、規範に同調するというよりも、規範から逸脱する人々を対象とした規律的な秩序から現われ、その秩序をコード化する。異性愛者が同性愛者に寛容を申し出る、キリスト教徒がユダヤ人やムスリムを許容する、支配的な人種がマイノリティの人種を許容する……いずれも、ある程度までは。しかし、問題がこのように表現されることはほとんどない。それどころか、支配的な住民が、印づけられた、あるいは数で劣った住民を許容するとき、両者の権力関係はまったく論じられなくなる。その代わりに、この場面は、普遍的なものが個別的なものをそのままの状態で許容し、それゆえ、普遍的と思われるものが同化されない個別的なものにつねに優位する場面として描かれる。つまり、ここでの優位性は、個別的なものは普遍的なものを許容しないという寛容の非相互性を前提としているのだ。このように、寛容の行為から権力が消されることで、支配的なものは普遍的なものとして、従属的なもの、数で劣ったものは個別的なものとして呼び出される。こうした喚起のメカニズムは、おなじみのものである。同性愛者は異性愛者以上に自らのセクシュアリティによって存在そのものを定義され、したがって普遍的なものには参画しえないものとして論じられる。これはユダヤ人、カトリック教徒、モルモン教徒、ムスリムが、ほかのアメリカ人以上に、自らの民族的／宗教的なアイデンティティによって余すところなく充満されているのと同じである。（たとえば、副大統領候補ジョセフ・リーバーマンの正統派ユダヤ教は、ジョン・F・ケネディのカトリック教のように選挙戦の重要な争点となったが、ジミー・カーター、ロナルド・レーガン、二人のブッシュが積極的に訴えたキリスト教は、そうではなかった。）このように充満された性質は、アイデンティティや慣習に内在するなんらかの性質からではなく、寛容の規範的な体制から生じているのだ。とはいえ、自らを普遍性や相対的な中立性の側に置くためには、支配的であるために印づけられないアイデンティティもまた、寛容をそうした立場に結びつけ、逆に、寛容の対象を個別性や部分性に結びつけている。

異性愛者が同性愛者を許容し、キリスト教徒が西洋のムスリムを許容するとき、前者は寛容を必要としないだけでなく、その寛容を付与する立場は、寛容が必要だといわれるものにたいする優位性を確立してもいる。許容するものと許容されるものは、たがいに根本的に区別されると同時に、美徳の目録に従って階層的に秩序化されてもいるのだ。許容するものは寛容の対象とはならない。許容されるものは、しばしば寛容の能力がないと推定される。こうした寛容の言説の二項対立的な構造の局面は、権力だけでなく、両者の優劣関係も流通させている。寛容の対象は、差異の側に置かれることで、同一性あるいは普遍性の側に置かれたものよりも劣ったものとして固定される。寛容の対象は、差異と結びつけられることで、普遍的なものの外部に置かれ、寛容を必要とするもの、したがって、より低次の生の形式として位置づけられるのである[21]。しかし、こうした位置づけは言説的なトリックである。なぜなら、それは普遍的なものと個別的なもの、許容するものと許容されるもの、西洋と東洋、多元主義的なものと原理主義的なもの、文明的なものと野蛮なもの、同じものと他なるものを生産しているのが、開放的か閉鎖的か、道徳的に相対主義的か絶対主義的かといった本来的な性質ではなく、むしろ権力であるということを偽装しているからである。また、この言説的なトリックは、前者、つまり許容する存在をあらゆる不寛容から浄化し、後者、つまり許容されるものをほとんど、ときにはまったく許容しがたい差異で充満させてもいる。

リベラルな寛容の理論では、非リベラルとみなされた文化や慣習にたいするリベラリズムの態度から、その道徳的な優位性が評価されている。なぜなら、リベラリズムはそれを許容することができないと思われる人々も許容することができるからである。こうした優位性は、リベラリズムは宗教に征服されずに宗教を許容することができる、あるいは原理主義的にならずに一部の原理主義を許容することができるという想定に支えられている。これとは対照的に、原理主義はリベラリズムを許容することも、取り入れることもできない。すぐれたものはもっと包容力があり、差異に倒されることなく、それを匿うことができる。この点で、寛容は大きさと強さの両方を重んじる。その美徳は広さを価値とみなすことにあり、広くないものは劣ったものとされる。寛容の言説が権力の包容力に美徳の地位を授けるのは、こうした理由からである[22]。

また政治的にみれば、寛容の能力はそれ自体、権力とそのたしかな安定を表現してもいる。集合的にも個人的にも、強力で安定したものは十分に寛容たりうるが、周辺的で不安定なものはそうではない。

自らと自らの支配を確信している政体もしくは文化は、だれかに傷つけられるとは感じておらず、なにも恐れずに境界をゆるめたり、他者を吸収したりすることができる。それゆえ、オスマン帝国は適度に寛容でありえたし、ヨーロッパ大西洋のリベラリズムもそうであった。しかし、リベラルな社会での寛容の実態が脅威および危険と知覚されたものに応じて劇的に変化するときでも、リベラリズムはそれを持続的な原理として具体化してきた。実際、リベラルな寛容の約束は、人種統合が近隣の資産価値に及ぼす影響から、公然たる同性愛者が教師であるときの生徒に及ぼす影響にいたるまで、そのときどきの不安や危険と知覚されたものによって、つねに修正されている。寛容は権力の指標だが、それはまた権力のもろさから生まれる実践、つまり、さまざまな統治目的に従ってそのもろさを規制する支配の道具でもあるのだ。

このことは、リベラルな政治思想がキリスト教と、より一般的にはリベラルな資本主義文化と演じているペテン、すなわち、それがこれら二つのものとの関与を否認しながらも、それらを宣伝および保護している方法にとっても、寛容が不可欠であることを示唆している[23]。ささいな例をとりあげてみよう。カリフォルニア大学の学事日程は、ほとんどの州立学校と同じように、ユダヤ人、ムスリム、東方正教会の信者たちの主要な宗教上の祝日を配慮せずに立てられている。ある年、教員のひとりが、秋学期の初日がユダヤ教の贖罪の日と重なっていることに不満をこぼした。というのも、もし学生がその日いなければ、申し込みが殺到する科目を履修できなくなるおそれがあるからだった。大学の教務係の回答はこうであった。学事日程はいかなる宗教上の祝日も尊重しはしないが、教員は宗教上の義務から特定の科目を欠席せざるをえない学生には、再試験その他の非懲罰的な調整を行なうことで、すべての公認された宗教を許容しなければならない、と。この教員は、クリスマス、復活祭、さらにいえば、キリスト教の安息日には、授業がないことを指摘した。教務係の回答はこうであった。クリスマスはたまたま「冬期休暇」の期間に、復活祭と日曜日はいつも週末に重なっているからだ、と。

リベラルな寛容の言説は、キリスト教やブルジョワ文化との重なり合いを隠すだけでなく、リベラリズムが非リベラルな文化と遭遇したときにみせる文化的排外主義をおおってもいる。たとえば、西洋のリベラルが原理主義的イスラームとの関連で、義務的と思われるヴェールの着用に失望を表明するとき、この失望は女性の選択という成句をつうじて正当化される。しかし、数少ないイスラーム系社会での強制的なヴェールの着用と、アメリカの十代の少女たちのほとんど強制的な肌の露出を比べてみると、前者はきまって「あちら側の」選択の絶対的な欠如、つまり圧制として、後者はきまって「こちら側の」選択の絶対的な自由として描かれる。その自由は、裸になればなるほど倍加されるようだ。ここでは、これらの二つの服装規定とそれらに反抗した場合のコストの差異を否定するのではなく、むしろ、これらの差異を階層化された対立物に変える手段と効果に注目することにしたい。もし成功したアメリカ人の女性が、つらい経済的あるいは社会的な結果をともなわずに、ヴェールを着用したり、男性や少年のような格好をしたり、いつでも自分が選んだものを身につけたりすることができないとすれば、彼女たちの条件はどのような手品によって、圧制を具体化したもの、主体性を欠いたものではなく、自由で個性的なものに変えられているのか。彼女たちが国家あるいは宗教上の戒律ではなく、世俗的で市場によってつくられた女性らしさやファッションに縛られているとすれば、どうしてそれは「より自由な」選択とみなされるのか。われわれが前者よりも後者のほうが強制的ではないと思うのは、権力はつねに法と主権にのみかかわる問題だという信念にしがみついているからではないのか、つまりフーコーが述べていたように、いまだ「政治理論では王の首が切り落とされていない」からではないのか。政治的にみて、こうした分析上の欠陥のない説明は、ポストコロニアル・フェミニズムの洞察にもとめられる。チャンドラ・モハンティによれば、西洋は「世俗的で、解放的で、自らの生をコントロールする」西洋女性という幻想をつうじて、自らの優位性を暗号化しているという。これは、まさに抑圧された第三世界の女性という形象から部分的に派生したアイデンティティである[24]。自分たちもまた女性らしい服装を強制されていると認識することで、こうした優位性のアイデンティティは切り崩されるだろう。われわれは、自分たちが自由であると表現するために原理主義を必要とする。さらには、それをほかのどこかに投影し、つくりだしてさえいるのである[25]。

こうした投影のもっとも重要な作用のひとつは、「不寛容な社会」を具体化し、全体化すること、つまり、そのような社会を、不寛容によって充満され、まさに不寛容の原理によって組織されたものとして表現することである。逆に、政治的な寛容の原理は、たとえ寛容の限界をめぐる問題が激しく論争されていたとしても、それを採用した政体を余すところなく定義する、とほとんどつねに思われている[26]。このように、世界が寛容なものと不寛容なもの、原理主義的なものと多元主義的なもの、偏狭なものとコスモポリタンなものに分割されることで、寛容に関する政治理論、政治哲学の文献は「不寛容なものにたいする寛容なものの態度はどうあるべきか」という問いを、まるでそのような恐ろしい対立物が実在し、根本的に異なる存在のなかに体現されているかのように提起しつづける。繰り返していえば、ここでの要点は、明白に寛容を提唱する体制とそうではない体制のあいだに差異がないということではない。むしろ、それは文明化の言説がリベラリズムと手を携えながら、これらの差異を対立物に変え、それぞれに歪んだ本質を、すなわち、一方には「原理主義的な／不寛容な／不自由な」本質を、もう一方には「多元主義的な／寛容な／自由な」本質を与えているということである。

このようなマニ教的な修辞的策謀にかかわっているのは、リベラルな寛容の提唱者だけではない。左右のリベラルな反相対主義者も、世界を寛容で自由なもの（西洋）と原理主義的で抑圧的なもの（非西洋）に分割されたものとして説明している。彼らは寛容を制限しようと試み、さらには、最近の文化的寛容の展開がいまわしい相対主義をあおるとみなしているのだ。「寛容の終焉――文化的差異と戦う」と題された『ディーダラス』の特別号や、スーザン・オーキンの『多文化主義は女性にとって悪いことか』では、人間的で受け入れられやすいものの基準を表明し、寛容をそのような基準に合致する文化ないしは文化的慣習に制限しようという議論が、申し合わせたように現われている。[27] 西洋が性器切除、寡婦の殉死、一夫多妻制といった慣習を非難し、法的に禁止するのを拒むとすれば、それは自律性と自由というリベラルな価値を完全に傷つける、狂った相対主義として扱われるだろう（これは「ポストモダニズム」と呼ばれるものに、はっきりとではないが、それとなく向けられている）。ここでは、寛容は価値として否認されているのではない。むしろ、それは境界設定の実践となり、「野蛮なもの」あるいは強制的なものの線分を引いているのである。

こうした議論はなかなか反論しがたいように聞こえるかもしれないが、問題は野蛮なもの、強制的なもののすべての事例が非西洋の側に、すなわち、文化あるいは宗教が支配していると思われるところに、したがって個人の自律性が保証されないところにみいだされるということである。いかなる西洋の合法的な慣習も、野蛮なものとしては印づけられない（あらゆる文化と同じように、西洋の文化もそう自己主張しているにすぎない）。たとえば、ペットとして愛されるもの以外のさまざまな動物をごちそうにすること、地球を汚染し、その資源を収奪すること、孤独に生き、そして死ぬこと、人生を富の追求に捧げること、人間の卵子、精子、幼児を匿名の見知らぬ人に売ること、中絶を行なうこと、核兵器を備蓄すること、売春、困窮、ホームレスを放置すること、貧乏人のまえでこれ見よがしの贅沢《ぜいたく》を享受すること、ジャンクフードを消費すること、帝国主義的な戦争を遂行すること。これらはどれも、ほかの文化からみれば、暴力的で、非人間的で、堕落したものとみなされるかもしれない。しかし、オーキンのような人々が文明の柵を越えたとみなすものは、もっぱら非西洋の慣習である。というのも、それらはいずれも文化、宗教、伝統という、オーキンの見解ではリベラルな法体系に感染してはならない三つの力によって普及される、と思われているからである。結局のところ、非西洋は、われわれの慣習とは対照的に野蛮か非文明的であるだけでなく、われわれの慣習と比べて強制的か不自由であるとも示されたいくつかの慣習を内包しているとして、許容しがたいものの刷毛で塗られることになる。かくして、寛容の限界は文明の限界、すなわち文明にたいする脅威と同一視される。実際、許容しうるものを仲介するために、文明化の言説に訴えているという点では、西洋文明の衰亡を予兆するものを許容することについて懸念している人々（サミュエル・ハンチントン、新保守主義者、右派キリスト教徒）は、文明の柵の外にある非西洋的な慣習を許容することについて懸念している人々（スーザン・オーキン、リベラル派、人権活動家）とイデオロギー的に一致する。保守派もリベラル派も、このように植民地主義的に屈折された言説を援用して、許容しうるものが測定される文明的な規範、寛容という折り紙までついた規範を確立しているのである。

さらに、文明的なものと非文明的なものを区別するのに、こうした限界状況にある寛容の言説は、自らが我慢するものを寛容の対象とすることでおとしめている、より包容力のある形式の寛容の言説と同じくらい効果的である。前者は野蛮なものを、後者は卑しいもの、逸脱したものを印づける。これらはともに西洋を文明として描き出し、リベラリズムそれ自体を合理性、自由、寛容をもたらす唯一のものとして生み出している。それと同時に、これらはある主体だけを合理的で自由なもの、ある慣習だけを規範的なものとして指定している。このような論理をとらえるためには、『多文化主義は女性にとって悪いことか』でのスーザン・オーキンの議論を、くわしく検証することが有益だろう(28)。

オーキンの基本的な主張はこうである。彼女によれば、多文化主義はさまざまな文化をいくぶん無条件に尊重しており、法的な形式の集団の権利あるいは個別の慣習の文化防衛を当然と思うかもしれない。しかし、それはフェミニズムと、つまり女性が「男性がなしうるのと同じくらい充実した、自由に選択された生を生きる」（一〇頁）機会と、高度な緊張関係にある。より圧縮していえば、オーキンの議論はこうである。文化の尊重はジェンダーの平等の尊重と衝突する、さらには文化そのものがフェミニズムと緊張関係にある。もし文化と性の差異が、あらゆる場所の、すべての民族がもつものだとすれば、文化とジェンダーの平等が対立する論理的な理由はもちろんない。とくにオーキンが重視するジェンダーの平等それ自体が、なんらかの文化の内部から生じていると想定される場合は、そうである(29)。だが、そうなのだろうか。たいていオーキンが文化ということばを使うとき、それは特定の民族の生を拘束し、組織している習慣、思想、実践、生産、自己理解を表わしているわけではない。むしろ、オーキンにとって、文化は明らかにリベラルでも、啓蒙志向でも、合理的＝合法的でも、とりわけ世俗的でもない生活様式から成り立っている。彼女の説明では、文化は前近代的か、少なくとも不完全に近代的なものを暗示している。オーキンにとって、非リベラルな社会は文化である。リベラルな社会は……国家、市民社会、個人である。文化が現われるのは、集団が個人の自律性、権利、自由によって組織されない場合である。文化は非リベラルである。リベラリズムは文化に縛られない《クルトゥーアロース》。

オーキンはこうした文化観をはっきりと主張しているわけではない。それどころか、西洋の民主主義体制にも性差別的な慣習があるのを認め、嘆くときは、「リベラルな文化」という表現を使ってさえいる。いいかえれば、どうして性差別的な慣習が個人的権利によって公式上統治された時代や場所に残っているのかを説明しなければならないときは、かならず西洋でも文化が現われる。しかし、こうした用法は、オーキンの分析における「文化」の軽蔑された地位を確証するものでしかない。文化はリベラルな原理が完全に実現されることで消去されるか、少なくとも根本的に抑制されるものなのである。さらには、リベラリズムを文化的なものと認めるそぶりも、オーキンの議論では文化と宗教がたえず置き換えられているのに注目すると、不誠実のように思われる。たんに「文化と宗教」が繰り返し並べられているだけではない。ある段落は、ほとんどの文化の女性支配の衝動に関する主張からはじまり、ユダヤ教、イスラーム、キリスト教の一連の事例で締めくくられている（一三一～一四頁）。そして、つぎの段落では、正統派の一神教と「第三世界の文化」に共有された家父長制的な傾向が、ひとまとめに論じられている。オーキンにとって、文化ならびに宗教と呼ばれるものの結び目は、それらがともに家庭内の生活に集中していることにある。そのような生活は、女性の抑圧とジェンダー・イデオロギーの伝達にとって不可欠の拠点とみなされている。「もちろん、文化は家庭内の取り決めだけにかかわるものではないが、そこでの取り決めはほとんどの現代の文化の主要な焦点となっている。結局のところ、家庭は多くの文化が実践され、保存され、若者に伝達されるところなのである」（一三頁）。かくして文化と宗教は、ともに家庭内の生活を家父長制的に組織し、家庭内の生活をつうじて伝達される。この点で、リベラリズムの立場はどうなっているのか。オーキンはここで、そのイデオロギー的で政治経済的な鋭い公私の区分（それは女性の経済的従属を構造的につくりだし、また女性の従属を脱政治化する役割を担うものとして、ほかのフェミニストたちが過去三〇年にわたって批判してきたものであった）を肯定している。なぜなら、それはジェンダー化された家族の価値とジェンダー中立的な市民の法のあいだに、表向き障壁を立てているからである。オーキンがそれとなく示唆しているように、リベラルな社会の私的領域にもジェンダーの不平等はあり、性差別的な文化がしつこく再生産されているが、その危険は抽象的な人格性と自律性をめぐる公的な、法的な原理によって退けられるかもしれない。リベラルな民主主義体制では、世俗主義と個人的自律性の公約が、性差別的な文化を衰退させるために動員されうる。そして、オーキンはその可能性がほかの世界にも及ぶことを望んでいるのだ。

「ほとんどの文化の主要な目的のひとつは男性による女性の支配である」（一三頁）と、オーキンは述べている。しかし、彼女のいう「西洋のリベラルな文化」は少しちがっている。「世界のあらゆる文化は事実上、明らかに家父長制的な過去をもつのだが、いくつかの文化はほかのものよりもそうした過去からはるかに遠ざかっている。それはたいてい西洋のリベラルな文化であるが、もちろんそれだけというわけではない」（一六頁）。「いまだ多くの形式の性差別を実行している」とはいえ、西洋の文化をほかのものと区別しているのは、そこでは女性が「男性と同じ多くの自由と機会を法的に保障されている」(一六〜一七頁)ことである。いいかえれば、性差別的なのは、リベラリズムの法あるいは教義ではなく、その法がいまだ改革にも廃止にもとりかかっていない、なんらかの文化的な残滓なのである。西洋のリベラルな秩序にいかなる文化が残っていようとも、それらの文化にいかなる性差別が残っていようとも、政治的＝法的秩序としてのリベラリズムはジェンダーを除去し、またそうする能力をもっている。もちろん、こうした説明はジョン・スチュアート・ミルの焼き直しである。リベラリズムによって、もっといえばブルジョワジーによって導かれた進歩の物語では、男性支配は旧体制の、すなわち平等と理性の法ではなく、力、習慣、宗教が世界を支配していた時代の、個人が至高の支配者となるまえの時代の野蛮な代物である。したがって、たとえリベラルな体制が女性嫌悪や女性の従属を保存しつづけていたとしても、そうした残滓はリベラリズム以外のなにものかの帰結でなければならない。というのも、リベラリズムは自らが秩序化する社会のなかでは、自律性、自由、平等という法的な原理に従って、そのような弊害を是正するものだからである。

だが、リベラリズムそれ自体が男性支配を隠しているとしたら、また男性優位が(自律性にもとづき、自己利益を中心とした)自由と(同一性として定義され、公的領域に制限された)平等というリベラリズムの核となる価値に刻まれているとしたら、どうだろう。(30) 多くのフェミニストたちは、リベラルなカテゴリー、関係、プロセスは執拗にジェンダー化された分業、そして広い範囲に及ぶ公／私の区分からは切り離せないと論じてきた。それによって、必要、依存、不平等、身体、関係性といった家族にかかわるものは、すべて女性的なものと同一視され、権利、自律性、形式的平等、合理性、個人性という男性中心主義的な公的領域の従属物ならびに対立物となる。こうした批判では、男性中心主義的な社会規範が、まさにリベラリズムの体系の一部とみなされている。これらの規範は社会空間の分割と人口構成を構造化し、主体の生産と規制を統御する。それらは女性的な〈他者〉を家族的な存在、つまり足手まといで、依存的で、異質な存在として生産しながら、男性的な公的存在、つまり自由で、自律的で、平等な存在を生産し、特権化する規範なのである。(31)

オーキンはこうしたフェミニズムのリベラリズム批判を、たんに見落としているのではない。(32) リベラリズムを文化の家父長制的な病気の最良の治療法とみなすためには、リベラルな原理を文化の原理とは反対にジェンダー化されないものと想定しなければならないのだ。オーキンは、文化（と名づけられたもの）からのリベラルな国家と個人の自律性というイデオロギーを完全に表明している。第6章で批判的に検証したように、それはリベラルな国家だけを解放的なもの、リベラルな個人だけを自由なものと位置づけている。彼女の説明では、文化はたんに歴史的に性差別的であるだけではない。それは自律性を蝕み、法的な普遍主義を堕落させるものでもある。オーキンにとって、個人の自律性は文化が後退するとき、はじめて普及する。これは、なぜ多文化主義が女性にとっていかに悪いことなのかを明らかにする見解である。つまり、それは自律性の敵を増やすのだ。自律性があるところには選択がある。選択があるところには自由が、とくに女性の自由がある。このように、オーキンは文化と家父長制（これはたんなる「性差別的な態度や慣習」とは異なる）の両方を、つねにリベラリズムとは別のところに位置づけている。文化と宗教は、女性の自律性を公式に制限することで不平等を永続させるが、リベラルな資本主義の秩序における選択の制約、たとえば、職業技能のないシングルマザーが経験するものは、文化に縛られているわけでも、重大というわけでもない。形式的な選択の存在は、その実現可能性にかかわらず、議論の余地のない、したがって文化に縛られない善である。かくして、オーキンはこう結論づける。

> あまり家父長制的ではないマジョリティ文化からみて、より家父長制的なマイノリティ文化に属する女性たちが、自尊心や自由にもとづいて、自らの文化の保存にはっきりと関心をもっているとはいいがたい。実際、彼女らが生まれた文化が絶滅されるか（その結果、その成員はあまり性差別的ではない周囲の文化に統合されるだろう）、より望ましくは、女性の平等を強化するために、少なくともこの価値がマジョリティ文化によって支持されている程度に、自ら変化するよう促されるなら、彼女らはもっと幸せになるかもしれない。（一一三頁）

この文章には、いくつかの注目すべき主張が含まれている。第一に、自尊心をもち、自由を望む女性は自らの文化に相反する感情をもつだけでなく、かならずそれと対立すると論じることで、オーキンは女性の実践のためにずっと用意されてきた虚偽意識論を繰り返している。家父長制的なものと名指しされた文化的もしくは宗教的な慣習を擁護する女性は、自分でものを考えることができず、自らが傾倒するものについても明晰に思考しているとは信じられない。したがって、スーザン・オーキンのような自尊心のあるリベラルが、そのような女性のために考えなければならないというわけである。第二に、この文章は女性の従属が文化の死を望む十分な根拠となることを暗示している。これはそれだけでも異常な主張だが、オーキンのように西洋文化に固執した人が語ることでより異常なものとなる。第三に、この文章はマイノリティ文化が、女性にとっての自由、平等、自尊心という抽象的な原理ではなく、マジョリティ文化の価値によって決定され、マジョリティ文化のなかにみいだされる自由、平等、自尊心の優越した度合いに照らして測られるべきだと論じている。このように男性支配の多様性には目を向けず、性差別をあちらでは多いが、こちらでは少ないと完全に数量化することで、啓蒙の進歩主義とそれにともなうリベラルな帝国主義の正体は、想像もできないほど隠されるのである。

寛容はこの絵のどこに収まるのか。オーキンの見解では、リベラルな秩序とリベラルな法体系は、マイノリティ文化の明らかに女性嫌悪的か性差別的な慣習、たとえば、幼児婚、一夫多妻制、陰核切除を受け入れるほど拡大してはならず、またレイプ、妻殺し、子殺しにかかわる刑事裁判では、文化防衛にいかなる地位も認めてはならない（一八頁）。オーキンは寛容の線分を、たんに「性の不平等」だけでなく、女性にたいする「野蛮な」処遇ともみなされるものの地点で引いている。寛容は文明的な慣習のためにある。野蛮はその線分の反対側、つまり柵の向こうにあるのだ。

しかし、考えてもみよう。アメリカの女性たちは、形成外科、美容整形、注入、顔面のレーザー治療に年間九〇億ドル超を、また若い容姿を取り戻すと宣伝された店頭販売の商品にそれ以上の莫大な金額を費やしている。過去五年間で、何万人もの女性たちがボトックスの規則的な注入で額のしわを伸ばすのを選択した。これはアメリカ医師会が「これまで知られている、もっとも有害な物質」と認めたものを希釈したもので、その物質は炭疽菌よりもはるかに致死性がある。「ほんの一グラムでも、均等に拡散すれば、一〇〇万人以上を殺すことができ、『上下左右に弛緩した麻痺』を引き起こし、ついには犠牲者の呼吸、嚥下、意思疎通の能力、それに視力を衰えさせる[33]」というのだ。アーリア的な女性美の理想に合わせるために、どれだけの鼻が切られ、平らにされ、それ以外にも整形を施されてきたのか。どれだけの胸が小さくされ、また大きくされてきたのか。どれだけの女性が体毛を除去するのに、痛みをともなう電気分解その他の措置を受けてきたのか。富裕なアメリカ人女性たちが流行の靴に合わせるために足を外科的に整形したり、陰唇が対照的になるよう外科的に「矯正」したりする傾向の高まりはどういうことなのか。あるいは、アメリカの女子高校生たちのあいだで流行している、鼻、唇、胸、尻の整形はどういうことなのか[34]。これらの処置は、オーキンが非難するほかの「文化」の処置ほど、文化的には組織されていないのか。それらが彼女の関心対象とならないのは、「自発的なもの」だからなのか。リベラルな枠組みでは、選挙が政治的自由と誤認される傾向があるように、任意の手術は強制権力からの自由と誤認されるのか。野心家のハリウッド女優、若いモデルに夫を奪われそうなセレブ妻、南カリフォルニアの中産階級のふつうの中年女性のために、若さの美という陳腐な理想をつくりだそうとする治療のどこが自発的というのか。

同じように、オーキンは陰核切除には怒りをおぼえるのに、どうしてアメリカで日常的に行なわれている両性具有の赤ん坊の外科的「矯正」にはそれほどでもないのか[35]。生殖器の性別があいまいな赤ん坊もまた、手術についてまったく口出しできないだけでなく、そのしばしば不格好に縫い合わされた結果とともに残りの人生を生きなければならないというのに。二つの性を合わせもつこと、とくにペニスの挿入のために女性として利用されやすいことをめぐる西洋の不安は、彼女が非難するアフリカや中東の一部での女性の性的快楽をめぐる不安ほど、文化には縛られていないというのか。どうしてオーキンはアメリカの十代の少女たちに広がる摂食障害や、アメリカの女性たちに広がる薬物による鬱病の治療には驚かないのか。どうしてオーキンはこうした女性たちの生活条件を変えるよりも、彼女らを薬漬けにするほうが野蛮で許容しがたいことだとは思わないのか。要するに、オーキンは男性による女性の法的な支配には恐れを抱くのに、どうしてジェンダーやセクシュアリティを支配する文化の規範や市場の商品には、たとえば、現代の西洋社会に流通している美、性欲と性行動、体重や体形、それに心の問題をめぐる規範や商品にはそうでもないのか。

個人的な権利と自由が強制の解決策として、そしてリベラリズムが文化の解毒剤として仮定されるとき、女性の社会的な抑圧や従属（女性の偶発的な家庭内での暴行や虐待ではない）は、法が自らの宗教的もしくは文化的な性格を公然と認めるところ、つまり西洋の世俗主義の誓いを守らないところでしか現われない。しかし、いま例示したように、自由を選択と公式化し、政治的なものを国家と法に還元することで、リベラリズムは脱政治化された地下世界に、法と変わらないくらい強制的で、もちろん従属的な主体を生産するのにも効果的な社会的権力を、いくつも解き放っている。実際、マルクーゼとフーコーの視座を組み合わせればわかるように、選択はリベラルな資本主義社会に不可欠の支配の道具となりうる。主権的な主体というフィクションがそうした主体を生産している権力に目を向けさせないかぎり、選択はそれが関係する権力を隠すだけでなく、おそらくはかき立てもするだろう[36]。さらに、オーキンはリベラリズムそれ自体の文化的規範をとらえることができない。たとえば、そこでは自律性は依存的な他者（女性が代表的に連想される）への関与や責任よりも重視され、自由は自らが欲することをなす自由（女性はしばしばそれを非難される）と理解され、平等は同一性（しかし女性はつねに異なるとみなされる）を前提としている。それゆえ、彼女はリベラリズム内部の、つまり「リベラルな文化」や家族の領域だけでなく、リベラルな法体系と政治原理にもみられる、深刻かつ不変の男性支配に気づかないのである。

要するに、主体の法的自律性と思われるものは、ジェンダー化された規範からの、より一般的には文化からの法の自律性と思われるものと結びつくことで、西洋の女性を、法的に認められた文化の野蛮に従わされた姉妹たちとは鋭く対照的に、自由で選択する存在として位置づけている。このようにみれば、リベラルな帝国主義は正統であるだけでなく、道徳的な義務でもある。女性たちがしわとりクリームを自由に選べるように、リベラリズムは「文化」をひざまずかせなければならないのだ。

女性の敵としての「文化」というオーキンの公式をめぐる最後のアイロニーは、つぎのようなものである。この公式の範囲では、グローバル資本主義によって第三世界の女性たちに押しつけられた条件をとらえることができない。しかも、西洋の批判者たちがそうした条件に応じようとしても、それは文化帝国主義に従事するか、政治的および軍事的な帝国主義を支持するものでしかありえない。このような困難は、輸出プラットフォームや自由貿易ゾーンでの労働の過剰搾取から、グローバル資本主義による家族やコミュニティのしばしば暴力的な解体と撤去にまで及んでいる。第三世界の女性たちの適度の自己決定を保障することが目的だとすれば、これらの状況に言及し、それらを是正するよりも重要なことなどありうるのだろうか。むしろ、オーキンは資本主義よりも文化のことで頭がいっぱいで、もっといえば、貧困、搾取、根絶の仕組みには無関心でもあるようなので、帝国的な征服、植民地支配による政治と経済の歪曲、現代の経済的搾取よりも、先住民文化の野蛮と思われるものを進歩的な改革の標的とみなす、困惑するほど植民地主義的な意思表示を繰り返している。本章の最後で示すように、こうした意思表示は文明化の様式の寛容の言説を特徴づけるものである。

「文化」を問題として標的にする西洋のフェミニズムには、もうひとつの植民地主義的な意思表示がある。世俗国家によって保障された個人的自律性の尊重としての寛容というリベラルな構築は、そうした自律性が政治原理や法規範の中心とされないところでは、寛容の実践は考えられないということを意味している。「集団の権利」論争では対立するリベラルな理論家たちも、それについては一致している。こうした寛容の説明は、リベラリズムの優位性を聖化するだけでなく、法以外の社会的権力をめぐるリベラリズムの忘却も反復しており、それゆえ、リベラルな主体の完全な自律性という想定を支えている。それと同時に、こうした定義は権利という法的に暗号化された自律性に依拠することで、非リベラルな寛容の政治的形式の可能性を締め出している。しかし、異なる信条や慣習の寛容が自律性以外の価値、たとえば、個人的自律性には移行しない多元性、差異、文化保存の公式にも結びつきうる、そして結びついたとしたら、どうだろう。逆にいえば、個人的自律性が文明の兆候として拒絶されないまでも、その中心的なものとはみなされなくなり、人間であることの豊かさと可能性を大きくするひとつの方法にすぎず、その絶対性も虚構的なものであるととらえられるとしたら、どうだろう[37]。すなわち、自律性が相対的で、あいまいで、両義的で、部分的で、また法以外の手段によっても促進されるものとして認められるとしたら、どうだろう[38]。このような認識は、非リベラルな寛容の実践を思い描かせるだけではない。それはリベラリズムの自己肯定的な言語や疑わしい三段論法によるもの以上に、リベラルな実践をより批判的に理解する出発点としても役立つであろう。

寛容、資本、リベラルな帝国主義

リベラルな言説とポスト植民地的な言説の絡み合いが、どのように寛容を現代の文明化の言説のなかに位置づけているのかを考察するにあたって、オーキンについて詳細に説明してきた。それは彼女がこうした寛容の利用のもっとも洗練された提唱者だからではなく、そのもっとも率直な提唱者のなかで際立っているからである。だが、ほかのリベラルな理論家たちも同じような動きをみせている。寛容は個人化の所産であり、したがって個人主義によって統治された社会の成果であるという、マイケル・イグナティエフの主張を思い出してみよう。また、イグナティエフがそうした個人主義を人間存在の、われわれの実在の基本的な真理として描き、それをアイデンティティの集合的な構想に含まれる抽象的な人間存在と対立させていたことも思い出してみよう。このように個人を先験命題として仮定することで、集合的アイデンティティはイデオロギー的で、奇形的で、危険なものとみなされ、リベラリズムによって征服されない文化その他のすべての集合的同一化の形式は、前近代的な過去と非人間的な別のところに無条件に割り当てられる。こうした議論は、第6章で論じたフロイト思想の政治的含意と平行して、リベラルな民主主義体制を人間存在の真理の表われとして描写し、集合的アイデンティティの泥沼にはまった人々、フランシス・フクヤマ流にいえば、「歴史の泥沼にはまった」人々を誤って導かれた、不合理な、しかも危険なものとして描写している。

とはいえ、イグナティエフをもっとくわしく読むと、寛容は個人主義だけでなく繁栄の所産としても現われている。寛容な道徳心理を育てるのは、個人そのものというよりも個人の成功である。「自らの誇りの指標として、その白い肌ではなく、自分の家、自動車、家族を見せることのできるドイツ人男性が、移民の宿泊所を放火しようと思うことはあまりないかもしれない」。しかし、「ヨーロッパだけで二〇〇〇万人を超える若者の失業者をもたらすほど市場が崩壊したとすれば、自らのアイデンティティを肯定し、防衛するために、個人が集団的な憎しみに走る条件がつくりだされるだろう」[39]。ここにおいて、寛容はリベラルな自律性の道徳的あるいは政治的な成果というよりも、ブルジョワ的な資本主義の美徳、権力と成功……さらには支配の所産として現われるのだ。

この引用文が示しているように、イグナティエフは寛容な態度を生み出す経済的繁栄の価値を肯定し、グローバル化がより寛容な世界をもたらすと完全に確信している。その一方で、彼はそれにともなう経済不況が、一部の住民のあいだに、主権や特権を維持しようと悪あがきする、人種的ないしは民族的なナショナリズムを刺激するかもしれないとも懸念している[40]。しかし、道徳哲学者のバーナード・ウィリアムズとジョセフ・ラズは、そうした不安を感じていない。彼らにとって、市場は本来的に原理主義を洗い流し、狂信主義を断ち切り、「宗教その他のものの独占要求にたいする懐疑主義を促進する」ものである。要するに、市場は文化的、民族主義的、宗教的な形式のローカルな連帯や帰属を浸食するのである[41]。ネオリベラルなグローバル化がどのように寛容の土壌を豊かにするのかについては、ウィリアムズとラズはそれぞれ異なる説明をしている。ラズによれば、市場の同質化はグローバル資本主義の時代における多文化主義の断片化効果を相殺する。いいかえれば、市場はグローバル化によってもたらされた、市民および国民の多文化的な人口構成にみられる「文化」を弱めるのに役立つ。なぜなら、それはたいていリベラルな民主主義の政治をともなない、それによって文化に縛られない共通の政治的、経済的な生活をもたらし、文化にもとづいた差異の主張の内容と論争性を薄めるからである。ウィリアムズによれば、グローバル化した市場はリベラルな民主主義体制という政体を輸入しなくても、宗教的および民族的な寛容を高める効果をもっている。彼にとっては、市場それ自体が原理主義的なものの統制をいわば買収によって緩めるのであって、なんらかの道徳あるいは「文明化」の原理に訴えなくても、功利性の原理によって不寛容を減らすことができるのである。ウィリアムズはこう述べている。「こうした［国際通商社会によって誘発された］懐疑主義が、不寛容によってもたらされる明白かつ直接的な人間の危害に対置されるとき、寛容の実践は、もちろんリベラリズムの側には立つが、自律性に依拠するので、純粋な多元主義の原理ほど野心的ではないものとして基礎づけられる。それは晩年のジュディス・シュクラーが『恐怖のリベラリズム』と名づけた、モンテスキューやコンスタンにまで遡りうる伝統に接近しているのだ」[42]。たしかに、ウィリアムズの書物には、ホッブズ、モンテスキュー、コンスタンといった最右派のリベラルの伝統によって形成された恐怖の政治学もみられる。しかし、束縛されない資本主義が規範的な社会秩序と計算的な主体をつくりだし、そのいずれもリベラルな法や公式文書に成文化されるまでもないと想像されているように、あからさまにネオリベラルな政治的合理性もみられる。もちろん、資本主義の歴史に注目する研究者からみれば、資本による非市場的な慣習や慣行の浸食は旧聞に属することであろう。衝撃的なのは、ウィリアムズやラズのような政治的リベラルがそうした現象を称賛している熱意である。彼らは西洋のむき出しのリベラルな帝国主義とネオリベラルなグローバル化に、ともにローカルな文化を実質的に破壊するよう応援しているのである。

そのほかの政治的リベラルは、寛容が非リベラルなところに、たやすく輸出されうるとは確信していない。ウィル・キムリッカはリベラルな民主主義社会における多文化主義を検証しながら、つぎのように結論づけている。個人の自律性が重視されないマイノリティ文化に寛容の価値を押しつける方法は、マジョリティの支配的な文化によって許容されることを取引の条件とするほかない。キムリッカの見解では、ある文化がリベラリズムによって許容されるためには、それ自体が寛容にならなければならない。たとえそうすることが、その文化の決定的な原理を曲げるものであったとしてもである。[43] かくして、キムリッカは許容する文化の強力な地位を有効に活用することを提唱する。これはカント的なリベラリズムを、まったくカント的ではない方法で展開することを意味している。すなわち、寛容をそれ自体目的としてではなく、他者を変えるための手段として扱うこと、個人的自律性を本質的な価値ではなく、交渉の切り札として扱うことである。もちろん、文化変容の要求は、それが拡大すれば寛容の意思表示を曲げることもある。寛容を非リベラルな文化に及ぼそうというキムリッカの提案は、寛容それ自体の文化的あるいは政治的な中立性の不在とともに、その目的の反リベラルな側面もそれとなく見せている。彼の提案は、リベラルな形式の寛容が、自由という市民的な平和を実現する手段以上のものであることを思い起こさせる。つまり、そのような寛容は自らが統治する文化と主体に、広範囲の政治改革を要求するヘゲモニーの行使なのである。

オーキンとイグナティエフ、ハンチントンとラズ、ウィリアムズとキムリッカのあいだには、分析的にも規範的にもかなりの差異がある。しかし、彼らはともに、ポストコロニアルな、リベラルな、ネオリベラルな論法から引き出し、それらを組み合わせた、文明化の言説としての寛容という絵を描いている。この言説は個人の自律性を評価し、さらには存在論化し、文化や宗教をこの自律性に外在するものと位置づけ、文化や宗教による支配を個人の自律性の対立物とみなすことで、西洋とリベラリズムの優位性を暗号化する。市場によって伝達され、リベラルな民主主義体制を組織している文化的規範は、その言説のなかでは見えなくなるのである。

寛容が暴力的な内乱よりも望ましいのはいうまでもない。しかし、この自明の理が見落としているのは、寛容の言説が、ネオリベラルなグローバル政治経済と結託した、国際的なリベラルな統治性のしばしば暴力的な帝国主義を正統化する役割を果たしていることである。(44) 寛容を申し出ることは、許容する側の優位な、あるいは発達した地位を聖別するだけではない。特定の慣習、文化、体制に寛容を差し止めることは、それらを文明の柵の外にあるものとして印づけるだけではない。この付与と撤回の配置をつうじて、リベラルな民主主義体制と西洋は、自らの文化的規範をそのようなものとして認めさせないことで隠している。これまで列挙した思想家たちをひとまとめに考察して明らかになるのは、寛容の言説が、文明と野蛮を区別し、前者を後者から保護し、リベラルな思想と実践の恩恵を広めているにすぎないと装いながら、文化の価値を実質的に取り仕切っている、すなわち西洋を価値とみなし、残りを他者化しているということである。文明の様式としての寛容が文化的中立性という政治的＝法的な言説に依拠しているかぎり、寛容はリベラリズムの文化との重なり合いの否認、文化の先住民的なものへの植民地主義的な投影にとって不可欠である。というのも、そのような言説で問題とされるのは、文化ないしは宗教の専制的な支配ではなく、合理性、個人の自律性、法の支配だといわれるからである。寛容は文化からの独立、文化に関する中立性というリベラリズムの想定……逆にいえば、リベラルな政体を文化的優位性、文化帝国主義という非難から防御する想定にとって不可欠である。ジョージ・W・ブッシュが、拒否すれば爆撃されるかもしれない一連のリベラルな原理を力説しながら、「十字軍」という不適切な言語にたよらずに、他人に「われわれの文化を押しつけるつもりはない」と宣言することができたのも、まさにこうした想定からである（第6章参照）。

寛容の付与も、寛容の差し止めも、こうした役割を果たしている。いずれも寛容が文明化の言説として流通する循環には欠かせない。「異国の」慣習に付与される寛容は、許容する側の規範的な地位と許容される側の境界的な地位、すなわち文明と野蛮の中間的な地位を支える。それは自らを可能にしている権力の秩序に言及することなく、同意も共有もされないものを許容する人々のより高度な文明的地位、たとえば、彼らのコスモポリタニズム、忍耐力、開放性、普遍性、原理主義との隔絶をあらためて確実なものとする。差し止められた寛容が他者を野蛮なものとして印づけることで、許容する側の文化的規範をほのめかさずにすませられるのは、もっぱらこうした背景による。寛容な文明が自らの限界にぶつかるとき、それは政治的あるいは文化的な差異に遭遇したとはいわずに、文明それ自体の限界に遭遇したという。そのような地点において、寛容な文明は、自らの〈他者〉にまで寛容を広げるのを拒否するだけでなく、それを敵対的なもの、内的に抑圧的そして外的に危険なもの、また第6章で明らかにしたように、内的に抑圧的ゆえに外的に危険なものとして扱うのを正当化される。逆にいえば、この敵対的な地位は、許容する存在がそうした〈他者〉を扱うとき、自らの文明的な原理、たとえば、政治的な自己決定や国民国家の主権から、合理的な熟慮、法的および国際的な説明責任、理性的な正当化にいたる原理を停止するのを合法化する。このような文明的な原理の合法的な放棄は、〈他者〉にたいする予防戦争を行なうところにまで発展するであろう。

また、文明化の言説における寛容の循環は、しばしばブッシュ体制によって用いられる修辞的マニ教を正統化する、テロリズムから原理主義、反米主義への移行をあおってもいる。「文明世界の側につくのか、それともテロリストの側につくのか」。これは文明世界の敵としてのオサマ・ビンラディンからサダム・フセインへの移行、テロとの戦いからアフガニスタンやイラクでの体制変革のための戦争への移行を容易にする。同じように、それは「文明世界」にたいするイラクの危険によって正当化された戦争から、西洋によるイラク国民の解放の必要によって正当化された戦争への移行も免罪する。リベラルな語法での寛容は、それが付与されたものであれ、差し止められたものであれ、たんに文明的なものや自由なものの記号として機能しているだけではない。それは内的に抑圧的で外的に危険な、また寛容でも許容しうるわけでもない野蛮な対立物にたいする、文明的なものの権利をかたちづくっているのである。

これらの操作において、寛容はその基礎となった原動力、たとえば、崩壊する教会の権威への対応、台頭する国民国家の権力と領土を統合する道具、さらには共存する信条コミュニティ間の暫定協定とは、ほとんど似ていない。だが、寛容が西洋の帝国と今日とても困惑するような関係を結んでいるからといって、この用語を捨てるとか、望ましくないもの、攻撃的なもの、不快なものと生きるための実践の表現としては使わない、といった議論にはならない。むしろ、そうであるからこそ、今日の寛容の様式について熟知し、寛容が流通させている存在論、情動、エートスという反政治的な言語を、権力、社会的勢力、正義という言語と対立させることがもとめられる。いかにして寛容が、リベラルな帝国主義のコインとして作動し、野蛮あるいは西洋の没落という人種差別的な言辞と交差し、ときには自らが忌避もしくは阻止すると主張している暴力に加担し、それを正統化しているのかについて鋭敏になること。いかにして寛容の言説が、主体、文化、宗教、体制を正常なものと逸脱したものに分類しながら、アイデンティティを生産し、規制しているのかを察知すること。いかにして寛容が、従属化と周辺化の是正にかかわる普遍主義、平等主義といった、リベラルな言説のほかの要素の代補として部分的に機能することで、そうした従属化と周辺化を繰り返しているのかを跡づけること。いかにして寛容が、さまざまな紛争を構成している歴史や権力を分析から遠ざけ、また「差異」を存在論的なもの、敵対の本来的な拠点とみなすことで、これらの紛争を言説的に脱政治化し、それらの効果を管理しているのかをとらえること。いかにして寛容が、宗教の領域において迫害をなくしたという初期近代の西洋の文明化の名声に依拠しながら、現在の非西洋にたいする暴力を隠蔽する文明化の言説としての作用を正統化しているのかに注意すること。要するに、寛容は国家的および超国家的な統治性の様式として今日とらえられなければならないのだ。

このような政治的知性の展開は、寛容をすぐさま拒否したり、寛容を必然的に油断のならないものと宣告したり、寛容をそのほかの言語もしくは実践と置き換えることをもとめてはいない。むしろ、現代の寛容の操作と回路に明るくなることは、反政治的な寛容論争が権力と正義を退去させているところで、それらを主題とした対抗言説を育成する積極的な政治戦略のきっかけにもなる。われわれは寛容の言説によって伏せられてきた不平等、排斥、従属化、植民地的およびポスト植民地的な暴力を、より鮮明に表現するよう試みることができる。われわれは紛争を民族的あるいは宗教的な確執として存在論化するのではなく、権力の文法をつうじて構成することができる。そして、われわれはリベラリズムを組織している文化的で宗教的な規範を、そこに隠蔽された民族的、人種的、性的、ジェンダー的な規範とともに明らかにするよう努めることができる。要するに、われわれはおろかにも自らを「寛容に反対する」と位置づけたり、「不寛容」を提唱したりすることなく、今日展開されている寛容の脱政治的、規制的、帝国的な目的に、それに代わりうる政治的な言論と実践を対抗させることができるのである。こうした作業は、人間の苦しみを和らげ、暴力をなくし、二一世紀が嘆願する政治的正義を促進する、より大きなプロジェクトへのささやかな貢献となるだろう。

註　記

第1章　脱政治化の言説としての寛容

（1）　寛容の批判もまた党派を越えて存在する。しばしば、文化的右派は寛容が同性愛是認の婉曲表現であることに気づき、また文化的左派はそれが同性愛者にたいする平等な権利の貧しい代替物であると非難する（たとえば、スポンジボム・スクエアパンツ「ウイ・アー・ファミリー」ミュージック・ヴィデオをめぐるジェイムズ・ドブソンの糾弾がきっかけとなった最近の論争を参照されたい。"US Right Attacks Spongebob Video," bbc.co.uk, 20 January 2005 <http://news.bbc.co.uk/1/hi/world/americas/4190699.stem>, accessed 20 July 2005)。同じように、キリスト教右派は「行き過ぎた寛容」によってもたらされる道徳の衰退を嘆くだろうが、寛容な多文化主義では女性性器切除や、フランスの場合でいえば、ムスリムの少女たちのスカーフ着用といった文化的慣習がなかなか糾弾されないことを非難する進歩派もいる。

（2）　第4章でくわしく論じるように、寛容は国家から社会的なものや局所的なものの糸をつたって広がるだけでなく、さまざまな場所で間欠的に呼び出されるのだが、そうした循環が寛容の統治性としての作用を組織するとともに偽装している。たとえば、プロテスタント、白人、異性愛者の支配にたいして、そのほかの人種、宗教、セクシュアリティの人々の法的平等によって提起される異議申し立ては、寛容の言説をつうじた支配的な社会規範の普及によって封じ込められる脅威である。マイノリティの宗教、エスニシティ、セクシュアリティと同一化した人々が、社会的な寛容の対象とみなされると同時に公民権を付与されるとき、彼らはたえず周辺的な地位に置かれながら、国民のなかに政治的に包摂されることになる。このように、社会的なものにおける寛容の言説は、国家後援の平等主義が掘り崩すおそれのある支配を修復している。国家は寛容と無関係なのではない。こうした協力関係は、国家がわざわざ寛容を行なわずとも、それを表明することの重要性を明らかにしているのである。

　これは国家と市民社会を横断し、公的な、なかば公的な、そして私的な場所と主体に拡散する、寛容の統治性の一例にすぎない。主権的もしくは法的な場所での統合とは対照的に、こうした拡散は統治性の痕跡であるだけでなく、ポスト主権的な政治組織における権力の兆候でもある。したがって、寛容が成文化を拒否していることは、それがいかなる制度にも審級化されない文化的、政治的、社会的な規制の奇妙な混合であるということに加えて、寛容が印づけられた主体の生産、社会の階層化、グローバルな秩序化の能力をもつことを示唆している。

（3）スチュアート・ホール、マフムード・マムダーニ、そして匿名の論評者には、こうした認識に導いていただいたことを感謝したい。この論題についての有益な研究としては、Paul Gilroy, *The Black Atlantic: Modernity and Double Consciousness*（Cambridge, MA: Harvard University Press, 1993）〔上野俊哉・毛利嘉孝・鈴木慎一郎訳『ブラック・アトランティック——近代性と二重意識』月曜社、二〇〇六年〕; Uday Mehta, *Liberalism and Empire: A Study in Nineteenth-Century British Liberal Thought*（Chicago: University of Chicago Press, 1999）; Sankar Muthu, *Enlightenment against Empire*（Princeton: Princeton University Press, 2003）がある。

（4）寛容については膨大な哲学文献がある。いくつかあげるとすれば、David Heyd, ed., Tolerance: *An Elusive Virtue*（Princeton: Princeton University Press, 1996）; Preston King, *Toleration*（London: Allen and Unwin, 1976）; Susan Mendus, ed., *Justifying Tolerance: Conceptual and Historical Perspectives*（Cambridge: Cambridge University Press, 1988）; John Horton, "Three（Apparent）Paradoxes of Tolerance," *Synthesis Philosophica* 9（1994）: 7–20; John Horton and Susan Mendus, eds., *Aspects of Toleration: Philosophical Studies*（London: Metheun, 1985）; Susan Mendus and David Edwards, eds.,

On Toleration (Oxford: Oxford University Press, 1987); Bernard Williams, *Ethics and the Limits of Philosophy* (London: Fontana, 1985)〔森際康友・下川潔訳『生き方について哲学は何が言えるか』産業図書、一九九三年〕; Glen Newey, *Virtue, Reason and Toleration* (Edinburgh: Edinburgh University Press, 1999); Mehdi Amin Razavi and David Ambuel, eds., *Philosophy, Religion, and the Question of Intolerance* (Albany: State University of New York Press, 1999) などがある。

(5) これについても膨大な文献があるが、以下のものからはじめるのが有益かもしれない。John Rawls, *A Theory of Justice* (Cambridge, MA: Harvard University Press, 1971)〔矢島鈞次監訳『正義論』紀伊國屋書店、一九七九年〕および *Political Liberalism* (New York: Columbia Univeristy Press, 1995); John Horton, ed., *Liberalism, Multiculturalism and Toleration* (London: Macmillan, 1993); Thomas Nagel, *Equality and Partiality* (Oxford: Oxford University Press, 1991); Joseph Raz, *The Morality of Freedom* (Oxford: Oxford University Press, 1986); Will Kimlicka, *Liberalism, Community and Culture* (Oxford: Oxford University Press, 1989) および *Multicultural Citizenship: A Liberal Theory of Minority Rights* (Oxford: Oxford University Press, 1996)〔角田猛之・石山文彦・山崎康仕監訳『多文化時代の市民権——マイノリティの権利と自由主義』晃洋書房、一九九八年〕; Michael Walzer, *On Toleration* (New Haven: Yale University Press, 1999)〔大川正彦訳『寛容について』みすず書房、二〇〇三年〕; Susan Okin, *Is Multiculturalism Bad for Women?* (Princeton: Princeton University Press, 1999); Susan Mendus, ed., *The Politics of Toleration in Modern Life* (Durham: Duke University Press, 1999); Mendus and Edwards, eds., *On Toleration*; Susan Mendus, *Toleration and the Limits of Liberalism* (London: Macmillan, 1989)〔谷本光男・北尾宏之・平石隆敏訳『寛容と自由主義の限界』ナカニシヤ出版、一九九七年〕; J. Budziszewski, *True Tolerance: Liberalism and the Necessity of Judgment* (New Brunswick, NJ: Transaction, 1992); Andrew R. Murphy, *Conscience and Community: Revisiting Toleration and Religious Dissent in Early Modern England and America* (University Park: Pennsylvania State University Press, 2003); William Connolly, *The Ethos of Pluralization* (Minneapolis: University of Minnesota Press, 1995); Bhikhu Parekh, *Rethinking Multiculturalism: Cultural Diversity and Political Theory* (Basingstoke: Macmillan, 2000); Chandran Kukathas, *The Liberal Archipelago: A Theory of Diversity and Freedom* (Oxford: Oxford University Press, 2003). 近代の古典的な理論家としては、ピエール・ベール、ジョン・ロック、ジョン・スチ

ユアート・ミル、それにヴォルテールがいる。初期近代では、パドヴァのマルシリウス、ソールズベリーのジョン、クーサのニコラス、ゴットフリート・ライプニッツ、ザミュエル・プーフェンドルフ、ジャン・ルクレール、トマス・モア、エラスムス、ダニエル・デフォーが有名である。

（6） Ingrid Creppell, *Toleration and Identity: Foundations in Early Modern Thought*（New York: Routledge, 2003）; Perez Zagorin, *How the Idea of Religious Tolerance Came to the West*（Princeton: Princeton University Press, 2003）; John Boswell, *Christianity, Social Tolerance, and Homosexuality*（Chicago: University of Chicago Press, 1980）〔大越愛子・下田立行訳『キリスト教と同性愛――一～十四世紀西欧のゲイ・ピープル』国文社、一九九〇年〕; John Christian Laursen, ed., *Religious Tolerance: "The Variety of Rites" from Cyrus to Defoe*（New York: St. Martin's Press, 1999）; Herbert Butterfield, "Toleration in Early Modern Times," *Journal of the History of Ideas* 38.4（October 1977）: 573–84; Ole Peter Grell et al., eds., *From Persecution to Toleration: The Glorious Revolution and Religion in England*（Oxford: Claderon Press, 1991）; Ole Peter Grell and Bob Scribner, eds., *Tolerance and Intolerance in the European Reformation*（Cambridge: Cambridge University Press, 1996）; John Christian Laursen and Cary J. Nederman, eds., *Beyond the Persecuting Society: Religious Tolerance before the Enlightenment*（Philadelphia: University of Pennsylvania Press, 1998）; Cary J. Nederman, *Worlds of Difference: European Discourses of Tolerance, c.1100-c.1550*（University Park: Pennsylvania State University Press, 2000）; Gary Remer, *Humanism and the Rhetoric of Toleration*（University Park: Pennsylvania State University Press, 1996）を参照されたい。

（7） David A. J. Richards, *Toleration and the Constitution*（New York: Oxford University Press, 1986）; James Tully, *Strange Multiplicity: Constitutionalism in an Age of Diversity*（Cambridge: Cambridge University Press, 1995）; Lee Bollinger, *The Tolerant Society*（Oxford: Oxford University Press, 1988）を参照されたい。

（8） もちろん、私がこうした試みをはじめて行なったというわけではない。右にあげた文献のなかにも、ここで示されたそれぞれの学問的アプローチの一般的な説明の重要な例外はいくつかある。もっともよく知られているのは、*A Critique of Pure Tolerance*（Boston: Beacon Press, 1965）〔大沢真一郎訳『純粋寛容批判』せりか書房、一九六九年〕に収められたハーバート・マルクーゼの「抑圧的寛容」、ロバート・ポール・ウルフの「寛容を超えて」、バーリントン・ムーア・ジュニアの「寛容と科学的見地」の各論文である。これらのほかにも、Katherine Holland, "Giving Reasons: Rethinking Toleration for a Plural world," *Theory and Event* 4.4 (2000); Anne Philips, "The Politicisation of Difference: Does This Make for a More Intolerant Society?" in *Toleration, Identity, and Difference*, ed. John Horton and Susan Mendus (New York: St. Martin's Press, 1999); Jeremy Stolow, "Transnational Religious Social Movements and the Limits of Liberal Tolerance," unpublished MS, Department of Sociology and Communication Studies, McMaster University, Ontario, 1998 などがある。

（9） こうした寛容をめぐる見解は、しばしば公式の「宣言」、「勅令」、「恩典」のかたちで、マイノリティの宗教の信者（たとえば、イングランド国教会やオランダのプロテスタント宗派、さまざまなキリスト教ヨーロッパ国家のユダヤ人、カトリック・フランスのプロテスタント）を編入し、保護し、同時に規制していた一七世紀、一八世紀の寛容の展開とは著しく異なっている。Zagorin, *How the Idea of Religious Toleration Came to the West*; Joseph Lecler, *Toleration and the Reformation*, trans. T. L. Westow (New York: Association Press, 1960); Henry Kamen, *The Rise of Toleration* (New York: McGraw-Hill, 1967)〔成瀬治訳『寛容思想の系譜』平凡社、一九七〇年〕を参照されたい。

（10） たとえば、提案されたヨーロッパ連合憲法（二〇〇四年六月一八日）では、「連合の価値」と題された第I-二条に寛容が含まれている。「連合は、人間の尊厳の尊重、自由、民主主義、平等、法の支配、マイノリティに属する個人の権利を含む、人権の尊重という価値のもとに設立される。これらの価値は、多元主義、反差別、寛容、正義、連帯、男女間の平等が浸透している加盟国社会に共通するものである」（<http://europa.eu.int/constitution/en/ptoc2_en.htm>, accessed 28 November 2005）。

さらには、国際連合の〈宗教または信条にもとづくあらゆる形態の不寛容および差別の撤廃に関する宣言〉（一九八一年一一月二五日の総会で、三六／五五の議決によって採択された）は、寛容と不寛容の公式的な成文化を試みていると思われるかもしれないが、結局は不寛容を差別と位置づけ、差別の容認しがたさを成文化するだけである。こうした動きは第二条でなされている。「一、何人も、いかなる国家、機関、集団、個人からも、宗教その他の信条を理由に差別されてはならない。二、この宣言の趣旨によれば、『宗教または信条にもとづく不寛容および差別』という表現は、人権および基本的自由の平等な承認、享受、行使を無効ないしは毀損することを目的あるいは効果とする、宗教または信条にもとづいたすべての区別、排除、制限もしくは優先を意味する」。宣言のこれ以外の箇所は差別という用語で書きすすめられ、寛容と不寛容という用語はテクストから消えている（<http://www.unhcr.ch/html/menu 3/b/d_intole.htm>, accessed 4 October 2005）。

（11）寛容はある種の「被害者なき犯罪」を黙認する意思や、法と一般の社会規範との不一致を表わすために呼び出されることもある。しかし、その場合は寛容というよりもお目こぼしといったほうがよいだろう。というのも、それは当局側の脅威や異議申し立てにたいする対処というよりも、そうした問題にたいする倦怠ないしは無関心を示しているからである。

（12）たとえば、Walzer, *On Toleration*, xi を参照されたい。

（13）この主張には二つの理論的な困難があるが、ここではどちらもくわしく説明することはできない。

（一）第一は、意図の問題である。脱政治化はその実現をめざした計画の結果なのか。それは支配的な政治集団の利益に跡づけられるのか。脱政治化は権力者の明白な目的ではないかもしれないが、しかし現状を維持し、それを組み立てている権力を偽装している。本書で議論されるリベラリズム、アメリカの政治文化、ネオリベラルな合理性に含まれている脱政治化は、現存する事物の秩序を、ほかの人々を犠牲にして一部の人々を特権化する秩序もしくは権力ネットワークの問題というよりも、むしろ不可避なもの、自然なもの、偶然的なものとみなすことにかかわっている。それゆえ脱政治化は権力者に役立っているのだが、だからといって権力者が自らの立場を守ろうとして、この戦略を意図的、意識的に開発し、展開しているということにはならない。それどころか、脱政治化は権力者の特権である権力や支配についての、ある種の無自覚さから生じているのかもしれない。寛容およびリベラルな言説一般に関していえば、たしかにそうなのだろう。こうした大文字の振り付け師はいないが、支配者の立場に合致する深い権力効果についての認識は、『ドイツ・イデオロギー』におけるマルクスの政治的イデオロギーの出現に関する議論だけでなく、『言葉と物』、『監獄の誕生』、『性の歴史』第一巻におけるフーコーの特定の権力の言説の出現についての説明とも共鳴している。

(二)脱政治化の観念はまた、いくつかの関係、現象、出来事には、先験的に政治的な性質を付与している。これは脱政治化する物語によって神秘化され、おおい隠されているといわれる性質でもある。ここでの巧妙な認識論的および存在論的な問題は、あるものが先験的に政治的なものとして分類されうるかどうかではない。むしろ、それは政治現象が理解または説明されうる単一の物語があると主張せずに、いかにしてこの分類を強調するかである。

(14) Sarah Bullard, *Teaching Tolerance: Raising Open-minded, Empathetic Children* (New York: Doubleday, 1996) を参照されたい。

(15) Richard Rorty, *Achieving Our Country: Leftist Thought in Twentieth-Century America* (Cambridge, MA: Harvard University Press, 1998)〔小澤照彦訳『アメリカ未完のプロジェクト——二〇世紀アメリカにおける左翼思想』晃洋書房、二〇〇〇年〕.

(16) Kukathas, *The Liberal Archipelago*, 119.

(17) Mahmood Mamdani, *Good Muslim, Bad Muslim: America, the Cold War, and the Roots of Terror* (New York: Pantheon, 2004)〔越智道雄訳『アメリカン・ジハード——連鎖するテロのルーツ』岩波書店、二〇〇五年〕.

(18) こうしたきわめて自立的で行為主体的な個人の反対物も、同じように脱政治化されている。これは行動の病理モデル(アルコール依存症から連続レイプまで)か、ボニー・ホニッグが行為と主体性をめぐる「それは文化のせいである」アプローチと非難する、それに関係した文化主義モデルである。病理モデルにせよ、文化主義モデルにせよ、それらは個人主義のコインの裏面にすぎない決定論と行動論で充満している。いずれも根本的に没歴史的で没文脈的である。いずれも、主体を生産し、その思考と行為を条件づける、さまざまな社会的、経済的、政治的な権力を無視している。Bonnie Honig, "My Culture Made Me Do It," in Okin, *Is Multiculturalism Bad for Women?*

(19) ロサンゼルス寛容博物館の「われらの家族を見つける、われら自身を見つける」という展示は、こうした脱政治化の極端な事例である。この展示の主要な出し物は、ジョー・トーレス、カルロス・サンタナ、ビリー・クリスタル、そしてマヤ・アンジェロウの伝記的な肖像写真を扱っている。ガイドはこの出し物に入るまえに、これらの人物がそれぞれ「克服しなければならなかった障害や、彼または彼女の手助けとなった模範」に出くわしたことを説明する。

彼らは困難にもかかわらず、名声を手にし、成功にのぼりつめた移民やアメリカのマイノリティの物語を体現しているのだ。けれども、ここで説明される困難は、これらの「英雄」が直面したと思われる人種差別、反ユダヤ主義、貧困というよりも、暴力をふるう父親、育児放棄する母親といった個人的なものにすぎない。寛容博物館のくわしい議論については、第5章を参照されたい。

（20） Wendy Brown, “Neo-liberalism and the End of Liberal Democracy,” *Theory and Event* 7.1（2003）を参照されたい。なお、この論文は、Wendy Brown, *Edgework: Essays on Knowledge and Politics*（Princeton: Princeton University Press, 2005）に再録されている。

（21） 寛容博物館の教師用オンライン・ガイドの「定義——語彙と概念」にある「諸定義」を参照されたい（<http://teachers.museumoftolerance.com/mainjs.hym?s=4&p=1>, accessed 4 October 2005）。

（22） Okin, *Is Multiculturalism Bad for Women?,* 13–14.

（23） Mamdani, *Good Muslim, Bad Muslim,* 17.

（24） このレトリックには二つの例がある。ひとつは「イラクのテロリストたちがアメリカ市民、ニコラス・バーグを斬首したとき……われわれはこの敵の本質をふたたびみた」というものである（“President Speaks to the American Israel Public Affairs Committee,” Washington, DC, Office of the Press Secretary, 18 May 2004. <http://www.whitehouse.gov/news/releases/2004/05/20040518=1.html>, accessed 3 October 2005）。もうひとつは「われわれはモスクの外だけでなく、混雑した商店街でも自動車爆弾を爆発させたテロリストたちに敵の本質をみた。われわれはモスルの大学病院に自爆テロを仕掛けたテロリストたちに敵の本質をみた。われわれは民間人捕虜を斬首し、その残虐行為を世界中に放映したテロリストたちに敵の本質をみた」というものである（“Remarks by the President on the War on Terror,” Fort Bragg, NC, 28 June 2005 <http://www.globalsecurity.org/wmd/library/news/iraq/2005/irq=050628=whitehouse 01.htm>, accessed 3 October 2005）。

（25） Samuel Huntington, *The Clash of Civilizations and the Remaking of World Order*（New York: Simon & Schuster, 1996）〔鈴木主税訳『文明の衝突』集英社、一九九八年〕; Mamdani, *Good Muslim, Bad Muslim,* 21での引用。

(26) Mamdani, *Good Muslim, Bad Muslim,* 18.

(27) こうした文化と普遍性の対立は、著しく現代的なものである。一八世紀、一九世紀の用法では、文化は文明のように、人類に共通する（普遍的な）歴史のプロジェクトと、前衛としてのヨーロッパ人と同一視されていた。またレヴィ＝ストロースは、親族関係の調整を軸とした文化の規則を普遍的なものと仮定していた（Claude Lévi-Straus, *The Elementary Structures of Kinship,* trans. James Harle Bell, John Richard von Sturmer, and Rodney Needham, editor, rev. ed. [Boston: Beacon, 1969]〔福井和美訳『親族の基本構造』青弓社、二〇〇〇年〕を参照されたい）。現代の文化の活用の背後にある系譜、その内部にある矛盾についての有益な議論としては、Amelie Rorty, "The Hidden Politics of Cultural Identification," *Political Theory* 22.1（February 1994）: 152–66; Tully, *Strange Multiplicity;* Seyla Benhabib, *The Claims of Culture: Equality and Diversity in the Global Era*（Princeton: Princeton University Press, 2002）, esp. chap. 1; Joshua Parens, "Multiculturalism and the Problem of Particularism," *American Political Science Review* 88.1（March, 1994）: 169–81を参照されたい。このほかにも、多文化主義の政治と可能性を探究しながら文化の概念に取り組んでいるものに、Joseph H. Carens, *Culture, Citizenship and Community: A Contextual Exploration of Justice as Evenhandedness*（Oxford: Oxford University Press, 2000）; Kimlicka, *Liberalism, Community and Culture* および *Multicultural Citizenship*; Amy Gutmann, *Identity in Democracy*（Princeton: Princeton University Press, 2003）がある。

(28) こうした議論をより大きく扱ったものとしては、私の"'The Most We Can Hope For...': Human Rights and the Politics of Fatalism," in "And Justice for All? The Claims of Human Rights," ed. Ian Balfour and Eduardo Cadava, special issue, *South Atlantic Quarterly* 103.2/3（Spring/Summer 2004）: 451–63を参照されたい。ここではマイケル・イグナティエフによる人権の道徳的言説の擁護に焦点をあてている。

第2章　権力の言説としての寛容

(1) *Oxford English Dictionary,* compact ed.（1971）, "tolerance"を参照。強調は著者による。"toleration"の項目では、注目すべき二つの追加的な定義が記されている。それは、「実際には支持されないものを許容もしくは許可する行為または実践」と、「公式に認定もしくは承認された形式のもの以外の宗教の礼拝の、支配権力による（制限つきまたは制限なしの）許可」である。

（2）しかし、持続的な抑圧や暴力に耐えている人々、たとえば、奴隷制、植民地支配、男性優位、隔離政策を克己的に「許容する」人々によって行使される寛容についてはどうだろうか。寛容はつねに支配者から従属者に、権力者から弱者に差し伸べられるという議論に従えば、この種の寛容はどのように説明されるのか。第1章で指摘したように、被支配者や受難者がみせる態度あるいは能力としての寛容は、寛容の体制とは、とくに多元主義的ないしは世俗的な社会の政治的特質として積極的に価値づけられる寛容とは異なっている。実際、被抑圧者による抑圧の甘受が、民主主義者から積極的な政治的価値とみなされることはない。ただし、そうした寛容が反乱や転覆に道を譲るまでは、抑圧の甘受がひそかに支持されることはあるかもしれない。

（3）『オックスフォード英語辞典 *Oxford English Dictionary*』の定義が『アメリカン・ヘリテージ・ディクショナリー *American Heritage Dictionary*』（こちらはあまり歴史に強くない）の定義よりも権力を大きく取り上げているのは注目に値する。後者の定義は、南部貧困センターの刊行雑誌『ティーチング・トレランス *Teaching Tolerance*』のエピグラフとしても役立っている。それは「他者の信条や慣習を承認し、尊重する能力または実践」である。

（4）Michel Foucault, *History of Sexuality*, vol. 1, *An Introduction*, trans. Robert Hurley (New York: Random House, 1978), 139–41〔渡辺守章訳『性の歴史I　知への意志』新潮社、一九八六年〕.

（5）ここにおいて、第1章で確認した身体の内なる他者と外部の他者の境界のあいまいさを、国内の統治性の実践としての寛容と国際関係を形成する文明化の言説の次元としての寛容を結びつけるものとみなすことができる。

（6）"...That Dangerous Supplement...," in Jacque Derrida, *Of Grammatology*, trans. Gayatri Spivak, corrected ed. (Baltimore: Johns Hopkins University Press, 1997)〔「この危険な代補……」足立和浩訳『根源の彼方に——グラマトロジーについて（下）』現代思潮社、一九八四年〕を参照されたい。自らを全体的、連続的、自足的なものとして表象するものは、実際には、その基本条件である全体性、連続性、自足性に反して、「たんなる代補」とみなされるものを必要としている。「代補は付加されるものであり、剰余であり、ほかの充溢を豊かにする充溢である……。しかし、代補が付加されるのは……もっぱら置換するためである。それはなにかの代理として介入し、そのなにかにうまく取り入る。それは空隙を埋めるかのように充満する……その地位は空虚の印によって構造のなかに割り当てられている」(ibid., 145)。デリダにとっては、代補の出現そのものが、一貫性あるいは物語の連続性における危機の兆候でもあるのだ。リベラルな平等と西洋の世俗主義の代補としての寛容の操作については、第3章および第7章でそれぞれくわしく説明している。

(7) ゼロサム的な権力の説明では、さまざまな当事者の相互的で不調和な利益の可能性を開くことはむずかしい。それゆえ、フーコー主義者でさえ「規制的権力」を抑圧と同一視しがちである。しかし、規制はそれが従属化するものをきちんと保護し、さらには活気づけることとすらあるのだ。

(8) たとえば、うまく移植された皮膚の「耐性」が問われないように、コミュニティに問題なく帰属する人々に寛容が差し伸べられるとはいわない。したがって、寛容は受容に取って代わられうる。しかし、政治的寛容がきっかけになって、やがて必然的に政治的受容が現われると結論することはできない。一般に主張される目的論的な民主的包摂の説明では、寛容は特定の他者の素朴な敵対的排除と完全なコスモポリタン的受容との中間点に位置づけられる。こうした見解は、本書で展開される寛容批判のもっともありふれた却下のひとつを活気づけている。それは、つぎのように展開される。「かつて、同質的な民族(たとえば、アングロ=サクソン)や広く認められた規範(たとえば、異性愛)が存在していた。やがて、ほかの民族が加入をもとめて自己主張し、ほかの慣習がその規範に異議を申し立てるようになった。当初、この国家はそうした主張や異議申し立てに敵対的な拒否の態度で接していたが、そうした態度はしだいに寛容に変わり、最終的には尊重、平等、完全な包摂に取って代わられるようになった。そうだとすれば、あまり寛容の政治に悩まされなくてもよい。なぜなら、それは不完全だが、加入と平等へと向かうのに必要な段階だからである」。このような物語は、普遍的平等を目的とする進歩主義的な歴史記述に、たんに依拠しているというだけではない。それは寛容と平等主義的な包摂の同時作用を説明することができない。すなわち、それはリベラルな民主主義体制で完全な市民的および政治的権利を獲得した諸民族(たとえば、ユダヤ人、ムスリム、同性愛者、特定の人種もしくは民族集団)が、寛容の対象でありつづけたり、許容される地位にときおり連れ戻されたりする事実を説明することができないのである。
(9) 同じように、ジョージ・W・ブッシュはイラクにあると妄想された大量破壊兵器を許さなかった一方で、二〇〇三年の春には、北朝鮮の大量破壊兵器の開発についてはどうやら放置するつもりだったようだが、これも許容されるものと許容されないものを決定する一方的な権限と能力の見過ごしがたい選別を示している。
(10) Gary Remer, *Humanism and the Rhetoric of Toleration* (University Park: Pennsylvania State University Press, 1996), 5–7.
(11) 初期近代の寛容については、Zagorin, *How the Idea of Religious Toleration Came to the West* (Princeton: Princeton University Press, 2003) および W. K. Jordan, *The Development of Religious Toleration in England*, 4 vols. (Cambridge, MA: Harvard University Press, 1932–40) などのすぐれた思想史研究がある。前近代ヨーロッパの寛容の提唱者たちについては、Carey J. Nederman, *Worlds of Difference: European Discourses of Toleration, c.1100-c.1550* (University Park: Pennsylvania State University Press, 2000) で卓説した総論が提示されている。また、*Religious Toleration: "The Variety of Rites" from Cyrus to Defoe*, ed. John Christian Laursen (New York: St. Martin's Press, 1999) には、初期近代の寛容思想の便利な注釈つきの書誌が収められている。
(12) John Locke, "A Letter Concerning Toleration," in *Political Writings*, ed. David Wootton (London: Mentor, Penguin, 1993) 〔生松敬三訳「寛容についての書簡」大槻春彦責任編集『世界の名著27 ロック ヒューム』中央公論社、一九六八年〕. なお、同書からの引用箇所は本文中に挿入した。初期近代の寛容論の先駆者ではボダンとモンテーニュもロックと同じくらい重要とみなされると論じたものとしては、Ingrid Creppell, *Toleration and Identity: Foundation in Early Modern Thought* (New York: Routledge, 2003) を参照されたい。
(13) シェルドン・S・ウォーリンは、こうした信条の主観主義から次世紀のリベラルな個人の特徴を支配するようになった利益の概念が生まれたと論じている。「ロックの議論を統制していたのは、良心は認識の様式というよりも、むしろ確信の形式を表わすということであった。かくして、良心は個人によって抱かれる主観的な信条を意味し、その定義から、のちに利益に付与されたのと同じ性格を生み出した……。利益と良心が一体化したことは、一八世紀の人々にとっては無駄ではなかった。自らの利益を追求する自由は、自らがふさわしいと思うように信仰する自由と互換しうるものとなったのである」（Sheldon S. Wolin, *Politics and Vision: Continuity and Innovation in Western Political Thought*［Boston: Little, Brown, 1960］, 339–40〔尾形典男・福田歓一・半澤孝麿訳『西欧政治思想史Ⅳ――自由主義と政治哲学の凋落』福村出版、一九七五年〕）。

（14）ロックの宗教的自由の弁論は、その時代のほとんどの人々と同じように、思想の自由まで内包するものではなかった。宗教の選択を容認する彼の議論は、良心と信念の個人的な性質にもとづいていた。自分自身の魂に配慮するのは個人の問題であるということ。一世紀後に、ヴォルテールはそのことを、「イギリス人は自分の好きなどの道を通っても天国へ行ける」と揶揄したほどであった（Voltaire, *Letters on England,* trans. Leonard Tancock［Harmondsworth: Penguin, 1980］, letter 5〔林達夫訳『哲学書簡――イギリス書簡』岩波文庫、一九五一年〕）。宗教と思想の自由が結合したのは、啓蒙の影響下にあった一八世紀になってからである。そのころ中心的に議論されたのは、寛容というよりも自由であった。こうした変化は、あらゆる面での個人的自由が、それ自体においてのみならず、理性の発展においても善きこととして、しだいに価値づけられるようになったという観点から理解されるかもしれない。しかし、それは寛容の興味深い特徴もまた強調している。つまり、寛容は理性ないしは真理の担い手としての人間ではなく、信条および信念の担い手、合理的とまではいえない確信や愛着の担い手、のちには文化ないしは欲望の担い手としての人間に向けられるようになった。寛容は市民的な実践であり、それゆえ〈真理〉を扱うものとしては提示されない。それは、〈真理〉あるいは理性さえも逃れ出るわれわれの特徴をつねに問題としているのである。

（15）迫害されたとはいえ、イングランドのピューリタンもひどく不寛容で、カトリック教を憎悪し、分離主義的な宗派とは対立していた。これについては、Zagorin, *How the Idea of Religious Tolerance Came to the West,* 190を参照されたい。

（16）このような指摘は、Robert Paul Wolfe, "Beyond Tolerance," in *A Critique of Pure Tolerance*（Boston: Beacon, 1965）, 12〔大沢真一郎訳『純粋寛容批判』せりか書房、一九六九年〕でなされている。

（17）Will Kymlicka, "Two Models of Pluralism and Tolerance," in *Toleration: An Elusive Virtue,* ed. David Heyd（Princeton: Princeton University Press, 1996）, 96.

(18) これらの寛容の対象の変化をもたらした統治目的、主体生産、その他の政治的効果の変容については、第3章および第4章で検討する。

(19) 繰り返していえば、本章の冒頭で論じたように、ここでは代補ということばをデリダ的な意味で、つまり、自足的ないしは無矛盾的と思われる全体を完成させると同時に否認するものとして用いている。

(20) こうした寛容が連想させるものについての指摘は、Herbert Marcuse, "Repressive Tolerance," in *A Critique of Pure Tolerance* で少し別のかたちでなされている。

(21) 私には納得しがたいことなのだが、とりわけゴードン・グラハムとジェイ・ニューマンは寛容に含まれるメタ倫理的な相対主義を論駁しようと試みている。Gordon Graham, "Tolerance, Pluralism, and Relativism," in Heyd, ed., *Toleration* および Jay Newman, *Foundations of Religious Tolerance*（Toronto: University of Toronto Press, 1982）を参照されたい。

(22) この二つの引用文は、Kevin Boyle and Juliet Sheen, eds., *Freedom of Religion and Belief: A World Report*（New York: Routledge, 1997）でみられる。最初のものは「一九八一年一一月二五日の国連総会（三六／五五の議決）で表明された宗教または信条にもとづくあらゆる形態の不寛容および差別の撤廃に関する宣言（一九八一）」（ibid., xvii）、第二のものは「序文」（ibid., 11）からの引用である。

(23) Foucault, *History of Sexuality*, 43.

(24) Michel Foucault, *Discipline and Punish: The Birth of the Prison*, trans. Alan Sheridan（New York: Vintage, 1979）〔田村俶訳『監獄の誕生――監視と処罰』新潮社、一九七七年〕.

(25) Ibid., 192.

(26) Ibid., 193.

(27) ガイドの説明。サイモン・ヴィーゼンタール・センター寛容博物館、ロサンゼルス、一九九九年一月二八日。

第3章　代補としての寛容――「ユダヤ人問題」と「女性問題」

(1) ある高名な政治理論家が本章の報告についてコメントしたように、「だれにも母親はいる」のだから女性は寛容の対象ではないと論じるのも不十分である。精神分析と寛容に関する書物(本書ではない)では、母親も寛容の主要な対象となりうるというだけではない。むしろ、私はだれにもユダヤ人はいると考えている。

(2) ジェイコブ・カッツ(Jacob Katz)は *Out of Ghetto: The Social Background of Jewish Emancipation, 1770–1870* (Cambridge, MA: Harvard University Press, 1973)のなかで、つぎのように論じている。ユダヤ人解放をめぐる諸国家の物語が、ドイツ、ハンガリー、オーストリア、フランス、オランダ、イングランドなど、西欧および中欧でどれだけ異なっていようとも、「広い意味でのユダヤ人解放は、程度の差はあれ同時に発生した。それはまた同一ではないにせよ、類似した軌跡をたどったということもできよう」(ibid., 3)。彼はさらに、つぎのようにも論じている。「いかなる西欧諸国におけるユダヤ人解放の物語も、それらを個別に語ることはできるが、たがいに分離して語ることはできない。というのも、そこには無視しがたい相互の影響があったからである。モーゼス・メンデルスゾーンのようなドイツの改革者たちの見本と教えは、フランスのユダヤ人にも影響を及ぼした。そして、フランス革命によってフランスのユダヤ人が獲得した前進は、ドイツのユダヤ人にも影響を及ぼしたのである」(ibid., 3–4)。

(3) David Vital, *A People Apart: A Political History of the Jews in Europe, 1789–1939* (Oxford: Oxford University Press, 1999), 42.

(4) Ibid., 44.

(5) Clermont-Tonnerre, in ibid., 44での引用。

(6) Vital, *A People Apart*, 50.

(7) Salo Baron, "Newer Approaches to Jewish Emancipation," *Diogenes*, no. 29 (Spring 1960): 57.

(8) Vital, *A People Apart*, 50.

(9) ユダヤ人にたいする政治的態度のこうした変化は、二〇年足らずの間隔をおいた二つのウィーンの政策の趣旨と目的のちがいに、はっきりと示されている。一七六四年の女帝マリア・テレジアのユダヤ令は敵対的で懲罰的だったが、一七八二年の皇帝ヨーゼフ二世の寛容令は合理的で、慈善的で、行政的だった。いずれの政策もユダヤ人を市民とすることはなく、いずれの目的もユダヤ人を許容するために彼らの慣習やふるまいを改革することに向けられていた。しかし、後者の寛容令はそうした改革を、敵対的というよりも行政的で規制的な様式の国家のもとで遂行していたのである。

（10） Michael Marrus, *The Politics of Assimilation: The French Jewish Community and the Time of Dreyfus Affair*（Oxford: Clarendon Press, 1971）, 91–92.

（11） フランスの歴史家、テオドール・レナックは、ユダヤ人解放の歴史的＝存在論的効果をつぎのように公式化している。「パーリアとして扱われなくなった以上、ユダヤ人は彼らを受け入れた国家と名実ともに同一化し、彼らを仲間の市民から隔離する傾向にあった慣習、目標、習俗や言語の特殊性を放棄しなければならない。一言でいえば、分散した民族であることをやめ、これからはたんなる一宗派とみなされなければならないのだ」（Theodore Reinach, *Histoire des Israélites: depuis la ruine de leur indépendance nationale jusqu'à nos jours,* 5th ed.［Paris: Hachette, 1914］; Marrus, *Politics of Assimilation,* 94での引用）。

（12） すでに指摘したように、西洋におけるプロテスタントの宗教的寛容は、宗教を個人の良心や信念という私的な問題とみなしており、それゆえフォルク、すなわち国民の成員としてのユダヤ人にはうまくあてはまらない。マーケルは、一八一二年のプロシアの解放令の解釈をつうじて、こうした不適合を明らかにしている。彼によれば、この勅令はユダヤ人を「ユダヤ教信仰の持ち主」と名指し、そうすることで彼らをユダヤ民族から切り離し、むしろ「ルター派ないしはカトリック教のような宗教的信条にたいする個人的な同意者」として描き出している（Patchen Markell, *Bound by Recognition*［Princeton: Princeton University Press, 2003］, 135–36）。

（13） Tourasse, in Marrus, *Politics of Assimilation,* 15での引用。

（14） Sander Gilman, *The Jew's Body*（New York: Routledge, 1991）, 175–80〔管啓次郎訳『ユダヤ人の身体』青土社、一九九七年〕.

（15） 第2章で引用した長文のなかで、フーコーは同様に一九世紀のセクシュアリティの言説が、もっぱら逸脱的なものと印づけられた欲望によって定義された主体、つまり同性愛者をつくりだしたことを立証している（*History of Sexu-*

ality, vol. 1, *An Introduction,* trans. Robert Hurley (New York: Random House, 1978), 43〔渡辺守章訳『性の歴史I　知への意志』新潮社、一九八六年〕)。この問題を探究することは本書の範囲を超えるが、当時生まれた人種化と性別化の言説のあいだには、重大な交差とさらには相互の構成作用も存在していた。ユダヤ人の人種化には、かなりの性的構成要素もあったのである。

(16) サンダー・ギルマンが述べているように、ユダヤ人を「黒人」として印づける一九世紀のドイツおよびオーストリアの多くの人種理論は、アレクサンドリア亡命のあいだにユダヤ人がアフリカ人と交配したという推測にもとづいており、それゆえユダヤ人を純血人種というよりも混血人種として構成し、そうした混血化をユダヤ人の劣等性の説明として提示している。ギルマンはさらに、ユダヤ人はそもそも同族婚的な親族慣習をもつとみなされており、最初から不純性を結論づけられていたとつけ加えている。ユダヤ人らしさの混血化は(健全な交配ではないので)それを人種として分類不可能なもの(あるいは侮蔑されるもの)としたわけではなかった(Gilman, *The Jew's Body,* 174)。

(17) Marrus, *Politics of Assimilation,* 111–12.

(18) 同化にともなう罪の意識が人種化テーゼの受け入れによってどれだけ軽減されたかは、もっぱら想像することしかできない。

(19) Marrus, *Politics of Assimilation,* 114, 120.

(20) Ibid., 158–62.

(21) Thomas Laqueur, *Making Sex: Body and Gender from the Greeks to Freud* (Cambridge, MA: Harvard University Press, 1990)〔高井宏子・細谷等訳『セックスの発明——性差の観念史と解剖学のアポリア』工作舎、一九九八年〕.

(22) いうまでもなく、これらの新しい人種化とジェンダーの言説はまったく異なるものではなかったのだが、文献のなかではそれぞれ別個に扱われがちである。たとえば、ラカーはジェンダーの性別化をほとんど人種に言及することなく論じ、ギルマンはユダヤ人の性的な人種化さえ、ラカーが依拠するジェンダーの言説に言及することなく扱う傾向にある。これは細分化された学問の悲しいアイロニーである。というのも、通俗的な想像の世界でも知られているように、一九世紀のユダヤ人、アフリカ人、さらには「東洋人」の人種化はきわだって性的なもので、当該「人種」の男性成員の性衝動および性的形態学の女性化（ユダヤ人の場合）あるいは動物化（アフリカ人の場合）をつうじて従属化の効果を上げていたのである。

（23）Laqueur, *Making Sex*, 5. また、Jacques-Louis Moreau, *Histoire naturelle de la femme*, vol. 1（Paris, 1803）も参照されたい。

（24）J. L. Brachet, *Traité de l'hystérie*（Paris, 1847）. Laqueur, *Making Sex*, 5での引用（省略は同書による）。

（25）Laqueur, *Making Sex*, 152.

（26）Karl Marx and Friedrich Engels, "Manifesto of the Communist Party," in *The Marx-Engels Reader*, ed. Robert C. Tucker（New York: Norton, 1978）, 477〔大内兵衛・向坂逸郎訳『共産党宣言』岩波文庫（改訳版）、一九七一年〕.

（27）Mary Wollstonecraft, *A Vindication of the Rights of Women*, ed. Carol H. Poston, 2nd ed.（New York: Norton, 1988）, 42, 51〔白井堯子訳『女性の権利の擁護』未來社、一九八〇年〕. Poullain de la Barre, in Londa Schiebinger, *The Mind Has No Sex: Women in the Origins of Modern Science*（Cambridge, MA: Harvard University Press, 1989）, 1〔小川眞里子・藤岡伸子・家田貴子訳『科学史から消された女性たち――アカデミー下の知と創造性』工作舎、一九九二年〕での引用。

（28）Wollstonecraft, *A Vindication of the Rights of Women*, 33, 34, 39. 一般に女性をだめにしているものが彼女らの合理的な能力を無視もしくは歪曲する教育だとすれば、現存する性的なものの秩序のなかで男性をだめにしているものはなにか。ここでウルストンクラフトは、不当な地位は失墜するという啓蒙の確信に依拠している。つまり、高貴な身分を獲得するというよりも、そのような身分に生まれただけの男たちは、旧体制の有毒物だというわけである。したがって、すべての男性支配の体制のなかで男たちがもつ生まれついての特権は、たんに平等主義的な理想のためだけでなく、真正さから勤勉さにいたる社会的美徳を促進するためにも排除されなければならない。ウルストンクラフトにとっては、これはとくに美徳が若い人々に養われる家庭において重要である（ibid., 44–45, 146–50を参照されたい）。

（29）Ibid., 39, 51.

（30）John Stuart Mill, *The Subjection of Women*, in *On Liberty; with The Subjection of Women; and Chapters on Socialism*, ed. Stefan Collini（Cambridge: Cambridge University Press, 1989）, 148〔大内兵衛・大内節子訳『女性の解放』岩波文庫、

一九五七年〕．「不幸にも女性はなんと野蛮な暴君に縛られていることか。彼女は彼が自分を嫌っていることを知っており、彼女を苛むことが彼の毎日の楽しみであり、また彼女は彼を嫌悪しないではいられないと感じているかもしれないが、彼は彼女の意思に反して、人間として最低の侮辱、つまり彼女を動物的機能の道具にすることを要求し、強制することができるのだ」。

（31） Ibid., 134, 136–37.

（32） ミルはウルストンクラフトよりもはるかに、女性はいくつかの領域では集団として劣るという観念を弄し、性別にかかわる精神的差異の可能性を興じさえしている。しかし、それらの差異が女性の身体の性的あるいは生殖的な次元に明白に結びつけられることはなかった（Mill, *Subjection of Women*, 175–88 を参照されたい）。

（33）『エミール』の第5章を参照されたい。ルソーの立場は一世紀後のイギリスの道徳心理学に反映されている。男性と同じように女性を教育することにたいする反対声明のなかで、ハーバート・コーウェルはつぎのように宣言している。「心理学者は……身体だけでなく精神においても性別があること、そして両性の精神的特質がそれらの身体的差異に相関することに同意している」（Herbert Cowell, "Sex in Mind and Education: A Commentary," in *Gender and Science: Late Nineteenth-Century Debates on the Female Mind and Body*, ed. Katharina Rowold〔Bristol: Thoemmes Press〕, 1996, 82. 初出は *Blackwood's Edinburgh Magazine* 115〔1874〕）。

（34） G. W. F. Hegel, *Elements of the Philosophy*, ed. Allen W. Wood, trans. H. B. Nisbet（Cambridge: Cambridge University Press, 1991）, §166 and addition, 206–7〔上妻精・佐藤康邦・山田忠彰訳『法の哲学：自然法と国家学の要綱』（「ヘーゲル全集」9a–9b）岩波書店、二〇〇〇年〕.

（35） 政治的、知的、経済的な生活からの女性の締め出しを正統化するほかの戦略は、性的あるいは生殖的な身体に直接依拠するというよりも、それとは別種の異性愛的な機能主義に依拠している。これは、ラカーが説明した一八世紀後半にはじまるジェンダー化された身体の性別化に先立つ、地位にもとづいたジェンダー従属の擁護論に立ち返るものである。

（36） Joan W. Scott, *Only Paradoxes to Offer: French Feminists and the Rights of Men*（Cambridge, MA: Harvard University

Press, 1996), x.

(37) こうした私的な差異に裏打ちされた公的平等という公式が、つぎの二世紀にわたってフェミニズムの内的緊張と障害物の多くをもたらしたことはいうまでもない。

(38) 実際、これはまさに副大統領候補リーバーマンの職務適格性について、当初いわれていた懸念であった。彼はユダヤ教の安息日や祝日に働いたり、戦争を遂行したりすることができるのか。彼は国民の普遍的代表となるには、あまりにもユダヤ的ではないのか。

(39) Michel Foucault, *The Order of Things: An Archaeology of the Human Sciences* (New York: Random House, 1973), chap. 7〔渡辺一民・佐々木明訳『言葉と物——人文科学の考古学』新潮社、一九七四年〕。

(40) Le Bon. Marrus, *Politics of Assimilation*, 14での引用。

(41) Michel Foucault, "Omnes et Singulatim: Towards a Criticism of Political Reason," in *The Tanner Lectures on Human Values*, vol. 2, ed. Sterling McMurrin (Salt Lake City: University of Utah Press, 1981), 225–8〔北山晴一訳「全体的なものと個別的なもの——政治的理性批判に向けて」小林康夫・石田英敬・松浦寿輝編『フーコー・コレクション6——生政治・統治』ちくま学芸文庫、二〇〇六年〕および *Discipline and Punish: The Birth of the Prison*, trans. Alan Sheridan (New York: Vintage, 1979), 231–56〔田村俶訳『監獄の誕生——監視と処罰』新潮社、一九七七年〕を参照されたい。

(42) Markell, *Bound by Recognition*, 146. 強調は同書による。

(43) Immanuel Kant, *The Metaphysics of Morals*, excerpted in *Kant's Political Writings*, ed. Hans Reiss, trans. H. B. Nisbet (Cambridge: Cambridge University Press, 1970), 139からの引用〔樽井正義・池尾恭一訳『人倫の形而上学』(「カント全集」11) 岩波書店、二〇〇二年〕。Sir William Blackstone, *Blackstone's Commentaries on the Law of England*. Carole Pateman, "Women and Consent," *Political Theory* 8 (1980): 152での引用。

(44) こうした保証と解消は、かつてビル・クリントンの助言者たちが彼の妻にかけた圧力に、みごとに示されている。クリントンが一九八〇年のアーカンソー知事の再選を逸したとき、彼らは彼女に夫の姓を名乗るよう迫った。そして一九八一年、結婚から五年後に、彼女はヒラリー・ローダムに別れを告げ、ミセス・クリントンとなったのだ。

（45） 今日でさえ寛容という言語が女性に適用されるそうだ。それはきまって、社交クラブのような特定の領分を支配する男権主義によってもたらされる公然の快楽にたいする妨害を、男性が説明しようとするときである。そうした説明では、男性と女性の平等はほとんど問題とされない。むしろ、問われているのは、ジェンダーにもとづくといわれる相性のほうである。

（46） Nancy Frazer, "Recognition and Redistribution," in *Justice Interruptus: Critical Reflections on the "Postsocialist" Condition* (New York: Routledge, 1997)〔仲正昌樹監訳『中断された正義──「ポスト社会主義的」条件をめぐる批判的省察』御茶の水書房、二〇〇三年〕を参照されたい。

第4章　統治性としての寛容──揺らぐ普遍主義、国家の正統性、国家暴力

（1） Michel Foucault, "Governmentality," in *The Foucault Effect: Studies in Governmentarity,* ed. Graham Burchell, Colin Gordon, and Peter Miller (Chicago: University of Chicago Press, 1991), 95〔石田英敬訳「統治性」小林康夫・石田英敬・松浦寿輝編『フーコー・コレクション6──生政治・統治』ちくま学芸文庫、二〇〇六年〕.

（2） フーコーは、この対照性をつぎのように公式化している。主権は「死なせるか、生きるに任せる権力」だが、生権力は「生きさせるか、死ぬに任せる権力」である (Michel Foucault, *Society Must Be Defended: Lectures at the College de France, 1975–76,* ed. Mauro Bertani and Alessandro Fontana, trans. David Macey [New York: Picador, 2003], 241〔石田英敬・小野正嗣訳『社会は防衛しなければならない──コレージュ・ド・フランス講義　一九七五─七六年度』筑摩書房、二〇〇七年〕)。

（3） Foucault, "Governmentality," 87.

（4） Michel Foucault, "Politics and Reason," in *Politics, Philosophy, Culture: Interviews and Other Writings, 1977–1984,* trans. Alan Sheridan and others, ed. Lawrence D. Kritzman (New York: Routledge, 1988).

（5） Nikolas Rose, *Powers of Freedom: Reframing Political Thought* (Cambridge: Cambridge University Press, 1999), 18.

（6） Foucault, "Governmentality," 103.

(7) Ibid., 102.

(8) Ibid., 103.

(9) フーコーの政治的正統性をめぐる問題の回避は、部分的には彼のイデオロギーをめぐる批判、つまり権力の体制はイデオロギー的であり、それゆえ信条すなわち正統性からの撤退という危険をつねに冒すという観念の批判の帰結である。むしろ彼は、体制はそれ自体の真理を帯びる（そして、自らが占拠する空間と自らが組織する主体をつうじて拡散する）、もっといえば真理の体制が権力の前提条件であると論じている。これは正統性の問題をほとんど排除する公式である。つぎの文章を考察されたい。

権力の行使は、なんらかの真理の言説との関連をつうじて、またそれにもとづいて作動する機構なくしてはありえない。われわれは権力をつうじた真理の体制に従属しており、真理の生産をつうじてしか権力を行使することができない……。結局のところ、われわれは富を生産するように真理を生産しなければならず、もっといえば富を生産するためにはまず真理を生産しなければならない。別の観点からみれば、われわれは法をつくるのが真理であり、権力の効果を少なくとも部分的に決定し、伝達し、それにもとづいて拡張する真の言説を生産するのが真理であるという意味での真理に従属しているのである。("Two Lectures," in *Power/Knowledge: Selected Interviews and Other Writings, 1972–1977*, ed. Colin Gordon [New York: Pantheon, 1980], 93–94)

(10) 一九七九年一月一七日および二四日に行なわれた、フーコーのコレージュ・ド・フランスでの講義を参照されたい。その記録は、Michel Foucault, *Naissance de la Biopolitique: Cours au Collège de France, 1978–79* (Paris: Gallimard, 2004)〔慎改康之訳『生政治の誕生——コレージュ・ド・フランス講義　一九七八—一九七九年度』筑摩書房、二〇〇八年〕で公刊されている。

(11) 註(9)で論じられた問題に加えて、こうした見落としはフーコーが権力を理論化するにあたって意識や主観性の問題を前面に立てたり、それらの問題に多くを割いたりするのをかたくなに拒否した帰結でもあるように思われる。

したがって、いかにして主体が調整的で規律的な権力をつうじて生産されるのかをめぐるフーコーのラディカルな理論は、それが打破しようと意図した行動主義といくつかの点で重複している。

(12) David Cole, *Enemy Aliens: Double Standards and Constitutional Freedoms in the War on Terrorism* (New York: New Press, 2003).

(13) マイケル・イグナティエフは、「コスモポリタニズムは安定した国民国家を当然とみなしうる人々の特権である」と論じている (Michael Ignatieff, *Blood and Belonging: Journeys in the New Nationalism* [New York: Farrar, Straus and Giroux, 1994], 13〔幸田敦子訳『民族はなぜ殺し合うのか——新ナショナリズム六つの旅』河出書房新社、一九九六年〕)。また、Bruce Robbins, "Comparative Cosmopolitanisms"; Pheng Cheah, "Given Culture: Rethinking Cosmopolitical Freedom in Transnationalism"; Amanda Anderson, "Cosmopolitanism, Universalism, and the Divided Legacies of Modernity" も参照されたい。これらはすべて、*Cosmopolitics: Thinking and Feeling beyond the Nation*, ed. Cheah and Robbins (Minneapolis: University of Minnesota Press, 1998) に収められている。

(14) Michel Foucault, *History of Sexuality*, vol. 1, *An Introduction*, trans. Robert Hurley (New York: Random House, 1978), 8–9〔渡辺守章訳『性の歴史I 知への意志』新潮社、一九八六年〕および "Two Lectures." 後者のテクストのなかで、フーコーはこの問題をつぎのように説明している。

〔権力の分析は〕「それではだれが権力をもち、なにを考えているのか。権力を所有する人の目的はなにか」といった、迷路のような答えがたい問いを立てるのを避ける〔べきである〕。むしろ、それは権力に意図があると想定して、その意図が現実的で実効的な実践に完全に投じられている地点での権力研究の事例である……。それゆえ、なぜある人々は支配したがるのか、彼らはなにをもとめているのか、彼らの全般的な戦略はなにかとは問わないようにしよう。その代わりに、ものごとが継続中の従属化のレヴェルで、われわれの身体を支配し、われわれの所作を統治し、われわれの行動を命令するなどの持続的で中断されないプロセスのレヴェルで、どのように作用しているのかを問うことにしよう。(ibid., 97)

(15) これらの核となる問いは、周知のように、フーコーが性の「抑圧仮説」を再定式したのをまねて書きなおしたものである。「私が示そうと思う問いは、なぜわれわれは抑圧されているのかではない。むしろ、なぜわれわれは自らのそう遠くない過去、自らの現在、そして自分自身にたいして、あまりにも多くの情熱とあまりにも多くの憤激をもって、自分たちは抑圧されていると語るのかということである。どのような螺旋《らせん》を描きながら、われわれは性が否定されていると肯定するにいたったのか。なにがわれわれに、これみよがしに性はなにかしら隠すものと教え、性はなにかしら黙っておくものと語らせているのか」(Foucault, *History of Sexuality*, 8–9)。

(16) 現代の国際関係の諸相を構成する文明化の言説のなかで、寛容が西洋の優位性の記章として出現するのは、もう少しあとのことである。これについては、第6章および第7章で論じている。

(17) ……私にはまだ夢がある。それはいつの日かこの国民が立ち上がり、「われわれはすべての人間が平等につくられたという真理を自明のものとみなす」という自らの信条の真の意味を実現するという夢である。私には夢がある。いつの日かジョージアの赤土の丘で、かつての奴隷の息子たちとかつての奴隷所有者の息子たちが、ともに兄弟愛の食卓につくことができるだろう。私には夢がある。いつの日か不正義と抑圧の熱であえぐ砂漠の州、ミシシッピーでさえ、自由と正義のオアシスに変えられるときがくるだろう。私には夢がある。いつの日か私の四人の子どもが、肌の色ではなく人となりによって判断される国に住むときがくるだろう……。こうした信念とともに、われわれは国民のあいだの鬱蒼たる不調和を、美しい兄弟愛の交響曲に変えることができるだろう。こうした信念とともに、われわれはともに働き、ともに祈り、ともに闘い、ともに投獄され、ともに自由のために立ち上がることができるだろう。そして、いつの日か自由になったことを知るのだ。(一九六三年八月二八日、ワシントンDCのリンカーン・メモリアルの階段で行なわれたキングの演説。Martin Luther King, Jr., *I Have a Dream: Writings and Speeches That Changed the World*, ed. James M. Washington [New York: HarperCollins, 1992], 104–5)

(18) Anne Phillips, "The Politicisation of Differnce: Does This Make for a More Intolerant Society?" in *Toleration, Identity, and Difference*, ed. John Horton and Susan Mendus (New York: St. Martin's Press, 1999).

(19) これは寛容が、根本的な道徳的ないしは文化的相対主義を避けがたく内包しているということではない。普遍主義から後退する道には、さまざまな宗教、文化、価値体系間の無関心にはいたらず、むしろ、それらの多様性を優劣で分類する諸価値の目録に従わせるものもある。これはまさに、寛容が包摂と厳格な規範性という対立する二重の行為によって演じている後退である。第2章で論じたように、宗教的寛容はなんらかの認識論的相対主義を助長するが、それは同時に道徳的に優劣をつけられるアイデンティティや信条を指定する規範的言説でもある。つけ加えていえば、ここでの議論で問題とされている特殊な普遍主義は、道徳的というよりも存在論的なものである。

(20) この現象を啓蒙／ポスト啓蒙の対立する両端から説明したものとしては、Arjun Appadurai, *Modernity at Large: Cultural Dimensions of Globalization*（Minneapolis: University of Minnesota Press, 1996）〔門田健一訳『さまよえる近代――グローバル化の文化研究』平凡社、二〇〇四年〕および Jürgen Habermas, "The European Nation-State: On the Past and Future of Sovereignty and Citizenship," *Public Culture* 10.2（Winter 1998）: 397–416〔「ヨーロッパの国民国家――主権と国家市民資格の過去と未来」高野昌行訳『他者の受容――多文化社会の政治理論に関する研究』法政大学出版局、二〇〇四年〕を参照されたい。

(21) Jeremy Stolow, "Transnational Religious Social Movements and the Limits of Liberal Tolerance," unpublished MS, Department of Sociology and Communication Studies, McMaster University, Ontario, 1998, 13.

(22) Ibid., 18–20.

(23) さまざまな種類の自発的結社はこうしたコミュニティの痕跡をとどめ、国家と個人の間隙をたしかにつくっているのかもしれない。しかし、それらは市民社会の要素としては、団体コミュニティの国家にたいする政治的、経済的な自律性ないしは重要性を欠いている。

(24) Joseph Raz, *Ethics in the Public Domain*（Oxford: Clarendon Press, 1984）, 172.

(25) 同じように、バーナード・ウィリアムズはグローバル資本主義を「不寛容な」文化、より一般的には極端なナショナリズムその他の原理主義の長期的な解決策として説明している。ウィリアムズによれば、グローバル資本主義はそれが定着するすべての場所にリベラリズムと懐疑主義をもたらし、それゆえ狂信主義をなくすとされている。狂信主義はなによりも寛容に欠け、その非相互性ゆえに許容する側にとっては問題であり、自らの「狂信的」すなわち「原理主義的」な文化や下位文化を解放から遠ざけるものなのである（Bernard Williams, "Tolerance: An Impossible Virtue?" in *Toleration: An Elusive Virtue*, ed. David Heyd [Princeton: Princeton University Press, 1996], 26を参照されたい）。

（26）"Remarks by the President at Photo Opportunity with House and Senate Leadership," The Oval Office, Office of the Press Secretary, 19 September 2001（<http://www.whitehouse.gov/news/releases/2001/09/20010919=8.htmel>, accessed 4 October 2005）. これはブッシュがイスラーム系アメリカ人のシティズンシップを、愛国主義の言説をつうじて定義したあまたの事例のひとつにすぎない。

（27）Mahmood Mamdani, *Good Muslim, Bad Muslim: America, the Cold War, and the Roots of Terror*（New York: Pantheon, 2004）, esp. chap. 1〔越智道雄訳『アメリカン・ジハード——連鎖するテロのルーツ』岩波書店、二〇〇五年〕を参照されたい。

（28）"The Second Gore-Bush Presidential Debates," 11 October 2000, Commission on Presidential Debate（<http://www.debates.org/pages/trans 2000 b.html>, accessed 4 October 2005）.

（29）しばしば指摘されるように、中絶に関するほとんどの最高裁判所判決は、州を同じような立場に置いている。ロウ対ウェイド判決は（一九七三年）は潜在的な生命を保護する州の利益を承認し、州を生命尊重派の主張および利益と同盟させたが、それと同時にプライヴァシーの空間、つまり個々の女性が中絶を選択しうる州不介入の空間も規定した。中絶をメディケイドの対象外とした一九八〇年のハリス対マクレー判決の論理も、それにならっている。

（30）同性婚を合法化することは平等と反差別という基本的な規範に明らかに合致しているのだが、私は社会正義のプロジェクトとしてのゲイ結婚運動の信奉者ではないと注記せざるをえないと感じている。つまり、この運動は法的地位としての結婚、親族形態としてのカップルと核家族を必然的に物神化、神聖化、価値化しており、そのことが性、ジェンダー、親族の規制についての多くの懸念を生じさせているのだ。もちろん、それらはここでの議論に関連するものではない。そのような懸念については、マイケル・ワーナーの議論がよい手引きとなるだろう（Michael Warner, "Beyond Gay Marriage," *Left Legalism/Left Critique,* ed. Wendy Brown and Janet Halley［Durham, NC: Duke University Press, 2002 に再録)。この運動についての私のお気に入りのコメントは、『ニューヨーカー』に掲載されたマイケル・ショウの漫画である。そこでは中年の異性愛カップルがいっしょにテレビ・ニュースを見ているのだが、ひとりがもう一方にこうコメントしている。「ゲイやレズも結婚するって。まだ苦しみが足りないのかな」（*New Yorker,* 1 March 2004, p. 8. この漫画は Cartoonbank.com でも読むことができる。<http://www.cartoonbank.com/product_details.asp?sitetype=1&sid=69362>, accessed 4 October 2005）。

（31）"President Holds Prime Time News Conference," The East Room, Office of the Press Secretary, 11 October 2001（<http://www.whitehouse.gov/news/releases/2001/10/20011011=7.htm>, accessed 24 October 2005）; "President Pledges Assistance for New York in Phone Call with Pataki, Giuliani," Office of the Press Secretary, 13 September 2001（<http://www.whitehouse.gov/news/releases/2001/09/20010913=4.html>, accessed 4 October 2005）.

（32）"'Islam Is Peace,' says President," Washington, DC, Office of the Press Secretary, 17 September 2001（<http://www.whitehouse.gov/news/releases/2001/09/20010917=11.html>, accessed 4 October 2005）.

（33）アフガニスタンの民間人死傷者は、もっとも控えめな見積もりで一〇〇〇人を超えている。ほかの見積もりでは四〇〇〇人以上とされている。二〇〇二年一月の段階で、マイケル・マッシングは、民間人の死者はおそらく二〇〇〇人前後だろうと指摘している（Michael Massing, "Grief without Portraits," *The Nation,* 4 February 2002, 6–8）。マーク・ヘロルドは、戦争開始から三年で、その数は少なくとも三〇〇〇人になると論じている（Marc Herold, *Blown Away: The Myth and Reality of Precision Bombing in Afghanistan*［Monroe, ME: Common Courage Press, 2004］）。もっとも衝撃的なのは、その数字が国務省によっても、主要メディアによっても調査されていないことだ。

（34）Cole, *Enemy Aliens* を参照されたい。

（35）Dan Eggen, "Delays Cited in Charging Detainees," *Washington Post,* 15 January 2002, A 1.

（36）Jodi Wilgoren, "Prosecutors Begin Effort to Interview 5,000, but Basic Questions Remains," *New York Times,* 15 November

2001, B 7.

（37） “On the Public’s Right to Know: The Day Ashcroft Censored Freedom of Information,” editorial, *San Francisco Chronicle,* 6 January 2002, D 4.

（38） 「ＦＢＩと司法省の捜査官はオサマ・ビンラディンのアルカイダ・ネットワークの協力者と疑われる人々を拘束したが、彼らの沈黙にしだいに苛立つようになっている。一部の捜査官は、もし彼らから九月一一日の攻撃とテロリストの計画についての情報を引き出せるなら、伝統的な市民的自由は無視しなければならないかもしれないといいはじめている」（Walter Pincus, “Silence of 4 Terror Probe Suspects Poses Dilemma for FBI,” Washington Post, 21 October 2001, A 6）。

（39） “Torture Policy,” editorial, Washington Post, 16 June 2004, A 26; “Rumsfeld Sued over Prisoner Abuse,” CBSnews.com, 1 March 2005（<http://www.cbsnews.com/stories/2005/03/01/terror/main 677278.shetml>, accessed 24 October 2005）; “ACLU and Human Rights First Sue Defense Secretary Rumsfeld over U.S. Torture Policies,” American Civil Liberties Union, 1 March 2005（<http://www.aclu.org/SafeandFree.cfm?ID=17584& c=206>, accessed 24 October 2005）を参照されたい。

（40） “President Discusses War on Terrorism,” World Congress Center, Atlanta, GA, Office of the Press Secretary, 8 November 2001（<http://www.whitehouse.gov/news/releases/2001/11/20011108=12.html>, accessed 5 October 2005）.

（41） 「われわれはアラブ系アメリカ人、ムスリムのアメリカ人、彼らのモスクや商店にたいする襲撃の報告に憤っている……。そのような襲撃は、そのような罪の転嫁は、まったくアメリカ的ではないのだ」（press release, 13 September 2001, Union of American Hebrew Congregations, Religious Action Center. <http://rac.org/Articles/index.cfm?id=781&pge_prg_id=4368>, accessed 5 October 2005）。

（42） 反対者や批判的知識人も、この戦争では必然的に「弱い環」となる。このことばは今日のアメリカ信託校友協議会〔ＡＣＴＡ〕の悪名高い報告書、「文明の防衛——大学はいかにしてアメリカを裏切り、われわれはそれにどう対処しうるのか」のなかで、まさに学界の反国家的な発言のリストを提示するとき使われていた（Patrick Healy, “McCarthy-ism: Rightwingers Target Voices of Dissent,” *Boston Globe,* 13 November 2001, A 7）。この報告書はＡＣＴＡ会長のジェリー・L・マーティン、同執行委員長のアン・D・ニールによって制作され、リン・チェイニーによって公表された（本章のエピグラフは、そのカバーに書かれた彼女の宣伝文句である）。ACTAはウェブサイト上で、この報告書をつぎのように説明している。

> 九月一一日に攻撃されたのはアメリカだけではない。文明もまたそうなのだ。われわれは悪徳ではなく美徳ゆえに、自らが支持するもののために攻撃された。これに対応して、ACTAはアメリカの歴史と公民科および西洋文明の研究を支援するために〈文明の防衛基金〉を設立した。その最初のプロジェクトが『文明の防衛——大学はいかにしてアメリカを裏切り、われわれはそれにどう対処しうるのか』〔二〇〇一年一一月、二〇〇二年二月加筆修正〕である。この報告書は各大学の理事たちに、それぞれの機関が次世代に自由と民主主義の遺産を伝える強力なコア・カリキュラムをかならず作成するよう要請したものである。（<http://www.goacta.org/publications/reports.html>, accessed 5 October 2005)

実際には、この報告書の内容は、攻撃直後の二カ月間の学生や教員のアメリカの外交政策にたいする批判の抜粋を印刷（そして酷評）することに、ほとんど費やされている。ついでにいえば、ここでは「寛容」は「われわれの文明の偉大な思想で中心的な価値」(ibid., 8) として肯定されている。

(43) ボイドとブッシュの発言は、Shelvia Dancy, "Bush Visits Mosque, Warns against Anti-Islam Violence," Religion News Service, 14 September 2001 で引用されている。これは <http://www.beliefnet.com/story/88/story_8801_1.html> でも入手可能である（二〇〇五年一〇月五日アクセス）。

(44) *New York Times*, 30 September 2001, B12 の広告。

(45) 反中傷同盟〔ADL〕のウェブサイトをさっと巡回すれば、こうした態度ははっきりとわかる。とくに二〇〇二年の "Resolution on Iraq" <http://www.adl.org/presrele/Mise_00/2002_resolution_a.asp> を参照されたい（二〇〇五年一〇月五日アクセス）。

(46) 二〇〇一年一一月、反中傷同盟のウェブサイトでは「ADL世論調査――九月一一日の攻撃直後、反ユダヤ主義は増大せず」と題された報道機関向けの発表が行なわれた(<http://www.adl.org/presrele/asus_12/3948_12.a.asp>, accessed 5 October 2005)。この調査結果の分析では、反ユダヤ主義はユダヤ人およびイスラエルにたいする「アメリカ人」の態度によって指数化されていた。したがって、九月一一日の攻撃の結果、アメリカ人がより反ユダヤ主義的になったわけではないという証明は、以下のように導き出される。

一、「アメリカ国民のイスラエルにたいする共感は、依然として強固なままである。現在の紛争におけるイスラエルの立場とパレスチナの立場のいずれに共感するかと問うたところ、アメリカ人の四八パーセントがイスラエルの立場を支持し、一一パーセントがパレスチナの立場を支持した」。

二、「アメリカ国民はイスラエル＝パレスチナ紛争の暴力を、圧倒的にパレスチナ人のせいとみなしている」。

三、「国民は、テロにたいする自己防衛のためにイスラエルが武力を行使する権利を支持している。アメリカ人は四六対三四パーセントの差で、イスラエルは武力行使を制限すべきだという意見を却下している」。

(47) 問題とされる紛争が実際に不寛容によって引き起こされたのでも、また寛容によって解決されることもないのだとすれば、本質化された差異に結びついた国家暴力という文脈のなかで寛容を要請することは、そもそも非現実的なことである。

(48) 私はこの議論を、"Political Idealization and Its Discontents," in *Dissent in Dangerous Times*, ed. Austin Sarat (Ann Arbor: University of Michigan Press, 2004) でよりくわしく行なっている。なお、同論文は Wendy Brown, *Edgeworks: Essays on Knowledge and Politics* (Princeton: Princeton University Press, 2005) に再録されている。

第5章 博物館の対象としての寛容――サイモン・ヴィーゼンタール・センター寛容博物館

(1) 「寛容博物館について」、寛容博物館、二〇〇四年 (<http:www.museumoftolerance.com/mot/about/index.cfm>, accessed

7 October 2005)。加入を呼びかける印刷物では、博物館の目的はこれとは少し異なっている。それは「ホロコーストその他の二〇世紀のジェノサイド、大量迫害の恐怖と教訓が忘れられないよう保証すること」である（二〇〇四年秋に収集した寛容博物館パンフレット）。

（2）つぎの文章は、www.wiesenthal.com のヴィーゼンタール・センターの宣伝文「われわれについて」からの引用である（二〇〇五年一一月二八日アクセス）。

サイモン・ヴィーゼンタール・センターは、コミュニティ参加、教育支援、社会活動をつうじて寛容を促進し、理解することで、ホロコーストの記憶を保存することを目的とした国際ユダヤ人権団体である。センターは人種差別、反ユダヤ主義、テロリズム、ジェノサイドといった今日の重大問題と対決し、国際連合およびユネスコではNGOとして認定されている……。

センターは一九七七年に設立され、さまざまな公的および私的な機関と密接かつ継続的に関係をもち、議員、アメリカならびに諸外国の政府、外交官、国家の要職たちと会合を行なっている。センターはこのほかにも、ナチ戦犯の訴追、ホロコーストと寛容の教育、中東問題、過激派集団、ネオ・ナチズム、インターネット上の差別などの問題を扱っている。

（3）これはMOTの一部門である寛容センターの展示「ことばの力」でみられた。この部門については、のちに本章で論じる。注目すべきことに、パレスチナ人および中東問題は、MOTのウェブサイトでもまったく言及されていない。私は <http:www.museumoftolerance.com> の検索ボックスに「パレスチナ人」、「アラブ人」、「占領地域」、「西岸」、「ガザ地区」「中東」、「中東紛争」と打ち込んだ。そうすると、どれも同じ気味の悪いメッセージがスクリーン上に現われた。「寛容博物館の検索結果0／0。記録はありません」。イスラエル国内のユダヤ人間の人種差別や不寛容の記録もなければ、「南欧系ユダヤ人（Sephardim）」の記録すらなかった。ただし、その形容詞（Sephardic）は、ホロコーストの犠牲者の物語のなかで一件ヒットした。「パレスチナ」では四つの記録が引き出されたが、いずれも自分以外の家族が一九三〇年代にパレスチナに移住していたと思われる、ホロコーストの犠牲者の物語に関するものだった。ルワンダ、ボスニア、エチオピア、大虐殺、ジェノサイド、旧ユーゴスラヴィア、公民権、人種差別、偏見、人権侵害、ジャッキー・ロビンソン、憎悪集団、生存者、アフリカ系アメリカ人、ポーランド人、ハンガリー人、スーダン、亡命者、エルサレム、難民、アルバニア、心的外傷、テロリズムなどを検索した場合は、MOTのウェブサイトは記録を差し出してくれた。だが、パレスチナ人あるいは中東紛争については、文字どおりいかなる痕跡もないのだ。

（4） アセンズのジョージア大学の教育学教授は、自らのMOT訪問についてこう書いている。「ロサンゼルスから帰るフライトのあいだも、そこでの経験は私を揺さぶりつづけていた……。私は以前には気づかなかった悪口を耳にし、ちょっとしたセクシャル・ハラスメント、他人の感情にたいする鈍感さを目にするようになった。私はもう自分を外界から守ってくれる繭のなかにはいない。その日学んだ教訓を忘れることがあったとすれば、私は自分を責めるしかないだろう」（Mary D. Phillips, "The *Beit Hashoah* Museum of Tolerance: A Reflection," *National Forum: Phi Kappa Phi Journal* 74.1 [Winter 1994]: 31）。

（5） ジョン・ウィーナーは、MOTの来館ノートのコメントには「寛容センターについてのものが含まれていない」ことに注目している。そして、たいてい寛容センターのつぎに訪れる博物館のホロコースト部門が、それまでの経験を凌駕し、上書きしてしまうのだろうと指摘している（Jon Wiener, "The Other Holocaust Museum," *Tikkun* 10.3 [May/June 1995]: 83を参照されたい）。

（6） 一九八〇年代のヴィーゼンタール・センターの基金調達パーティでは、アーノルド・シュワルツェネッガーとジョージ・H・W・ブッシュも賞賛されていた。

（7） Wiener, "The Other Holocaust Museum," 83; "The Line Is Thin—Too Thin," editorial, *Los Angeles Times*, 21 May 1985, sec. 2, p. 4.

（8） "The Line Is Thin—Too Thin" および Mathis Chazanov and Mark Gladstone, "'Museum of Tolerance' Proposed $5-Million State Grant for Wiesenthal Facility Provokes Some Concern over Churches, State Separation," *Los Angeles Times*, 19 May 1985, sec. 2, p. 1. あいまいで一貫しない博物館の名称そのものが、この事業についてなにかを語っている。博物

館のもともとの公式名称は「ショアーの館－寛容博物館（Beit Hashoah—Museum of Tolerance）」で、それはいまも建物の外側に彫られている。ヘブライ語でBeit Hashoahは「ホロコーストの館」を意味する。しかし、このダッシュ記号（これは初期のいくつかの文書ではコロンか黒丸となっている）をみると、ヘブライ語を知らない人は「寛容博物館」がBeit Hashoahの英訳と思うかもしれない。それでは、この二つの用語がたがいに定義しているのでも連続しているのでもないとしたら、なぜダッシュ記号なのか。いくつかの初期の印刷物では、その正式名称に句読点はいっさいなかった。それは〈ショアーの館〉がこの特殊な寛容博物館の名称あるいは屋号であり、その固有名であることを示唆している。もうひとつの考えられる解釈は、これらはひとつの目的によって結ばれた二つの異なる事業で、ハイフンでつながれた後者の名称は宗教間ないしは民族間婚姻の子孫に与えられるというものである。

寛容センターと〈ショアーの館〉の入場者を案内するガイドの多くは、いまも博物館そのものを〈ショアーの館〉と呼んでいるが、博物館の印刷物とウェブサイトは、現在それを「寛容博物館、サイモン・ヴィーゼンタール・センター博物館」と定めている。つまり、MOTが全体を構成するようになった。〈ショアーの館〉は、寛容センター、マルチメディア・センター、〈われらの家族を見つける、われら自身を見つける〉を含む、この事業の一部でしかないのである。いうまでもなく、こうした変化はホロコーストのもうひとつの地位低下とみなされることもある。たとえば、アルヴィン・H・ローゼンフェルトなどはそれをホロコーストの「根本的な相対化」と述べている（Alvin H. Rosenfeld, "The Americanization of Holocaust," *Commentary* 99.6 [June 1995]: 35）。あるいは、それはMOTが最初から表わしていた雑婚のようなもの必然的な帰結を示しているのかもしれない。けれども、このような修正が非ユダヤ系住民へのより効果的なアプローチを可能にし、イスラエル支持の政治的な基礎を広げたのもたしかである。

（9）Wiener, "The Other Holocaust Museum," 83; Chazanov and Gladstone, "Museum of Tolerance," sec. 2, p. 1.

（10）Edward Norden, "Yes and No to the Holocaust Museums," *Commentary* 96.2（August 1993）: 23–24.

（11）一九三九クラブの会長フレッド・ディアメントは、ハイアーがホロコーストを搾取する売名家であると激しく非難した。「生存者である私が憤慨しているのは、彼らがホロコーストの名のもとで多額の資金を集めたことである。そして、彼らはその多くを自分たちのセンターの宣伝のために、またいくつかの扇情主義的なことのために使っている……。私は［また］ヴィーゼンタール・センターのやり方に憤慨している。彼らはあまりにも商業的である。ホロコーストをきれいに包装することなどできない。それはわれわれの両親、兄弟姉妹の記憶にたいする侮辱なのである」(Chazanov and Gladstone, "Museum of Tolerance," sec. 2, p. 5での引用)。

(12) Norden, "Yes and No to the Holocaust Museums," 23.

(13) Wiener, "The Other Holocaust Museum," 83; Mark Gladstone, "Deukmejian Gets Bill Allocating $5 Million for Tolerance Museum," *Los Angeles Times,* 19 July 1985, sec. 2, pp. 1, 2.

(14) House Subcommittee on Postsecondary Education of the Committee on Education and Labor, *Oversight Hearing on H.R. 3210, To Provide Financial Assistance to the Museum of Tolerance at the Simon Wiesenthal Center,* 101st Cong., 2nd sess., pp. 1, 2.

(15) MOTガイドの説明、二〇〇四年九月二五日。

(16) MOT教師用ガイドのワークシート、Lessons and Acitivities: "Essential Vocabulary and Concepts" を参照されたい(<http:www.museumoftolerance.com/content/downloads/lesson 1_2.pdf>, accessed 8 October 2005)。

(17) こうした説明も強硬派を満足させることはなかった。『コメンタリー』での痛烈なMOT批判のなかで、ローゼンフェルトはつぎのように述べている。「寛容博物館はナチズムによってもたらされた破局を根本的に相対化している。アメリカの社会問題は、それがいかに重大なものだろうとも、ジェノサイド的な性格のものではない。それは第二次世界大戦中のヨーロッパのユダヤ人の迫害や体系的な殺戮とは似ても似つかないのだ。これらの非常に異なる歴史上の経験を混合することは、それゆえ、ナチのホロコーストをあの空虚でまったく無意味な抽象表現、つまり『人間の人間にたいする非人間性』に変形することなのである」(Rosenfeld, "The Americanization of the Holocaust," 35–36)。

また一九九三年のオープン以来、博物館の大小の修正および更新を促してきたのは、技術的にも政治的にも時流に乗ろうとする欲望であったように思われる。当初のいくつかの展示物は撤去されている。暗いトンネルを通り抜けるあいだ、さまざまな民族的、人種的、性的な中傷のささやきを聞かされる「ウィスパー・ギャラリー」。「一四九二年、わが民族はコロンブスを歓迎したが、それは大きな過ちだった」と言い放ったあと、入植者たちによるピーコット族の大虐殺をくわしく説明する、先住アメリカ人の巨大なカットアウト。二〇世紀のアルメニア人やカンボジア人の大虐殺などの、ショアー以外のジェノサイドに関する映画。このほかの展示物は著しく縮小されている。博物館は悪名高いロドニー・キング殴打と、それにかかわった警官たちの「無罪」評決にたいする暴動の直後にオープンしたので、これらの事件、それらをめぐる論争を最初の数年間はかなり突出して取り上げていたが、それ以後はしだいに小さくなっていった。博物館の二階には交替制の展示もあり、ある期間はボスニアの女性たちの編み物、またある期間は第二次世界大戦でナチと戦った日系アメリカ人部隊が取り上げられていた。二〇〇四年には、新しい部門もつけ加えられた。それは俳優でコメディアンのビリー・クリスタルが主導し、多額の資金を提供した「われらの家族を見つける、われら自身を見つける」であった。これはアメリカの地位を移民の国家、個人が困難を克服して偉業をなしうる国家として肯定するために企画された、通り抜けできるジオラマとヴィデオの出し物である。ただし、〈ショアーの館〉だけは最初からほとんど変わってはいない。

(18) MOTの批判的な解説のいくつかは、そのハイテクのアプローチに焦点をあてている。たとえば、Rosenfeld, "The Americanization of the Holocaust"; Wiener, "The Other Holocaust Museum"; Nicola Lisus and Richard Ericson, "Misplacing Memory: The Effect of Television Format on Holocaust Remembrance," *British Journal of Sociology* 46.1 (March 1995), 1–19; Susan Derwin, "Sense and/or Sensation: The Role of the Body in Holocaust Pedagogy," in *Impossible Images: Contemporary Art after the Holocaust*, ed. Shelly Hornstein, Laura Levitt, and Laurence J. Silberstein (New York: New York University Press, 2003) を参照されたい。

(19) ヴィーゼンタール・センターが連邦の資金をもとめた議会の委員会での証言のなかで、メイ師はこうした新しい方向を明らかにしており、ほかの問題を表現し、ほかの有権者にも範囲を広げた展示物をつくるためには「コミュニティの外に出なければならないだろう」と説明している (House Subcommittee on Postsecondary Education, *Oversight Hearing on H.R. 3210*, 32)。

(20) "New York Tolerance Center," Simon Wiesenthal Center <http://wiesenthal.com/site/pp. asp?c=fwLYKnN8LzH&b=242506>, accessed 8 October 2005.

(21)　二〇〇四年五月二日エルサレムで、アーノルド・シュワルツェネッガーは、ヴィーゼンタール・センターによって出資建設される、新しい寛容博物館と人間の尊厳センターの起工式で礎石を敷いた。ナチの息子であるシュワルツェネッガー（この前年の秋、人民投票型民主主義によってカリフォルニア知事に選出された）は、近年、ヴィーゼンタール・センターに一〇〇万ドル以上の私費を寄付している。とはいえ、彼はヒトラーの群集を動かす力を公然と賞賛したことでも知られている。また自らの結婚式では、元国連事務総長のクルト・ワルトハイムに敬意を表して乾杯をした。ちょうどそのころ、ワルトハイムはナチの過去と残虐行為を行なったドイツ軍部隊との協力を非難されていたのだ。シュワルツェネッガーがヴィーゼンタール・センターに接近したのは、これらの問題が知事選で問題とされないようにするためだったのではないかと、多くの人々は推測している。

シュワルツェネッガーのそれ以前のイスラエル訪問は一九九五年だった。当時、彼はシルヴェスター・スタローンとともに、テルアビブにプラネット・ハリウッドというレストランを開いた。また一五年前には、ミス・ティーンエイジ・イスラエル・コンテストの審査員として聖地に赴いていた。しかし今回は、シュワルツェネッガーは「私は世界のあらゆる不寛容と偏見を終わらせる《ターミネート》……なぜなら、私はターミネーターなのだから」と宣言しながら、エルサレムその他のイスラエル各地を訪問した（Paul Miller, "On the Road to Jerusalem with a Superstar Governor," *Carmel Pine Cone*, 7 May 2004 での引用）。この作戦を遂行するのに、彼はいかなる武器を用いたのだろうか。博物館の起工に加えて、シュワルツェネッガーは四日間の旅程をイスラエルとカリフォルニアの共同事業その他の経済協定の展望を開くのに費やした。そのなかには、カリフォルニアのサンタクルスで生産されている、家庭用の電源モニターと携帯電話用の盗聴防止装置の売り込みも含まれていたが、それらは路傍の爆弾を無化するのにも効果的なものであった。（シュワルツェネッガーは、後者はイスラエルだけでなくイラク駐留のアメリカ軍にとっても有益だと述べていた。）こうした密接な経済関係の促進は、シュワルツェネッガーのいう「二つの太陽の国」の沈下する経済を浮揚させるとともに、おそらくはカリフォルニアのかなりのイスラエル支持の有権者からの援助をたしかなものにしたであろう。

知事が観衆にあいさつし、平和と寛容について陳腐な話をし、イスラエルのスペシャル・オリンピックの選手たちと練習のスケジュールについておしゃべりをしているあいだ、彼の滞在先であるテルアビブ・ヒルトンの入口はイスラエル兵によって警護されていた。何十人もの武装したイスラエル防衛軍の隊員がホテルを取り囲み、その屋上で身をかがめていた。カリフォルニアのハイウェイ・パトロール隊の警官も、シュワルツェネッガーの身辺警護についていた。イスラエルの占領地域との国境はシュワルツェネッガーの滞在のあいだ完全に閉じられ、ガザや西岸のパレスチナ人の出勤、診療、教育、食料品の買い出し、イスラエル側の家族との面会の妨げとなった。起工式のとき、イスラエルの抗議者は「占領は寛容ではない」と叫びながら知事の発言をさえぎっていたが、イスラエルの外相は知事を「真の友人でわが国の力強い味方」、「その偏見と反ユダヤ主義にたいする戦いゆえにイスラエル人の感謝」に値する人物であると表明していた（Miller, “On the Road to Jerusalem” での引用）。

エルサレムの博物館用地は古代のムスリムの共同墓地で、その多くはすでに駐車場によって汚されていた。デザインは一級の建築家フランク・O・ゲーリー（ビルバオのグッゲンハイム、ロサンゼルスのディズニー・コンサートホールで知られる）が創案したものだが、あるイスラエルの左派の評論家からは、晴れた日の西岸爆撃に浮かぶ積み木のように見えると批評され、また別の評論家からは「この異質な物体が置かれる環境とはこれ以上不調和になりえないほどの幾何学様式……で表現された法外な傲慢さ」と批評されている（Meron Benvenisti, “A Museum of Tolerance in a City of Fanatics,” *Harretz,* 12 May 2002 を参照されたい。オンライン版 Harretz.com <http://tinyurl.com/cx 86b>, accessed 28 November 2005）。博物館の建設にかかる費用は、現在二億ドルをはるかに超えている。これはとくにイスラエルの、さらにはパレスチナの経済状況からみても、またパレスチナに民主主義を確立するためにジョージ・W・ブッシュが二〇〇五年の春に約束した五〇〇〇万ドルと比べても驚くほどの金額である（“President Welcomes Palestinian President Abbas to the White House,” The Rose Garden, Office of the Press Secretary, 26 May 2005 を参照されたい。<http://www.whitehouse.gov/news/releases/2005/05/200526.html>, accessed 6 October 2005）。しかし、博物館の立案者たちは内容についてはいくぶん配慮もしている。イスラエルでホロコーストを記録する役割を独占しているヤド・バシェム・ホロコースト記念館に敬意を払って、新しい博物館はホロコーストには言及しないことになっている。

エルサレムMOTの起工式と計画については、Samuel G. Freedman, “Gehry’s Mideast Peace Plan,” *New York Times,* 1 August 2004, sec. 2, p. 1 および “Schwarzenegger to Visit Israel,” CNN.com, 29 April 2004（<www.cnn.com/2004/ALL-

POLITICS/04/28/Schwarzenegger.israel/>, accessed July 2005）を参照されたい。

（22）メアリ・ルイーズ・プラットはこう述べている。「安全は『独身』とか『短い』のように、その反対物を呼び出すことばのひとつである。安全について言及した瞬間、あなたは危険があることをほのめかしている……そうでなければ、そうした主題は現われないであろう」（Mary Louise Pratt, "Security," in *Shock and Awe: War on Words*, ed. Bregje van Eekelen et al. [Santa Cruz, CA: New Pacific Press, 2004], 140）。

（23）民主主義体制は安全のためにどれだけの「自由」を剥奪しなければならないのかという問いは、寛容センターのいくつかの展示のなかで立てられている。

（24）学校からの訪問者は、ホロコースト部門の最後にある博物館の来館ノートに書くことも、しばしば丁重に断られている。私がいたとき、あるガイドは見習いにこう語っていた。「これは、実際には生徒用のものではありません。彼らはここに不適切なことを書くことがあります。だから、このノートは通り過ごさせてください」。

（25）寛容センターの最初のいくつかの展示を見ると、個人の訪問者はたいてい自由にされるのだが、生徒の団体はずっとガイドに拘束される。寛容センターでは、ガイドは効率的で秩序だったやり方で生徒たちを引率するだけでなく、展示の意味を補足的に指導したり、双方向メディアの展示で扱われた人々とよく似た生徒集団と簡単な議論を行なったりする。とはいえ、その議論は開かれたものでも、生徒の意見についての好奇心から行なわれるものでもない。それは率直にいって杓子定規で、生徒は正しい答えが用意された事実ないしは概念の問いに応じるようもとめられるだけである。ガイドは訓練されているようだが、博物館のテーマ問題については教育されているわけではなさそうだ。私はガイドがアメリカ史の重要な事件を、驚くほどいい加減に説明しているのを一度ならず耳にした。また、ガイドが原稿にはない生徒の質問をすばやく却下するのも目にした。たとえば、警察による人種的プロファイリングについての質問、寛容センターの犠牲化の物語についての質問、なぜ抑圧された民族は「仕返し」をしなかったのかといった質問である。

（26）MOTガイドの説明、二〇〇四年九月二五日。

（27）Rosenfeld, "The Americanization of the Holocaust," 35.

(28) スーザン・ダーウィンは、こうした手続きはMOTの「メッセージを身体的に伝える」最初の研修でもあると指摘している。「博物館は訪問者に『偏見あり』とラベルを貼るだけではない。それは博物館の選択のドアを通り抜けるよう訪問者にもとめることで、自らの決定を補強してもいるのだ」。彼女はさらにこう述べている。「博物館は訪問者に彼らの正体を教える。そして見学をつづけるにつれて、彼らはその判断を受け入れるか、少なくともそのようにふるまうにちがいない。文字どおり、また比喩的にも、それが彼らに開かれた唯一のドアなのである」(Derwin, "Sense and/or Sensation," 250)。

(29) ヘイト・コムは現実のウェブサイトではないが、HBOはこの名前を二〇〇〇年のドキュメンタリー番組に用いたことがある。これは小さいが不吉なエピソードである。なぜなら、MOTは現実的なものと非現実的なものの境をどこでもあいまいにし、超現実的なものを生産し、とりわけ、不ぞろいで散らかった現実をより単純で修辞的に説得力のあるものに置き換えてしまうからである。Lisus and Ericson, "Misplacing Memory," 9–17 を参照されたい。

(30) 私の最後の訪問のとき、ガイドは生徒の団体に、この食堂は公民権運動の闘争のシーンを思い出させるためにつくられたと説明していた。そのときまで、私はそれがたんにさまざまな種類の人々が飲食し、語り合っていた公共の場所を再現したものとばかり思っていた。そう思っていたのは、もちろん私だけではない。スーザン・ダーウィンも、食堂はおなかを満たすところという事実にもとづいて、寛容センターを批評している (Derwin, "Sense and/or Sensatio," 251 を参照されたい)。

(31) ミレニアム・マシーンの難民および政治犯に関するヴィデオも、同じようなコースをたどっている。それは広範囲にわたる諸問題、難民にとっての地雷の危険、さまざまな種類の政治犯、中国のチベット人の迫害、ブラジル、中国、パキスタン、ヴェトナム、ミャンマーの強制労働の実態などに言及するが、そのすべてをつぎのような問いに解消してしまう。世界唯一の超大国の住民であるアメリカ人は、これらの問題についてなにをなしうるのか。選択肢は、悪しき体制でつくられた商品をボイコットすること、対外支援のためにより高い税金を払うこと、そして軍隊を派遣してアメリカ人の生命を危険にさらすことである。繰り返していえば、この語りは世界を善と悪に分割し、問題を一方では道徳的なもの、他方では個人の献身にかかわるものとすることで脱政治化している。もっといえば、このように広範で多様な問題を「難民と政治犯」という題目のもとで扱うのを可能にしているのが、こうした脱政治化なのである。しかし、難民がとくに「政治的および領土的な紛争に巻き込まれたふつうの人々……戦争および民族浄化の無辜の犠牲者」と定義されるなら、なぜパレスチナ難民を映像から消すことができるのだろうか。

(32)「なにかを人に教えたいなら、まず注目を集め、つぎに教え、そして忘れさせないようのするのがこつである。博物館はこの三つすべてを行なっている」。これは一九九三年のMOTの除幕式で、アーノルド・シュワルツェネッガーが語ったことばである（Norden, "Yes and No to the Holocaust Museum," 25での引用）。

(33) Donna Haraway, *Primate Visions: Gender, Race, and Nature in the World of Modern Science* (New York: Routledge, 1990), esp. chap. 3, "Teddy Bear Patriarchy: Taxidermy in the Garden of Eden, New York City, 1908–36" を参照されたい。

(34) ジョン・ウィーナーは、寛容センターの存在そのものが公的資金の要求によって駆り立てられたと論じている。「したがって、博物館に寛容センターを含めるという判断は、包摂の哲学の支持からではなく、それが州の資金援助を確実にするという計算から生まれたのだ」（Wiener, "The Other Holocaust Museum," 83）。私は、こうした見解は寛容センターのそのほかの戦略的目的を見逃していると思う。

とはいえ、寛容に関する広範な教材のために連邦の資金援助をもとめて、メイ師が一九九〇年の下院教育労働委員会の高等教育部会で証言したとき、その証言はたしかにホロコースト博物館としてのMOTの認定とそのほかの問題にたいする関心のあいだで揺れ動いていた。そして彼がこれらのほかの問題について語るとき、それらは若者にホロコーストに興味をもってもらう手がかりとして扱われていた。部会では、下院議員のメジャー・オーウェンズ（民主党、ニューヨーク州）が、ヴィーゼンタール・センターはホロコースト以外の主題に関するプロジェクトを成功させるのに必要な専門家を擁しているのか、と質問した。これにたいするメイ師の回答は、ほとんど漫画である。

ええ、もちろんですとも。おっしゃるとおり、われわれの強みは反ユダヤ主義という領域に……ホロコーストという問題にあると認識しております。そこで、第一の部門となる〈アメリカの人種差別と偏見の歴史〉をつくるために、われわれは外に……『サタデー・ナイト・ライヴ』のアル・フランケンのような映画制作者、アル・フランケンのようなプロデューサー、アル・フランケンのような作家のところに、『マクニール＝レーラー』のプロデューサー、つまり『マクニール＝レーラー・レポート』のソールズ氏、マイケル・ソールズのところに行きました。そうした主題を提供するためには、できるだけ幅広い、できるだけ精通した見識をもっていなければならないとわかったからです……。われわれは広い世界に出ていったのです。(House Subcommittee, *Overnight Hearings on H.R. 3210, 32*)

(35) Ibid., 31.

(36) 中東の紛争につけ加えて、ほかにも二つの長引いた紛争が、MOTではみられないことで目立っている。それは北アイルランドと南アフリカである。さらに驚くべきことに、世界中で人種差別と戦っている英雄たちを展示した博物館のなかに、ネルソン・マンデラも、デズモンド・ツツもいないのだ。北アイルランドの紛争、アパルトヘイトの南アフリカを紹介することで、イスラエルになにか問題が生じるのだろうか。マンデラやツツのイスラエル批判が、MOTの寛容の英雄たちの神殿に入る資格を失わせたのだろうか。

(37) ヘブライ語についての会話につき合っていただいた、ニーヴ・ゴードンに感謝している。

(38) 相対主義と寛容については、第2章を参照されたい。こうした換喩はオーレン・バルーク・スティアによって気づかされたのだが、彼はBeit Hashoahという名称の語義については異なる結論を導き出している。むしろ、彼は「それはほとんど意味のないことばとして作動しており、それゆえ、ほとんどの人がその場所を寛容博物館と呼んでいるだけなのだろう」と指摘しているのだ。さらに彼は、こうもつけ加えている。「博物館はその特異なハイフンつきの称号によって示される、なにかしら分裂した（いくぶんあいまいな）人格性をもっている。しかし、それはたんに気まぐれな命名なのではない。つまり、私がいいたいのは、分裂したあいまいな人格性がこの博物館の方針なきプログラムの中心にあり、その名称にあるハイフンが「ユダヤ＝キリスト教」といったほかのあいまいな概念のものと同じだということである」(Oren Baruch Stier, "Virtual Memories: Mediating the Holocaust at the Simon Wiesenthal Center's Beit Hashoah—Museum of Tolerance," *Journal of the American Academy of Religion* 64: 4［Winter 1996］: 839)。

（39） Joan W. Scott, "Experience," in *Feminists Theorize the Political*, ed. Judith Butler and Scott（London: Routledge, 1992）.

（40） 博物館の説明では、物語の権威を基礎づけることが、ＭＯＴで一日に数回行なわれる生存者のライヴ証言の目的でもある。あるガイドはこう述べていた。「彼らは実際にホロコーストがあったことを立証しているのです」（一九九九年に訪問したときの説明）。

（41） ＭＯＴガイドの説明、二〇〇四年九月二五日。〈調査官〉は「事件をもっともよく表現した視覚資料を選択するために映像証拠」を検証し、また〈設計者〉は「項目を選別し、それを視覚体験に翻訳する」と説明されている。つけ加えていえば、〈設計者〉はつぎの場面では、ソクラテスの対話者と同じ物語上の役割も担っている。彼はナイーヴにも基本的な質問を行ない、〈歴史家〉はそれにたいして重要なポイントを明らかにしていくのである。

（42） この手引書は小さな事実の説明では、ときおり少々でたらめを述べている。それは世界恐慌を「貨幣を無価値に」したものと説明しており、それゆえインフレと混同している。また、「最終解決」が是認された有名なヴァンゼー会議（ここでは、つくりものの会議室のなかで、人形がなまりのある英語で語り合っている）の解釈のずさんさも、何人かの歴史家から批判されている。

（43） 〈ショアーの館〉の出し物、一九九四年九月二五日。

（44） 博物館を訪問するさいの教師の準備と対策にあてられたウェブサイトの一部のなかで、ＭＯＴは反ユダヤ主義を「民族ないしは宗教集団のユダヤ人にたいする敵意で、しばしば社会的、経済的、政治的な差別をともなう」と定義している。「定義——語彙と概念」にある「諸定義」（<http://teachers.museumoftolerance.com/mainjs.hym?s=4&p=1>, accessed 4 October 2005）を参照されたい。

（45） ワルシャワ・ゲットー蜂起四〇周年記念のさいの教皇ヨハネ・パウロ二世との対話。*Response: The Wiesenthal Center World Report* 19.3（Fall 1998）: 6 での引用。

第6章　寛容の主体——なぜわれわれは文明的で、彼らは野蛮なのか

（1） Mahmood Mamdani, *Good Muslim, Bad Muslim: America, the Cold War, and the Roots of Terror*（New York: Pantheon,

2004), 18〔越智道雄訳『アメリカン・ジハード――連鎖するテロのルーツ』岩波書店、二〇〇五年〕.

(2) Bernard Lewis, "The Roots of Muslim Rage," *Atlantic*, September 1990, pp. 47–60; Samuel Huntington, "The Clash of Civilizations?" *Foreign Affairs*, 72.3 (Summer 1993): 31〔竹下興喜監訳「文明の衝突」『中央公論』九月号、一九九三年、三四九～三七四頁〕. いずれも Mamdani, *Good Muslim, Bad Muslim*, 20–21での引用。

(3) 国家の「市民宗教」は、ホッブズ、ロック、ルソーといった古典的な社会契約の理論家たちによって、社会契約の代補として提示された。その代補に託されたものの内容はどうなったのか。その喪失は、市民的寛容を必要とする下位国家的アイデンティティの台頭といかなる関係にあるのか。

(4) Immanuel Kant, "What Is Enlightenment?" in *Kant's Political Writings*, ed. Hans Reiss, trans. H. B. Nisbet (Cambridge: Cambridge University Press. 1970), 54〔福田喜一郎訳「啓蒙とは何か」同ほか訳『歴史哲学論集』(カント全集14) 岩波書店、二〇〇〇年〕. またカントはこの公式そのものを問題化している。

(5) ブッシュの「恍惚のキリスト教徒」との定例の会合と、それらの会合の外交政策への影響については、Rick Perlstein, "The Jesus Landing Pad," *Village Voice*, 18 May 2004 (online at <http://www.villagevoice.com/news/0420, perlstein,53582,1.html>, accessed 6 October 2005) を参照されたい。また Bob Woodward, *Plan of Attack* (New York: Simon and Schuster, 2004)〔伏見威蕃訳『攻撃計画――ブッシュのイラク戦争』日本経済新聞社、二〇〇四年〕も参照されたい。同書には、イラク戦争に踏み切るのを決断するまえに父親に相談したのかという問いにたいする、ブッシュの回答が引用されている。「強さの点からいえば、彼は懇願すべき父ではない。私には懇願すべきより高い父がいるのだ」(ibid., 94)。また、ブッシュは著者のボブ・ウッドワードに「アメリカは世界における自由のまさに灯台だと思う……。自由がアメリカの世界にたいする贈りものだというのではない。自由は世界のすべての人々への神の贈りものなのだ……。だから私は、われわれには人々を解放する義務があると信じている」(ibid., 88–89) とも語っている。

(6) こうした一般化の重要な例外は、チャンドラン・クカサスである。彼は良心の自由と自律性が等価でないだけでなく、ときとして衝突することもあると主張している。彼は自律性ではなく良心の自由が寛容の基礎であり、それらが衝突するときは良心の自由が自律性を打ち負かすにちがいないと論じている (Chandran Kukathas, *The Liberal Archi-*

pelago: A Theory of Diversity and Freedom［Oxford: Oxford University Press, 2003］, esp. 36–37 を参照されたい）。

（7） Susan Mendus, ed., *Toleration and the Limits of Liberalism*（London: Macmillan, 1989）, 56〔谷本光男・北尾宏之・平石隆敏訳『寛容と自由主義の限界』ナカニシヤ出版、一九九七年〕; Will Kimlicka, "Two Models of Pluralism and Tolerance," in *Toleration: An Elusive Virtue*, ed. David Heyd（Princeton: Princeton University, 1996）: 97; Bernard Williams, "Toleration: An Impossible Virtue?" in Heyd, ed., *Toleration*, 24.

（8） Michael Ignatieff, "Nationalism and Toleration," in *The Politics of Toleration in Modern Life*, ed. Susan Mendus（Durheim, NC: Duke University Press, 1999）, 102.

（9） バリー・ヒンデスは、あるシンポジウム（シティズンシップ・アイデンティティ・統治センター除幕式、オープン・ユニヴァーシティ、ミルトン・ケインズ、イングランド、二〇〇五年三月）での私の研究についてのコメントのなかで、差異の時間化がリベラリズムさらには植民地の言説に制限されない、西洋の政治・社会思想にひそかに浸透している比喩的表現であることに気づかせてくれた。こうした立場のくわしい説明については、Barry Hindess and Christine Helliwell, "The Temporalization of Difference," *Ethnicities* 5.3（2005）: 414–18 を参照されたい。

（10） たとえば、Michael Ignatieff, *Blood and Belonging: Journeys in the New Nationalism*（New York: Farrar, Straus and Giroux, 1995）〔幸田敦子訳『民族はなぜ殺し合うのか——新ナショナリズム六つの旅』河出書房新社、一九九六年〕を参照されたい。

（11） Sigmund Freud, *Civilization and Its Discontents*, trans. James Strachey（New York: Norton, 1961）; *Totem and Taboo*, trans. James Strachey（New York: Norton, 1952）〔浜川祥枝訳「文化への不満」『フロイト著作集第3巻　文化・芸術論』人文書院、一九六九年、須藤訓任・門脇健訳『トーテムとタブー』（新宮一成ほか編集委員「フロイト全集」12）岩波書店、二〇〇九年〕.

（12） Sigmund Freud, *Group Psychology and the Analysis of the Ego*, trans. James Strachey（New York: Norton, 1959）〔須藤訓任・藤野寛訳『不気味なもの　快原理の彼岸　集団心理学』（新宮一成ほか編集委員「フロイト全集」17）岩波書店、二〇〇六年〕. なお、同書からの引用箇所は本文中に挿入した。

（13） Freud, *Civilization and Its Discontents*, 69; *Totem and Taboo*, 144.

（14） アブグレイブで行なわれた拷問や虐待の技術の計画的な開発と是認、それらのグアンタナモおよびアメリカの拘置所で行なわれたものとの連続性がのちに明らかになるにつれて、アブグレイブの光景を「アニマル・ハウス」の行動とみなした当初の弁明はほとんど信頼されなくなった。これらに関するニュースについては、たとえば Josh White, "Abu Ghraib Tactics Were First Used at Guantanamo," *Washington Post*, 14 July 2005, A 1; Oliver Burkeman, "Bush Team 'Knew of Abuse' at Guantánamo," *Guardian*, 13 September 2004（<http://www.guardian.co.uk/guantanamo/story/0,13743,1303105,00.html>, accessed 28 November 2005）; Richard Serrano and John Daniszewski, "Dozens Have Alleged Koran's Mishandling," *Los Angeles Times*, 22 May 2005, A 1 を参照されたい。

（15） 「敵の本質」については、"President Thanks Military Personnel and Families for Serving Our Country," Camp Pendleton, CA, Office of the Press Secretary, 7 December 2004（<http://www.whitehouse.gov/news/releases/2004/12/20041207-2.html>, accessed 24 October 2005）および "President's Radio Address," Office of the Press Secretary, 15 May 2004（<http://www.whitehouse.gov/news/releases/2004/05/20040515.html>, accessed 24 October 2005）を参照されたい。アブグレイブについては、"Global Message," from interviews with Al Arabiya and Alhurra, 5/5/04, Office of the Press Secretary, 6 May 2004（<http://www.whitehouse.gov/news/releases/2004/05/20040506-1.html>, accessed 26 October 2005）を参照されたい。

（16） フロイトはパニックをめぐる簡潔な議論のなかで、孤独の苦しみを非常に具体的に説明している。つまり、パニックとは「ひとりで危険に直面したときの感情」、われわれを支える情緒的なきずなが解かれると感じられるとき、きまって身体的に経験される感覚なのである（Freud, *Group Psychology*, 36）。

（17） 愛する人の理想化は、自我にたいする自我理想の要求を満足させる。この要求にはつねに苦痛がともなうが、愛する人の理想化をつうじた迂回した愛の秩序は、そうした苦痛および挫折を部分的に和らげることを目的としている。惚れるという陶酔感は、フロイトによれば、この緩和から部分的に生じているのである。

（18） 実際、ルソーが説明する社会契約は、まさにこうしたモデルに従っている。彼は「それ自体では完全に充足し孤立している各人を、その同じ個人がある意味で自らの生命と存在を受け取るであろう、より大きな全体の一部に変える」ことを試みているが、それはフロイトの集団の理解、つまり集団の外にあるなにか共通のものに惚れた諸個人からなる集団という理解と対応しているのだ（Jean-Jacques Rousseau, *The Social Contract*, trans. Maurice Cranston [New York: Penguin, 1968], 84〔桑原武夫・前川貞治郎訳『社会契約論』岩波文庫、一九五四年〕を参照されたい）。また、「共通の私」つまり「共通の自我」が、ルソーの社会契約によってつくられ、その核にもなっている（たんに拘束するだけのきずなを超えた）編成の規範であることにも留意されたい（*Social Contract*, 61）。

(19) なぜ現代のカルト集団の性の組織化が、しばしば禁欲の命令、乱交の命令、あるいは集団内の全女性との（男性）指導者の無制限な性的関係を含むのかは、おそらくこうした愛の対象との関係によって説明されるだろう。

(20) 「文明は……個人の危険な攻撃欲求を弱め、無力化し、征服された都市の駐屯隊のように、それを監視する機関を個人のなかに植え付けることで、そうした欲求にたいする支配を獲得する」（Freud, *Civilization and Its Discontents*, 84）。都市は人間の文字どおりの征服、その本能の封じ込めを表わしているが、フロイトは文明化された心理を征服された都市になぞらえてもいる。したがって文明は、まず文明によって要請される目的の禁止、つぎに文明の要求の心理への組み込みによる、二重の従属を必要としている。これらの動きは、いずれも集団を生み出す心理の解除によって対抗されているのだ。

(21) こうした見解は、家族から倫理的生までの哲学的展開をめぐるヘーゲルの分析と重なり合っている。「愛は一般に私と他者の一体感を意味する。それゆえ、私はひとりで孤立しているのではない。自らの独立した存在を放棄し、自らを他者との統一性として認識しなければ、自己意識は生まれないのだ。しかし、愛は感情であり、自然なかたちの倫理的生である。国家においては、それはもはや存在しない。そこでは、人は法として統一性を意識する。そこでは、その内容は合理的でなければならず、私はそれを知らなければならない。愛における最初の契機は、私がそれ自体で独立した人格ではいたくないということ、もしそうだとすれば、不完全で不十分と感じるだろうということである」。彼はほかのところで、こうも述べている。「家族は自然に、そして本質的に人格性の原理をつうじて、たがいの関係が一般に自立した具体的な人格の、したがって外在的な種類の関係である複数の家族へと分解する」（Hegel, *Elements of the Philosophy*, ed. Allen W. Wood, trans. H. B. Nisbet (Cambridge: Cambridge University Press, 1991), addition

to §158, 199; §181, 219〔上妻精・佐藤康邦・山田忠彰訳『法の哲学：自然法と国家学の要綱』(「ヘーゲル全集」9a-9b) 岩波書店、二〇〇〇年〕。

(22) Freud, *Totem and Taboo*, 161.

(23) ジョージ・W・ブッシュの就任演説 "President Sworn-In to Second Term" (<http:www.whitehouse.gov/news/releases/2005/01/20050120-1.html>, accessed 8 October 2005) を参照されたい。

(24) 二〇〇五年二月二日のジョージ・W・ブッシュの一般教書演説を参照されたい。

> 結局のところ、われわれのもとめる平和は、過激な思想と殺人のイデオロギーのもととなっている条件を排除することでしか達成されない。もし世界のすべての体制が絶望のなかにとどまり、憎しみのなかで成長するなら、それらは繰り返しテロの土壌となり、そうしたテロはアメリカその他の自由な国家に数十年にわたってつきまとうだろう。暴政とテロの台頭を食い止め、憎しみを希望に置き換えられる唯一の力は、人間の自由の力である。われわれの敵はこれを知っており、それゆえテロリストのザルカイは最近、彼が民主主義の「悪の原理」と呼ぶものへの戦争を宣言した。そして、われわれも自らの目的を宣言した。アメリカは世界の暴政を終わらせるという究極の目標とともに、中東その他の民主主義の運動を支援する自由の陣営に立つのだ、と。(<http:www.white-house.gov/news/releases/2005/02/20050202-11.html>, accessed 8 October 2005)

(25) ブッシュのことばについては、二〇〇四年五月五日のアルアラビーヤおよびアルフーラ・テレヴィジョン・ネットワークとのインタヴュー ("Bush Vows Abusers Will Face Justice," CNN.com, 6 May 2004 <http://www/cnn.com/2004/ALLPOLITICS/05/05/bush.abuse/>, accessed 28 November 2005) を参照されたい。ブレアの声明は二〇〇四年五月三日から五日のＢＢＣラジオ・ニュースで聞いたが、印刷されたものを見つけることはできなかった。

(26) タラル・アサドも同じような議論を行なっている。Talal Asad, *Genealogies of Religion: Discipline and Reasons of Power in Christianity and Islam* (Baltimore: Johns Hopkins University Press, 1993), 268, 306〔中村圭志訳『宗教の系譜

――キリスト教とイスラムにおける権力の根拠と訓練』岩波書店、二〇〇四年〕.

（27）リベラリズムの構成的外部を（バリー・ヒンデスの表現を使えば、その植民地的ないしは帝国的な言説との関連を「外部の闖《ちん》入」として扱うのとは対照的に）その内部操作に結びつけた類似の研究には、Uday Mehta, *Liberalism and Empire: A Study in Nineteenth-Century British Liberal Thought* (Chicago: University of Chicago Press, 1999); Dipesh Chakrabarty, *Provincializing Europe: Postcolonial Thought and Historical Difference* (Princeton: Princeton University Press, 2000); Paul Gilroy, *The Black Atlantic: Modernity and Double Consciousness* (Cambridge, MA: Harvard University Press, 1993)〔上野俊哉・毛利嘉孝・鈴木慎一郎訳『ブラック・アトランティック――近代性と二重意識』月曜社、二〇〇六年〕; Barry Hindess and Christine Helliwell, "The 'Empire of Uniformity' and the Government of Subject Peoples," *Cultural Values* 6.1 (2002): 137–50 などがある。

（28）Raymond Williams, *Keywords: A Vocabulary of Culture and Society*, rev. ed. (Oxford: Oxford University Press, 1983), 87, 88〔椎名美智・武田ちあき・越智博美・松井優子訳『完訳　キーワード辞典』平凡社、二〇〇二年〕.

（29）ウィリアムズによれば、決定的な変化は一八世紀の後半に生じた。当時、ヘルダーは民族や時代ごとの、また所与の民族内の社会的および経済的な集団ごとの文化の複数化を主張したのである（ibid., 89）。

（30）Ibid., 90.

（31）Seyla Benhabib, *The Claims of Culture: Equality and Diversity in the Global Era* (Princeton: Princeton University Press, 2002), 106. ベンハビブはつぎのように詳述している。「これらの規範は、倫理的言説に不可欠とされる、普遍的尊重と平等主義的相互性の原理のもとで拡張する。……自発的な自己同定と退出および結社の自由は、自らの行為と行動が文化的に枠づけられた物語をつうじて構成される、自己解釈的で自己定義的な存在としての人格という概念のもとで拡張する」（ibid., 132）。

（32）Ibid., 124–25.

（33）現代のリベラルな政治的合理性は、このように文化にとらわれない主体を分節化する一方で、そうした分節化に含意されるもののいくつかについては躊躇し、却下しさえしている。第一に、非リベラルな民族だけが「共通の生活様式」によって組織されるという観念は、ヨーロッパの文明的な成熟と他者の原始的な未熟さというあまりにも露骨な想定を表わしている。それゆえ、リベラルでさえそれには困惑し、文化をつねにリベラリズムとは別のところに位置づけることの含意が指摘されるときは、ただちに自らを修正するだろう。第二に、リベラルが「生活様式」と定義された文化の私有化を完全に是認するとすれば、彼らの立場はリベラルな社会の公的生活をきわめて貧弱なものにするだろう。いいかえれば、リベラルな公的生活はまったく生活様式ではなく、いかなる行為者からも独立して作用する法的原理と市場原理の組み合わせでしかなくなるだろう。かくして公的生活は、その方向が立法者、法律家、操作された世論、市場の力によってほとんど統制された、文化的に貧困で、道徳的に相対主義的な状態を決定づけられる。また市民のあいだのきずなも、国民国家への忠誠に根ざしたもの、私有化された多様な文化的＝宗教的愛着か経済的利害関心によって動かされたもの以外には、明らかに存在しなくなる。すなわち、公的生活は私的な欲望と存在理由のあいだで翻弄され、それ自体のいかなる組織的な目的もエートスも欠いたものとして位置づけられるのである。第三に、文化がつねに非リベラルな民族によって集団的に所有されるものでしかなく、また「未熟な」民族だけのものだとすれば、これらの民族だけがなにかしら価値のあるもの、つまり知的および芸術的な意味での文化、また文明的な意味での文化を譲渡されることになるだろう。こうした言語上の軽率さはリベラリズムの無意識を浮き彫りにし、それによってわれわれがすでに恐れていたことを明らかにする。すなわち、われわれが集合的に共有し、共通の価値とみなすものは、権利と市場だけであって、それよりも高次ないしは実質的なものはないということである。

　要するに、現代のリベラルな民主主義の用語法では、文化は道徳的で知的な進歩と知識を意味しながら、しかし道徳的で知的な自律性の不在、また理性以外のなにものかによる支配も意味している。これはリベラリズムが文化を主張すると同時に却下しているということである。文化は西洋の偉大さの一部であり、またリベラルな個人が成熟と自由へと向かう運動のなかで「コスモポリタニズム」をもたらすために投げ捨てたものでもある。文化をもつことのこうした重大かつ対立した含意、つまり道徳の向上と道徳的自律性の不在のなかで、このことばの意味は偶発的ではなく症候的なかたちで衝突し合っている。それらは近代におけるリベラリズムの根深い拘束、理性と個人主義に根ざした自由のプロジェクトの核心そのものにある拘束を表わしているのである。

(34) Benhabib, *The Claims of Culture*, 105, 111.

(35) Avishai Margalit and Moshe Halbertal, "Liberalism and the Right to Culture," *Social Research* 61.3 (Fall 1994): 491–510. ベンハビブは文化を二重の方法でもとうと試みている。文化は個人が権利の対象とするものであると同時に、その個人を構成するものでもある。これは人格が「自己解釈的で自己定義的」であると同時に、その「行為と行動が文化的に枠づけられた物語をつうじて構成される」のと同じである(Benhabib, *The Claims of Culture*, 132)。

(36) ウィル・キムリッカは、「文化的成員資格はわれわれに理解可能な選択の文脈、それに安定したアイデンティティと帰属の意識を提供する」という理由から、「文化ないしは民族をリベラルな政治理論の基本単位」として確立しようと励んでいる。しかし、その彼でさえ「文化を解放する」プロジェクトを、その問題の文化の外部にいる人々にとっても正統なものとして公式化している。彼によれば、リベラルは「[非リベラルな民族を]解放しようと試みる」べきであり、「[反リベラルな]文化の解放を促進すべきである」(Will Kymlicka, *Multicultural Citizenship: A Liberal Theory of Minority Rights* [Oxford: Oxford University Press, 1996], 93, 94–95, 105〔角田猛之・石山文彦・山崎康仕監訳『多文化時代の市民権——マイノリティの権利と自由主義』晃洋書房、一九九八年〕)。こうした企ての正当化は、まさにわれわれが考察してきた、リベラルな法体系と文化の区別にもとめられる。ヤエル・タミールの著書(Yael Tamir, *Liberal Nationalism* [Princeton: Princeton University Press, 1993]〔押村高・高橋愛子・森分大輔・森達也訳『リベラルなナショナリズムとは』夏目書房、二〇〇六年〕)に依拠しながら、キムリッカはリベラルな国家を「社会構成的文化」をもつもの、つまり自らの「成員に、社会的、教育的、宗教的、余暇的、経済的な生活を含み、公的および私的な領域の両者を包囲する、人間活動の全範囲にわたって意味のある生活様式を提供する」文化をもつものとして説明している(ibid., 76)。しかし、この「社会構成的文化」を織り成すもののリストから、リベラリズムが権力の主要な領域として扱う、政治と法そのものが外されていることは注目すべきである。解放された文化(リベラルな社会の「社会構成的文化」を含む)は、権力ではなく意味を生成し、循環させるものとみなされている。なぜなら、解放とは定義上、カントとフロイトによって理論化された道徳的に自律した主体、社会契約論者たちによって理論化された世俗国家への権力の移譲だからである。かくしてキムリッカは、ほかの多くのリベラル以上に、リベラルな社会もまた文化にとらわれていることを認めながら、非リベラルな人々にたいするリベラルな政治的価値の押しつけを正統化する。すなわち、彼はリベラルな帝国主義を正統化しているのである。

(37) "President Delivers State of the Union Address," United States Capitol, Office of the Press Secretary, 29 January 2002 (<http://www.whitehouse.gov/2002/01/20020129=11.html>, accessed 8 October 2005).

(38) 労働や平和をめぐる論争の辞書から借用された、この交渉の余地なき要求という言語は、それ自体奇妙なものである。それはアメリカが戦争というよりも交渉にかかわっていることを示唆するだけではない。それはアメリカを超大国というよりも正当な請願者として位置づけてもいるのである。

(39) Asad, *Genealogies of Religion*, 257.

(40) こうした試みの支えとして用いられる思想はいくつもある。ジャン＝リュック・ナンシー、エマニュエル・レヴィナス、ミシェル・フーコー、リュス・イリガライ、ジャック・デリダといった多様な哲学者たちは、自律性と有機体説の対立以外の観点から存在を解釈する批評を提示している。また、フーコー、ドゥルーズ、アガンベン、バトラーといったポスト・ニーチェ主義者は、「存在」というよりも「生成」の観点から主体の公式化を推し進めることで、自律性／有機体説という二項対立の統制を解除している。エドワード・サイード、タラル・アサド、デイヴィッド・スコット、ライラ・アブ＝ルゴド、サバ・マフムード、ウィリアム・コノリー、アシス・ナンディ、パルタ・チャタジー、ラジヴ・バルガヴァ、ディペシュ・チャクラバルティは、とりわけ、世俗主義／原理主義の対立を脱構築するのに寄与している。そして、名前をあげるには多すぎるほどのポストコロニアルおよびカルチュラル・スタディーズの研究者たちは、後期近代までに形成された文化的かつ政治的な諸形式の驚くべき混交を概念化するための敷石を並べている。

(41) 正当化を動機づけと混同してはならない。現在のアメリカの帝国的政策は、人権とはほとんど関係のない権力政治的な動機づけと、ここで議論している反原理主義的な言説から形成されているのである。

（1）　これと同じ連想は、「彼女は寛容な女性だ」あるいは「彼は寛容な人物だ」といった発話によっても呼び起こされない。このちがいは、権力の効果および権力の媒体としての寛容、支配の表現および支配を拡張し聖別する手段としての寛容について、多くを物語っている。

（2）　"President Says Terrorists Tried to Disrupt World Economy," Shanghai, Office of the Press Secretary, 20 October 2001 （<http://whitehouse.gov/news/releases/2001/10/20011021=5.html>, accessed 9 October 2005）.

（3）　"President's Remarks at 'Congress of Tomorrow' Lunch," White Sulphur Springs, WV, Office of the Press Secretary, 1 February 2002 （<http://whitehouse.gov/news/releases/2002/02/20020201=9.html>, accessed 9 October 2005）.

（4）　*Oxford English Dictionary,* compact ed.（1971）, "civilization" を参照。ゲイル・ハーシャターとアンナ・ツィンは、ＯＥＤそれ自体が、言語学的な基準を立て、かつ文化的な実践を定義する文学遺産をつくっているという点で、けっして小さくはない文明化のプロジェクトであることを思い起こさせている（Gail Hershatter and Anna Tsin, "Civilization," in *New Keywords: A Revised Vocabulary of Culture and Society,* ed. Tony Bennet, Lawrence Grossberg, and Meaghan Morris ［Malden, MA: Blackwell, 2005］, 35）。

（5）　Raymond Williams, *Keywords: A Vocabulary of Culture and Society,* rev. ed.（Oxford: Oxford University Press, 1983）, 57〔椎名美智・武田ちあき・越智博美・松井優子訳『完訳　キーワード辞典』平凡社、二〇〇二年〕.

（6）　Hershatter and Tsing, "Civilization," 36.

（7）　Samuel P. Huntington, *The Clash of Civilizations and the Remaking of World Order*（New York: Simon and Schuster, 1996）, 311〔鈴木主税訳『文明の衝突』集英社、一九九八年〕.

（8）　Ibid., 318.

（9）　Ibid., 321.

（10）　この定義にみられる文明と文化の混同は、ハンチントンの文明の定義とも類似している。つまり、彼は文明を「拡大された文化」（ibid., 41）あるいは「人々のなかの最高度の文化的集団、そして人々が人類をほかの種から区別するもの以外にもっている最大規模の文化的アイデンティティ」（ibid., 43）と定義しているのだ。しかし、野蛮人を「文字文化に共感する」人と対置することで、ＯＥＤの定義は明らかに文明を高尚なヨーロッパ文化と同じものとみなしている。したがって、それは文明のもつ階級的な含意を伝え、子どもたちにテーブル・マナーを教えるプロセスがどうして彼らを「文明化する」ことといわれるのかを説明している。

（11） "President Addresses the Nation in Prime Time News Conference," The East Room, Office of the Press Secretary, 13 April 2004（<http://whitehouse.gov/news/releases/2004/04/20040413=20.html>, accessed 9 October 2005）.

（12） ティーチング・トレランスのウェブサイト（<http://www.teachingtolerance.org/>）と南部貧困法センター〔ＳＰＬＣ〕のウェブサイト（<http://www.splcenter.org>）を参照されたい。ＳＰＬＣは近年論争に悩まされているが、そもそも共同創設者のモーリス・ディーズの金儲け主義と日和見主義によって当初から傷つけられていた。営業的にはもっとも裕福な公民権団体なのだが、支出されることのない莫大な資金を集め、それゆえアメリカ慈善協会が監視した団体のなかでも最低の格付けをされているのだ。『ハーパーズ』でこの団体について書いたケン・シルヴァースタインによれば、ＳＰＬＣは公民権侵害の被害者のための法的サーヴィスの二倍を募金活動に費やしている。そして、富裕層の白人リベラルの関心をとらえそうにない問題、とくに死刑要求の問題からはしりごみする一方で、白人から寄付をかき集めるために、着実に減少しているＫＫＫの活動を利用し、扇情的に表現している。一九八六年に、シルヴァースタインはこう報告している。「センターの法律スタッフは、ディーズがホームレス、有権者登録、アファーマティヴ・アクションといった問題に言及するのを拒否していることに、だれも抗議しようとはしない。たとえ彼らがこれらの問題を、ＫＫＫと戦うほど豊かな後援者たちに向けられているわけではないが、それよりもはるかに貧しいマイノリティにかかわるものとみなしていたとしても」（Ken Silverstein, "The Church of Morris Dees," *Harpers*, November 2000, p. 56）。数年後に辞任した別の法律家は、レポーターにこう語っていた。センターのプログラムは「黒人の苦しみと白人の罪」（ibid.）につけこむために計算されていた。これは募金のパンフレットで取り上げられている大げさな物語や推薦状からも明らかである。しかし、このような内外からの暴露にもかかわらず、主流の報道機関はそれらをほとんど無視している。ＳＰＬＣと寛容教育《ティーチング・トレランス》プロジェクトは、いずれも幅広い政治家、教育者、そしてメディアの有名人たちから力強い支持を集めつづけているのである。

(13) K. Peter Fritzsche, "Human Rights and Human Rights Education," International Network: Education for Democracy, Human Rights and Tolerance, Podium no. 3 (2/2000) <http://www.tolerance-net.org/news/podium/podium 031.html>, accessed 8 October 2005.

(14) Jay Newman, *Foundations of Religious Tolerance* (Toronto: University of Toronto Press, 1982), 3.

(15) 民間の寛容図書の生得説にはある種の緊張が存在している。不寛容は原初的なもので、寛容は文明化の成果であるという見解は、「人は小さな憎悪者として生まれるのではない、われわれは憎むことを学習するのだ。しかし憎むことを学習するように、われわれは憎むことのあやまちもまた学習しなければならない」という、もうひとつの見解と交差している（反中傷同盟〔ＡＤＬ〕の全国筆頭理事、カーライル・スターンのことば。"'We are Family' Doesn't Unite All," *Chicago Tribune*, 11 March 2005, p. 2での引用）。このＡＤＬの公式は、偏見は原始的だが、寛容は文明的で進歩的であるという思想と表面上は対立しているが、それでも生得説をとどめているように思われる。憎しみの「学習」はおそらく部族のなかで生じるのだろう。それは部族をまとめ、再生産するものの一部として、ほとんど無意識に、少なくとも合理的とまではいかないかたちで伝達され、吸収されるものとみなされている。他方、憎しみの「あやまちの学習」は、おそらくよりコスモポリタン的な環境のなかで生じるのだろう。それは合理的で思慮深いものとみなされているのだ。

(16) 二〇〇五年五月のバリー・ヒンデスとの会話。Christine Helliwell and Barry Hindes, "The Temporalizing of Difference," *Ethnicities* 5.3 (2005): 414–18も参照されたい。寛容と多文化主義をめぐる多くの政治的にリベラルな論争は、リベラルと保守の差異を表現するときでさえ、こうした差異の時間化に関与している。リベラルは自らをより啓蒙的で、未来志向で、進歩的なものとして説明し、保守的な議題を伝統的で、過去志向的で、退行的なものと呼んでいる。

(17) たとえば、『ニューヨーク・タイムズ』に掲載されたトマス・L・フリードマンの以下の署名記事を参照されたい。Thomas L. Friedman, "The Core of Muslim Rage," *New York Times*, 6 March 2002, A 21; "War of Ideas," 2 June 4 2002, sec. 4, p. 19; "Noah and 9/11," 11 September 2002, A 33; "An Islamic Reformation," 4 December 2002, A 31.

(18) Michael Ignatieff, "Nationalism and Toleration," in *The Politics of Toleration in Modern Life*, ed. Susan Mendus (Durham, NC: Duke University Press, 1999), 85.

(19) Ibid., 101, 102.

(20) Ibid., 102.

(21) 寛容博物館では、こうした規範的構造は、もっとも寛容を必要とする人々、たとえばユダヤ人が、そのもっとも強力な支持者および提唱者となりうるものとは分離されているように思われる（第4章を参照されたい）。しかし、寛容を提唱することは、それを差し出すよう社会的に位置づけられていることと等価ではない。ここで問題となっているのは、そうした社会的な位置づけのほうである。

(22) 許容力そのものが寛容のあらゆる用例での基準だったことは、第2章で論じている。そのもっとも基本的な用例では、問題とされるものが大学の新入生のアルコール摂取であれ、統計学的な測定の誤差の範囲であれ、リベラルな社会にとってのエスニック・ナショナリズムであれ、寛容はどれだけの誤謬、不純物、毒性であれば、その宿主を傷つけることなく吸収されうるのかによって定義される。しかしリベラルな体制では、こうした許容力は能力の基準だけでなく美徳でもあるのだ。

(23) プロテスタントの宗教改革によって形成された政治的合理性として、リベラルな寛容は個人の自律性だけでなく、基本的な信条を私的なものとする実行可能性も想定している。人類の歴史における世界のほとんどの民族の信条構造は、こうした想定には合致しない。宗教改革の寛容の教義は、古代のギリシア人、中世のキリスト教徒、現代のムスリム、ユダヤ教徒、ヒンドゥー教徒、カトリック教徒にはうまく作用しない。それはまた、社会主義的、部族主義的、コミュニタリアン的なエートスや秩序にもうまく作用しない。それは特定の社会編成と政治的危機から生じた特定の問題を解決するためにつくられたものである。つまり、どうすれば教会と国家の権威を弱めることなく、プロテスタント宗徒に彼ら自身の神と神のことばの理解に従って信仰する権利を認められるのか、どうすれば異端者を焼き殺す慣習を捨て、これらの宗派を受け入れられるのか、どうすれば初期近代ヨーロッパの宗教反乱がもたらした流血を食い止められるのか、といった問題である。

（24） Chandra Talpade Mohanty, “Under Western Eyes: Feminist Scholarship and Colonial Discourses,” *Feminist Review*, no. 30 (Autum 1988): 74.

（25） 西洋による原理主義の利用に関しては、近年、多くのフェミニズム系ポストコロニアル研究者たちがこうした指摘を行なっている。もっともよい説明を三つあげるとすれば、Lila Abu-Lughod, interview by Nermeen Shaikh, *AsiaSource*, 20 March 2002（<http://www.asiasource.org/news/special_reports/lila.cfm>, accessed 8 October 2005）; Saba Mahmood, *Politics of Piety: The Islamic Revival and the Feminist Subject*（Princeton: Princeton University Press, 2005）; Charles Hirschkind and Saba Mahmood, “Feminism, the Taliban, and Politics of Counter-insurgency,” *Anthropological Quarterly* 75.2（Spring 2002）: 339–54 を参照されたい。

（26） それゆえ、たとえ共和党が文化的左派から「不寛容」の政党とみなされ、いくつかの寛容の実践が道徳の低下ないしは堕落の証拠として非難されていたとしても、アメリカは寛容の原理を支持するとブッシュは宣言し、彼の新保守派とキリスト教徒の支援者たちもそれに同意することができるのである。

（27） “The End of Tolerance: Engaging Cultural Difference,” special issue of *Daedalus* 129.4（Fall 200）; Susan Okin, *Is Multiculturalism Bad for Women?*, ed. Joshua Cohen, Matthew Howard, and Martha Nussbaum（Princeton: Princeton University Press, 1999）. なお、オーキンの著書からの引用箇所は本文中に挿入した。

（28） アン・ノートン（Anne Norton）による『多文化主義は女性にとって悪いことか』の書評は、オーキンのオリエンタリズム的な論理、貧弱な学識、リベラル・フェミニズム批判についての無知、さらに彼女が「許容しえない」ものとみなす一夫多妻制から陰核切除までの事例をめぐる論争についての無知を、容赦なく指摘している（*Political Theory* 29.5 [October 2001]: 736–49）。とはいえ、このほかのほとんどの書評および評判は、おおむね肯定的であった。

（29） 多文化主義とフェミニズムに関するオーキンの議論を分析するとき、われわれはひとつの難問に直面する。彼女の貧しい文化概念を脱構築し、それによって残りの議論に介入するのを拒否するべきか、それとも彼女の説明を暫定的に受け入れ、そのほかの議論の側面も取り上げられるようにするべきか。オーキンは文化とはなにか、なにを意味しうるのかについての過去数十年の再考（これは人類学とカルチュラル・スタディーズにおいておもに引き受けられた）をほとんど知らず、文化とはなにかを説明することにはまったく関心をもっていない。それは、『多文化主義は女性にとって悪いことか』の一〇頁で「生活様式」と言及されているだけである。もちろん、もし彼女が政治的なもの、法的なもの、経済的なものと関連する文化の理論化にしっかりと注目していたなら、もし自らが展開する文化の観念に植民地的な屈折をみていたなら、もし自らが使用する文化の意味がリベラルな脱政治化の戦略と植民地的な言説の所産であることを認識していたなら、彼女の分析はうまく軌道に乗らなかったであろう。

（30） Carole Pateman, *The Sexual Contract*（Stanford: Stanford University Press, 1988）; M. G. Clark and Lynda Lange, eds., *The Sexism of Social and Political Theory: Women and Reproduction form Plato to Nietzsche*（Toronto: Toronto University Press, 1979; Kathey Ferguson, *The Feminist Case against Bureaucracy*（Philadelphia: Temple University Press, 1985; Wendy Brown, "Liberalism's Family Values," in *States of Injury: Power and Freedom in Late Modernity*（Princeton: Princeton University Press, 1995）; Joan W. Scott, *Only Paradoxes to Offer: French Feminists and the Rights of Man*（Cambridge, MA: Harvard University Press, 1996）; Catharine MacKinnon, *Toward a Feminist Theory of the State*（Cambridge: Harvard University Press, 1991）; Nancy Hirschmann and Christine di Stefano, eds., *Revisioning the Political: Feminist Reconstructions of Traditional Concepts in Western Political Theory*（Boulder, CO: Westview Press, 1996）; Nancy Hirschmann, *Rethinking Obligation: A Feminist Method for Political Theory*（Ithaca: Cornell University Press, 1992）および *The Subject of Liberty: Toward a Feminist Theory of Freedom*（Princeton: Princeton University Press, 2002）を参照されたい。

（31） Brown, "Liberalism's Family Value" および Catharine MacKinnon, "Difference and Dominance: On Sex Discrimination," in *Feminism Unmodified: Discourses on Life and Law*（Cambridge, MA: Harvard University Press, 1988）〔奥田暁子ほか訳「差異と支配——性差別について」『フェミニズムと表現の自由』明石書店、一九九三年〕を参照されたい。

（32） スーザン・オーキン自身のフェミニズム的リベラリズム批判は、Susan Okin, *Justice, Gender, and the Family*（New York: Basic Books, 1989）にみられる。これは家族を、マイケル・ウォルツァーの書名で表現される「正義の領分」のひとつとして扱うよう論じたものである（Michael Walzer, *Spheres of Justice: A Defense of Pluralism and Equality* [New York: Basic Books, 1983]〔山口晃訳『正義の領分——多元性と平等の擁護』而立書房、一九九九年〕）。

（33） Susan Dominus, “The Seductress of Vanity,” *New York Times Magazine,* 5 May 2002, p. 50.

（34） Karen Springen, “Kids under the Knife,” *Newsweek,* 1 November 2004, p. 59.

（35） 両性具有者の性質と数、また処遇をめぐる歴史についての情報は、北米両性具有協会のウェブサイト〈http://www.isna.org〉でみることができる。両性具有の子どもたちは、生理学的な性の複雑な連続体のもとにあるにもかかわらず、解剖学的には男性よりも女性になるよう「外科的に矯正される」ことがほとんどである。なぜなら、外科医たちによれば、「棒を立てるよりも穴を掘るほうが簡単」だからである。つまり、この手術は両性具有者の身体の健康や将来の性的快楽のために行なわれるわけではないのだ。手術にはクリトリスの圧縮（ペニス部分を小さくしてクリトリスに変えること）、ヴァギナの陥入（ヴァギナを成形あるいは拡大すること）、「体内」に滞留している睾丸の摘出などがある。術後の処置はしばしば何年にも及び、徐々に大きな挿入器でヴァギナの空洞を伸ばしていくことも含まれる。その目的は、子どもが大人になったとき、勃起したペニスが挿入されるのに十分なくらいの広がりをもたせるためである。これらの苦痛をともなう処置の執行は、しばしばそれを受ける子どもの力ずくの拘束を必要としており、それゆえ医学的に認められたレイプと呼ぶほかない。

（36） Herbert Marcuse, *One Dimensional Man: Studies in the Ideology of Advanced Industrial Society*（Boston: Beacon, 1964）〔生松敬三・三沢謙一訳『一次元的人間』河出書房新社、一九七四年〕; Michel Foucault, *History of Sexuality,* vol. 1, *An Introduction,* trans. Robert Hurley（New York: Random House, 1978）〔渡辺守章訳『性の歴史Ⅰ　知への意志』新潮社、一九八六年〕. こうした主体と資本主義の魅力をめぐる次元についてのいくぶん異なる見解については、Jane Bennett, *The Enchantment of Modern Life: Attachments, Crossings, and Ethics*（Princeton: Princeton University Press, 2001）を参照されたい。

（37） とりわけ、人類学者のデイヴィッド・スコットとマフムードは、独立後の国家をリベラルな寛容の公式で評価することに植民地的な言説の軌跡をとらえており、リベラリズムの外部にあるポスト植民地的な環境のなかで寛容について思考すること、いいかえれば、リベラルな帝国主義を学術的にも政治的にも拒絶することを強硬に唱えている。David Scott, *Refashioning Futures: Criticism after Postcoloniality*（Princeton: Princeton University Press, 1999）および

Mahmood, *Politics of Piety* を参照されたい。

（38）高度にリベラルな社会においてさえ、すべての自律性の実践が等しく価値づけられるわけではない。たとえば、奉仕活動の世話になるのを拒否する困窮者や、なにもせずに街頭をぶらついているティーンエージャーを考えてみよう。また、すべての結社や実践も、自律性と権利の原理によって支配されているわけではない。むしろ、家族や社会のきずなといったものが、それらの関係性や必要にもとづいているのである。

（39）Ignatieff, "Nationalism and Tolerarion," 102.

（40）Ibid., 94–95.

（41）この引用は、Bernard Williams, "Toleration: An Impossible Virtue?" in *Toleration: An Elusive Virtue,* ed. David Heyd（Princeton: Princeton University Press, 1996）, 26 からである。また、Joseph Raz, *Ethics in the Public Domain*（Oxford: Clarendon Press, 1984）, 171–72 も参照されたい。

（42）Williams, "Toleration," 26.

（43）Will Kimlicka, "Two Models of Pluralism and Tolerance," in Heyd, ed., *Toleration.*

（44）Wendy Brown, "Neoliberalism and the End of Democracy," *Theory and Event* 7.2（2003）を参照されたい。なお、同論文は Brown, *Edgework: Essays on Knowledge and Politics*（Princeton: Princeton University Press, 2005）に再録されている。

訳者あとがき

本書は、Wendy Brown, *Regulating Aversion: Tolerance in the Age of Identity and Empire*（Princeton, NJ: Princeton University Press, 2006）の全訳である。原著のタイトルを直訳すれば「嫌悪を規制すること――アイデンティティと帝国の時代における寛容」となるが、日本語版では、内容がより伝わるように、説明的な副題を圧縮して『寛容の帝国――現代リベラリズム批判』と改変したことを、まずはお断りしておきたい。また、本書はウェンディ・ブラウンの最初の日本語訳でもあるので、簡単な著者紹介をしておこうと思う。

ウェンディ・ブラウンは、現在、カリフォルニア大学バークレー校の政治学教授で、おもに西洋政治思想史を担当している。経歴としては、一九八三年にプリンストン大学で政治哲学の博士号を取得し、カリフォルニア大学サンタクルーズ校とウィリアムズ・カレッジで教鞭をとったのち、一九九九年から現職となっている。彼女の研究は、専門の政治思想史のみならず、批判理論、フェミニズム、ポスト構造主義など多岐にわたっており、とりわけミシェル・フーコーの影響を強く受けている。本書でも、フーコーの「統治性」概念が分析上のキー概念として用いられ、また随所で彼の議論が参照されている。その意味では、日本でもよく知られている、ウィリアム・E・コノリーの政治学と近い立場にあるといってよいかもしれない。なお、彼女の著書には、つぎのようなものがある。

- *Manhood and Politics: A Feminist Reading in Political Theory*, Totowa, NJ: Rowman and Littlefield, 1988.
- *States of Injury: Power and Freedom in Late Modernity*, Princeton, NJ: Princeton University Press, 1995.
- *Politics Out of History*, Princeton, NJ: Princeton University Press, 2001.
- *Edgework: Critical Essays in Knowledge and Politics*, Princeton, NJ: Princeton University Press, 2005.
- *Regulating Aversion: Tolerance in the Age of Identity and Empire*, Princeton, NJ: Princeton University Press, 2006.〔本書〕
- *Walled State, Waning Sovereignty*, New York: Zone Books, 2010（*forthcoming*）.

訳者はこれらすべてに目を通したわけではないが、いくつかのものを読むかぎり、ブラウンの思想には「挑発する知性」がみなぎっているという印象をもった。たとえば、一九九五年の *States of Injury* では、女性の傷ついた経験から生まれる女性の〈真理〉というフェミニズムの通念を批判し、なかでもキャサリン・マッキノンの反ポルノ法の提唱に異議を申し立てている。フーコー派であるブラウンからみれば、そのような主張は、女性が自らの経験を語る／語らされることで主体化され、国家の法的保護をつうじて規制される、権力の〈真理〉の生産体制にまったく無自覚だからである（こうした批判は、リベラルな寛容の言説によるアイデンティティの生産と規制という本書の主題にもつながっている）。とはいえ、ブラウンは反フェミニストなのではない。彼女が危惧しているのは、フェミニズムの制度化であり、そのなかでジェンダー／セクシュアリティが権力によって規制されることである。したがって、彼女にとっては、あくまでも内部から挑発しつづけることが、フェミニズムの活性化には不可欠とみなされているのだろう。

本書では、それと同じような「挑発」がリベラリズムに向けられている。すべてのリベラルはジョージ・W・ブッシュのもとに集結する——といえば、読者は驚かれるかもしれない。リベラルと保守というアメリカの伝統的な政治的＝イデオロギー的な対立を自明とするかぎり、そのような主張がなにほどか当惑を生じさせたとしても無理はない。だが、「テロとの戦い」と称された、九月一一日直後の報復戦争に、いったいどれだけのリベラルが抗議し、それを食い止めようとしただろうか。むしろ、ほとんどのリベラルは、ブッシュの戦争を積極的であれ消極的であれ支持し、その戦いに政治的にも言説的にも動員されていった。左右を超えて、多くの知識人が「われわれはなんのために戦うのか《ホワット・アー・ウィ・ファイティング・フォー》」をめぐって語り合った。これはたんに対外的危機に呼応して、国内の対立陣営がつかの間の「われわれ」に解消されたということではない。「なんのために」という問いをつうじて喚起されるのは、きまって自由と民主主義、人権あるいは文明といったリベラルな価値であり、それらは戦争の大義としてもおおいに活用された。その意味では、ブッシュの戦争は、リベラルな衣装をまとっただけのネオコンの外交戦略の一環だったのではない。それはまさにリベラルの理念を賭けた聖戦《ジハード》でもあったのだ。

このように、なにほどか人を挑発せずにはいない主張をあちこちに散りばめながら、ブラウンは通俗的あるいは学問的なリベラリズムの虚妄からわれわれの眼を覚まさせようとしている。ここでのキーワードは「寛容」である。このことばは日常会話でも、寛容な親とか寛容な教師、あるいは寛容な上司といったかたちで使われ、人間関係で推奨される倫理的な美徳のように思われている。だが、それは同時に、そうした寛容の対象（先の事例でいえば、子ども、生徒、部下）との非対称的な関係も暗示している。要するに、寛容はそれを施すとされた者の恣意に委ねられた、穏やかだが一方的な権力の表現形式であるともいえよう。また理念的には、リベラルな寛容は個人の自律性を育てるのに不可欠の条件とみなされてきたが、それは同時に、自律的ではない、したがって依存的な存在を必要とし、そのような主体をつくりだしてもきた。いいかえれば、寛容は平等な市民のあいだで生まれるのではなく、ここでも格下の存在、つまり二級市民に向けられる施しにすぎないのである。そうだとすれば、寛容は道徳的価値というよりも、その規制的で生産的な権力作用に注目してとらえられなければならない。一九世紀のユダヤ人の解放は、よくいわれるように、彼らの同化と引き換えになされたものではなかった。むしろ、ユダヤ人はどれだけ信仰を放棄し、どれだけ民族意識を払拭しようとも、人種化のプロセスをつうじて差異を刻まれつづけ、たえず二級市民の地位にとめおかれてきたのである。

今日では、そうしたユダヤ人に向けられた寛容のまなざしが、ムスリムにも注がれているようだ。ブッシュの戦争が「われわれ」と「彼ら」の対立をあおったように、リベラルな寛容の言説も「われわれ」と「彼ら」のあいだに境界線を引き、その線分上で〈他者〉の包摂と排除を取り仕切っている。風評に反して、ブッシュはマニ教的な善悪二元論に従って、「われわれ＝西洋」と「彼ら＝イスラーム」

の対立をあおったのではなかった。彼はつねづね自分を「寛容な人間」と思いなしており、それゆえ「彼ら＝ムスリム」との対話にも努めようとしていたのだ。ただし、その「彼ら」にも制限はある。本書でしばしば引用されるマフムード・マムダーニのことばを借りれば、「彼ら」は「いいムスリム」と「悪いムスリム」に分けられる。「いいムスリム」は前近代的かもしれないが、近代化の途上にあるので許容される。しかし、「悪いムスリム」は反近代的で、それゆえ文明世界にとっては危険なものとして排除されなければならない。じつは、こうしたブッシュの戦略は、リベラルな寛容の言説の操作をみごとに示している。つまり寛容は、「われわれ」に包摂されるが「われわれ」と同等に扱われるわけではない「彼ら＝二級市民」をつくりだし、そうすることで国内あるいはグローバル秩序の階層構造をイデオロギー的に正統化しているのである。寛容がおのれの「嫌悪を規制すること」にすぎないとすれば、そこで許容される人々が同胞とみなされることはけっしてないのだろう。

もちろん、本書はいささか難解な思想書であり、たんなる時局批判の書というわけではない。主要なねらいは、これまでリベラリズムの前提とされてきた個人的自律性、世俗主義、普遍主義といった概念を洗い出し、それらに刻まれている文化の線条痕を明らかにすることである。自らを文化の外あるいは上に位置づけてきたリベラリズムは、ポストコロニアルな多文化的状況のなかで、そうした特権性を疑問視され、これまで隠されてきた文化的偏差とその帝国的機制を問われつつある。現代の寛容は、そのようなリベラリズムの危機をとりつくろうために、差異を脱政治化しようと作動しているのだ。とはいえ、本書でもときおり示唆されているように、こうした危機はリベラリズムの断念ではなく、その再生に向けた契機とみなされなければならない。つまり、文化としてのリベラリズムという出発点からはじめることである。残念ながら、その先の展開はくわしく論じられているわけではない。だが、そのような出発点からは、「文化翻訳」（ジュディス・バトラー）をつうじた、開かれた普遍主義の地平がほのめいているはずである。読者には、ブラウンの小気味よい「挑発」を味わうだけでなく、そこに秘められた「希望」のきらめきも感じとっていただければ幸いである。

最後に、あいかわらず勉強不足の訳者に、本書の存在を教えていただき、また翻訳の機会まで与えてくださったのは、今回も法政大学出版局の勝康裕さんであった。〈現在〉と切り結ぶ政治理論の必要性をつねづね意識され、古今東西を問わず、さまざまな文献を渉猟しておられる勝さんには、いつも知的刺激を受けている。もちろん、編集者としての舵取りにも、ずいぶんと助けられた。ここに、あらためて感謝を申し上げる次第である。

二〇一〇年九月

向山　恭一

人名・事項索引

[ラ　行]

[ワ　行]

サピエンティア　**13**

寛容の帝国
現代リベラリズム批判

2010年11月5日　初版第1刷発行
2023年5月18日　　　第2刷発行

著　者　ウェンディ・ブラウン
訳　者　向山 恭一
発行所　一般財団法人　法政大学出版局
〒102-0071 東京都千代田区富士見2-17-1
電話 03(5214)5540／振替 00160-6-95814
製版・印刷　三和印刷／製本　誠製本
装　幀　奥定 泰之

ISBN 978-4-588-60313-6　　Printed in Japan

著 者

ウェンディ・ブラウン（Wendy Brown）

1955 年生まれ。アメリカの政治哲学者。カリフォルニア大学バークレー校教授を経て，現在，プリンストン高等研究所教授。本書以外の邦訳書に『いかにして民主主義は失われていくのか』（みすず書房，2017 年），『新自由主義の廃墟で』（人文書院，2022 年）がある。

訳 者

向山 恭一（さきやま きょういち）

1964 年生まれ。新潟大学教授。政治思想専攻。訳書にセイラ・ベンハビブ『他者の権利』（法政大学出版局，2006 年），ナンシー・フレイザー『正義の秤』（法政大学出版局，2013 年）などがある。